REMINISCÊNCIAS DE UM
OPERADOR DA BOLSA

Edwin Lefèvre

REMINISCÊNCIAS DE UM OPERADOR DA BOLSA

Lições de um dos maiores investidores de todos os tempos

PREFÁCIO
Florian Bartunek

TRADUÇÃO
Renato Marques de Oliveira

PORTFOLIO
PENGUIN

Copyright © 2022 by Portfolio-Penguin

A Portfolio-Penguin é uma divisão da Editora Schwarcz S.A.

PORTFOLIO and the pictorial representation of the javelin thrower are trademarks of Penguin Group (USA) Inc. and are used under license. PENGUIN is a trademark of Penguin Books Limited and is used under license.

Grafia atualizada segundo o Acordo Ortográfico da Língua Portuguesa de 1990, que entrou em vigor no Brasil em 2009.

TÍTULO ORIGINAL Reminiscences of a Stock Operator
CAPA Eduardo Foresti
REVISÃO TÉCNICA Guido Luz Percú
PREPARAÇÃO Lígia Azevedo
REVISÃO Clara Diament e Paula Queiroz

Dados Internacionais de Catalogação na Publicação (CIP)
(Câmara Brasileira do Livro, SP, Brasil)

Lefèvre, Edwin, 1871-1943
Reminiscências de um operador da bolsa: Lições de um dos maiores investidores de todos os tempos / Edwin Lefèvre ; prefácio Florian Bartunek ; tradução Renato Marques de Oliveira. — 1ª ed. — São Paulo : Portfolio-Penguin, 2022.

Título original: Reminiscences of a Stock Operator
ISBN 978-85-8285-244-6

1. Bolsa de valores de Nova York 2. Especulação (Finanças) 3. Investimentos I. Bartunek, Florian. II. Título.

21-94217 CDD-332.64273

Índice para catálogo sistemático:
1. Nova York : Estados Unidos : Bolsa de valores : Mercado de capitais : Economia 332.64273

Cibele Maria Dias — Bibliotecária — CRB-8/9427

[2022]
Todos os direitos desta edição reservados à
EDITORA SCHWARCZ S.A.
Rua Bandeira Paulista, 702, cj. 32
04532-002 — São Paulo — SP
Telefone (11) 3707-3500
www.portfolio-penguin.com.br
atendimentoaoleitor@portfoliopenguin.com.br

A Jesse Lauriston Livermore

PREFÁCIO

REMINISCÊNCIAS DE UM OPERADOR DA BOLSA se iniciou como uma série de artigos para a revista *The Saturday Evening Post* e foi publicado em volume pela primeira vez entre 1922 e 1923. Um relato ligeiramente ficcional da carreira do especulador Jesse Livermore, este provavelmente é o livro sobre investimentos mais recomendado e lido da história. De onde vem esse sucesso? A leitura é leve e fascinante, e suas lições, atemporais. O leitor rapidamente se conecta ao principal personagem e torce por ele ao longo de sua história de sucesso e fracassos no mercado financeiro. Na verdade, parte da popularidade vem de nos identificarmos com o protagonista, pois a maioria de nós tem os mesmos medos e reações que ele perante nossos investimentos. Para quem se interessa pelo assunto, este é um daqueles livros que não se consegue parar de ler.

A primeira vez que o li foi em 1990, no início da minha carreira. Desde então, eu o releio a cada dois anos, e sempre descubro novos insights que uso no meu dia a dia. Como diz o texto, a dinâmica dos mercados será sempre a mesma, dado que os seres humanos não mudam. As reações e emoções continuam iguais. Investidores alternam medo com ganância, gerando movimentos exagerados para cima e para baixo. As economias ainda atravessam ciclos — às vezes mais curtos, às vezes mais longos —, o que gera volatilidade e faz com que o mercado também funcione assim. O livro nos mostra várias maneiras de aumentar os ganhos e reduzir perdas ao longo desses ciclos.

Segundo *Reminiscências de um operador da bolsa*, os erros tendem a se repetir entre os investidores e o melhor a se fazer é aprender com os erros dos outros. Além de uma exposição bem detalhada das operações realizadas, há também uma análise do pano de fundo emocional de cada grande equívoco. É reconfortante perceber que não estamos sozinhos nas eventuais "besteiras" que fazemos nem na incerteza e nos medos. Além da análise de investimentos que não deram certo, o texto também nos fornece receitas de como consertar desvios e vícios do investidor. Alguns exemplos são bem ilustrados, como não investir em dicas de terceiros, preferindo confiar na sua própria análise. Foi justamente por se deixar influenciar por outros que Livermore quebrou algumas vezes. É também reconfortante perceber que, mesmo após ter ficado sem um tostão — e com dívidas —, ele conseguiu se recuperar por meio da disciplina, retornando sempre ao método que mais conhecia.

É muito raro ver tanto conhecimento teórico explicado de maneira tão honesta e didática. Além do mais, é um privilégio poder "entrar na mente" de um dos maiores investidores de todos os tempos. Aprender com os próprios erros é um processo lento e custoso; aprender com os erros dos outros é uma belíssima oportunidade.

Costumo dizer que um bom livro deve ser apreciado como um bom vinho, com calma e concentração. Espero que esta leitura o ajude a investir melhor e a ter mais sucesso e autoconfiança em seus investimentos. Investir é um desafio dificílimo e requer muito estudo dos mercados e de si próprio. Ter comprado este livro e se interessar em se aprimorar já o coloca em um lugar diferenciado em relação à maioria.

Reminiscências de um operador da bolsa é para ser lido com prazer e estudado com atenção. Conhecer os clássicos dos melhores investidores é um excelente começo para uma carreira de sucesso. Boa sorte em seus investimentos. E lembre-se de que você não está sozinho nesta jornada.

Florian Bartunek, CEO da Constellation Investimentos

1

COMECEI A TRABALHAR ASSIM QUE terminei o ensino fundamental. Arranjei emprego como aprendiz numa corretora de valores, cuidando do quadro de cotações. Eu era rápido com números. Na escola, completei três anos de aritmética em apenas um. Era especialmente bom em cálculos mentais. Minha função era anotar os números no grande quadro de cotações na sala reservada aos clientes. Um investidor costumava se sentar ao lado da máquina impressora de cotações e, à medida que as atualizações iam chegando, anunciar aos berros os preços. Mas nada nem ninguém era tão rápido como eu, que sempre me lembrava dos números. Sem problema nenhum.

O escritório tinha uma porção de funcionários. Claro que fiz amizades, mas o trabalho que eu realizava, sobretudo se o mercado estava ativo, me mantinha atarefadíssimo das dez da manhã às três da tarde, de modo que eu dificilmente batia papo. De qualquer forma, nunca dei importância para conversas durante o expediente.

No entanto, o agito do mercado não me impedia de pensar no trabalho. Para mim aquelas cotações não representavam os preços das ações, tantos dólares por ação. Eram números. Evidentemente, significavam algo. Estavam sempre mudando. Esse era meu único interesse: a mudança. Por que os números mudavam? Eu não sabia. Não dava a mínima. Não pensava a respeito. Simplesmente via que mudavam. Era a única coisa em que eu tinha que pensar durante cerca de cinco horas todos os dias úteis e duas horas aos sábados: que os números — as cotações — estavam sempre mudando.

Foi assim que comecei a me interessar pelo comportamento dos preços das ações. Eu tinha uma excelente memória para números. Era capaz de lembrar em detalhes como os preços haviam agido e reagido no dia anterior, pouco antes de subirem ou descerem. Minha facilidade para fazer contas de cabeça vinha muito a calhar.

Percebi que, tanto nas altas quanto nas quedas, os preços das ações demonstravam certos hábitos, por assim dizer. Eram inúmeros os casos de padrões semelhantes, que permitiam que eu me norteasse. Eu tinha apenas catorze anos, mas, depois de fazer centenas de observações mentais, me peguei testando sua precisão, comparando o comportamento das ações em diferentes dias. Não demorou muito para eu começar a antecipar movimentos nos preços. Meu único parâmetro, como afirmei, era o desempenho passado das ações. Eu guardava na cabeça um "boletim de apostas", uma porção de tabelas de informações e estatísticas. Já esperava que os preços de certas ações atingiriam o pico. Eu as "cronometrava". Você, leitor, sabe o que quero dizer. Dá para identificar, por exemplo, qual é o momento em que comprar é apenas um pouco melhor do que vender. No mercado de ações trava-se uma batalha contínua, e a fita impressa pela máquina de cotações é seu telescópio. Pode-se confiar nisso em sete a cada dez casos.

Outra lição que aprendi cedo é que não há nada de novo em Wall Street. Nem poderia haver, já que a especulação é algo tão antigo quanto andar para a frente. O que quer que aconteça no mercado de ações hoje já aconteceu antes e acontecerá novamente. Nunca me esqueci disso. Acredito que realmente sou capaz de me lembrar de quando e como certa coisa aconteceu. Essa é minha maneira de capitalizar a experiência.

Fiquei tão interessado nesse meu jogo e tão ávido para antever altas e baixas nos preços de todas as ações ativas e negociáveis que arranjei um caderninho. Anotei nele minhas observações. Não era um registro de transações imaginárias, como tantas pessoas fazem apenas para ganhar ou perder milhões de dólares sem realmente ficar podres de ricas ou ir à bancarrota. Era uma espécie de registro de meus erros e acertos, e além de determinar os movimentos prováveis dos preços das ações eu estava muito interessado em verificar se tinha observado com exatidão — em outras palavras, em saber se eu estava certo.

Digamos, por exemplo, que, depois de estudar todas as flutuações do dia no preço de determinada ação ativa, eu concluía que ela estava se comportando como sempre fazia, antes de cair oito ou dez pontos.* Bem, aí eu anotava a ação e o preço na segunda-feira e, lembrando-me de seu desempenho pregresso, escrevia o que deveria acontecer com os preços na terça e na quarta. Depois eu conferia, cotejando com as transcrições reais da fita impressa pela máquina de cotações.**

Foi assim que comecei a me interessar pela mensagem da fita impressa com as transcrições do desempenho das ações. Na minha mente, desde sempre as flutuações estiveram associadas a movimentos para cima ou para baixo. É lógico que sempre há uma razão para as flutuações ascendentes ou descendentes, mas a fita não se preocupa com os porquês e para quês. Não entra em explicações. Com catorze anos, eu não perguntava à fita os motivos, tampouco pergunto hoje, aos quarenta. Talvez as causas do comportamento de determinada ação hoje venham a ser conhecidas apenas daqui a dois ou três dias, ou semanas, ou meses. Mas, com mil diabos, que diferença isso faz? O que interessa é a fita agora, não amanhã. O motivo pode esperar. Mas no mercado você tem que agir instantaneamente, ou vai ficar de fora. Já vi isso acon-

---

* Nos Estados Unidos, no caso de ações de capital, um ponto significa um dólar. (N. T.)

** *Ticker tape machine*, no original. Equipamento semelhante a um telégrafo, instalado nos escritórios dos traders da época, com defasagem de quinze a vinte minutos em relação às atividades da bolsa. As fitas de papel que saíam dessas máquinas mostravam os códigos da ação, a quantidade negociada e uma seta indicando se o preço estava acima ou abaixo do fechamento anterior (algumas indicavam também a variação percentual em relação ao fechamento do dia anterior); os tape readers, as pessoas que liam e interpretavam a fita, eram bons analistas de mercado, porque sabiam acompanhar as oscilações e a partir daí tomar decisões nas operações. O nome ticker vem dos estalidos (tiques) feitos pela máquina que imprimia a fita. (N. T.)

tecer diversas vezes. Você deve lembrar que as ações da Hollow Tube despencaram três pontos outro dia, enquanto o restante do mercado subiu feito um foguete. Esse foi o fato. Na segunda-feira seguinte, você constatou que os diretores da empresa deixaram de pagar os dividendos. Esse foi o motivo. Eles sabiam o que iam fazer, e mesmo que não vendessem as ações pelo menos não as comprariam. Não havia compra interna com base em informações privilegiadas; não havia razão para os preços não caírem.

Bem, mantive meu caderninho de anotações por cerca de seis meses. Quando eu terminava meu trabalho, em vez de ir para casa, anotava os números que me interessavam e estudava as mudanças, sempre em busca de repetições e padrões de comportamento. Estava aprendendo a ler a fita impressa de cotações, embora na época não tivesse consciência disso.

Um dia, um dos rapazes do escritório, mais velho do que eu, veio até o lugar onde eu estava almoçando e, a meia voz, me perguntou se eu tinha algum dinheiro.

"Por que você quer saber?", indaguei.

"Bom, tenho uma boa dica sobre a Burlington. Vou entrar na jogada se conseguir alguém para embarcar junto comigo."

"O que você quer dizer com 'entrar na jogada'?", perguntei. Para mim, as únicas pessoas que jogavam ou podiam jogar com base em dicas e palpites eram os clientes, velhos espertalhões, raposas velhas com um montão de bufunfa na mão. Até porque entrar na jogada custava centenas, até milhares de dólares. Era como ter sua própria carruagem particular com um cocheiro usando chapéu de seda.

"É exatamente o que eu quero dizer: entrar na jogada!", respondeu ele. "Quanto dinheiro você tem?"

"De quanto você precisa?"

"Bem, posso negociar cinco ações colocando cinco dólares."

"Qual é sua jogada?"

"Vou comprar todas as ações da Burlington que a bucket shop*per-

---

*   Expressão que descreve um antigo modelo de corretora de ações e mercadorias que executava ordens em nome do cliente, prometendo um preço específico, mas em

mitir com o dinheiro que eu deixar para eles como margem. Vai subir, com certeza. É como recolher dinheiro. Vamos dobrar o nosso investimento num piscar de olhos."

"Espere aí!", eu disse, e peguei meu boletim de apostas.

Eu não me interessei pela possibilidade de dobrar meu dinheiro, mas pela afirmação que ele fez com relação à subida das ações da Burlington. Se fossem mesmo subir, meu caderninho de informações tinha que mostrar isso. Consultei minhas anotações. De fato, de acordo com meus cálculos, a Burlington estava se comportando como normalmente costumava fazer antes de subir. Eu nunca havia comprado ou vendido qualquer coisa e nunca tinha me arriscado em jogadas com os outros rapazes, mas vi que era uma baita oportunidade para testar a precisão do meu trabalho, do meu passatempo. Imediatamente me ocorreu que, se minhas previsões não funcionassem na prática, nada haveria na teoria que pudesse interessar a alguém. Então dei a ele tudo o que eu tinha, e com nossos recursos somados o cara foi a uma das bucket shops nas imediações do escritório e comprou algumas ações da Burlington. Dois dias depois, vendemos. Tive um lucro de 3,12 dólares.

Depois dessa primeira negociação, comecei a especular por conta própria nas bucket shops. Ia durante meu intervalo de almoço e comprava ou vendia — nunca fez a menor diferença para mim. Eu jogava com base no meu próprio sistema, e não em ações prediletas ou opiniões alheias. Tudo o que eu sabia era a aritmética da coisa. Na verdade, minha maneira de operar era a ideal para uma bucket shop, onde tudo o que um trader faz é apostar nas flutuações conforme as cotações vão sendo impressas na fita.

Não demorou muito para eu começar a ganhar muito mais dinheiro nessas negociações nas bucket shops do que com o salário da corretora. Então, resolvi pedir demissão. Meus pais foram contra, mas não tiveram como argumentar quando viram quanto eu estava ganhando. Eu

---

geral as executava a um preço diferente e lucrava com a diferença. Semelhantes a casas de apostas, esses estabelecimentos não eram associados a qualquer bolsa de valores e muitas vezes seus gerentes eram pessoas desonestas, que costumavam deixar de preencher a ordem do cliente e simplesmente embolsar o dinheiro. (N. T.)

era apenas um garoto, e o salário de contínuo não era lá grande coisa. Podia me dar muito bem atuando por minha conta e risco.

Eu tinha quinze anos quando consegui juntar meus primeiros mil dólares e coloquei o dinheiro na frente da minha mãe — tudo o que ganhei nas bucket shops em alguns meses, além da parte do meu salário líquido na corretora que eu dava para ajudar nas despesas de casa. Minha mãe insistiu numa proposta horrível. Queria que eu guardasse o dinheiro no banco, numa poupança, longe do alcance das tentações. Ela disse que nunca ouviu falar de um menino de quinze anos que tivesse ganhado tanto dinheiro começando do zero. Mal acreditava que era dinheiro de verdade. Ela vivia preocupada e aflita com aquilo. Mas eu não pensava em nada a não ser que era capaz de continuar provando que meu método de cálculo estava correto. Não existe diversão maior do que acertar usando apenas a cabeça. Se eu estava certo quando testei minhas convicções com dez ações, poderia estar dez vezes mais certo se negociasse com cem ações. Para mim, esse era o significado de ter maior margem: estar certo com mais ênfase. Mais coragem? Não! Aquilo não fazia a menor diferença. Se tudo o que tenho são dez dólares e arrisco isso, sou muito mais corajoso do que quando arrisco 1 milhão tendo outro milhão bem guardado.

De qualquer forma, aos quinze anos eu já vivia muito bem com o que ganhava no mercado de ações. Comecei nas pequenas bucket shops, onde o sujeito que negociava lotes de vinte ações de uma tacada só era suspeito de ser John W. Gates* disfarçado ou J. P. Morgan** viajando incógnito. Naquele tempo, as bucket shops raramente enganavam seus clientes. Não precisavam. Havia outras maneiras de pegar o dinheiro deles, mesmo quando tinham um bom palpite e acertavam. O negócio era extremamente lucrativo. Quando as coisas eram conduzidas de

---

* Pioneiro na fabricação de arame farpado, John Warne Gates (1855-1911), também conhecido como "Aposto 1 milhão" Gates, foi um industrial e inveterado apostador americano da Era Dourada, período do final do século XIX marcado pelo rápido crescimento econômico dos Estados Unidos. (N. T.)

** John Pierpont Morgan (1837-1913), famoso banqueiro e financista americano, que dominou as finanças corporativas e a consolidação industrial em seu tempo. (N. T.)

forma legal — honesta até o ponto em que as bucket shops podiam ser honestas —, as flutuações nas cotações davam um jeito de acabar com os clientes de grana curta. Não precisava haver uma queda de grandes proporções para apagar do mapa uma margem de apenas três quartos de ponto. Além disso, nenhum caloteiro jamais poderia voltar ao jogo. Não conseguiria mais fazer negócios.

Eu não tinha sócios. Mantive meu negócio apenas para mim. Era um trabalho de um homem só, de qualquer maneira. Era a minha cabeça, não era? Ou os preços das ações seguiriam o rumo que eu previa sozinho, sem qualquer ajuda de amigos ou parceiros, ou caminhariam para a direção oposta, e aí ninguém seria capaz de impedir isso por pura generosidade comigo. Eu não via a necessidade de contar a ninguém sobre meu negócio. Tenho amigos, claro, mas meu negócio sempre foi assim: um exército de um homem só. Razão pela qual sempre agi sozinho, tomando decisões de forma independente.

Dessa maneira, não demorou muito para as bucket shops ficarem zangadas comigo por levar a melhor sobre elas. Eu chegava e garantia minha margem, mas elas ficavam só de olho, sem fazer um movimento sequer para agarrar meu dinheiro. Diziam que não havia nada a fazer. Foi o momento que começaram a me chamar de "Menino Especulador". Eu tinha que mudar de firma de corretagem o tempo todo, indo de uma bucket shop para outra. Cheguei ao ponto de ter que usar nome falso. Começava de leve, operando apenas um lote de quinze ou vinte ações. Vez por outra, quando desconfiavam, perdia de propósito no início e em seguida dava o bote para apanhar um belo naco. Claro que depois de algum tempo começavam a me achar custoso demais para eles e me pediam para sair de cena e levar meu negócio para outras bandas, para não interferir mais nos dividendos dos proprietários.

Uma vez, quando uma firma grande com a qual eu estava negociando por meses fechou a porta na minha cara, decidi arrancar um pouco mais do dinheiro deles. Essa bucket shop tinha escritórios espalhados por toda parte, nos saguões dos hotéis e nas cidadezinhas vizinhas. Fui a uma filial em um hotel, fiz algumas perguntas ao gerente e, por fim, comecei a negociar. Mas, tão logo passei a jogar com uma ação ativa a meu modo peculiar, o gerente recebeu mensagens da matriz perguntando quem era o cliente que estava operando. Ele me repassou a pergunta, e eu respondi que era Edward Robinson, de Cambridge. Ele telefonou para transmitir a boa notícia ao chefão. A outra ponta da linha não se deu por satisfeita e quis saber qual era minha aparência física. Quando o gerente me avisou disso, eu o instruí: "Diga a ele que sou um homem baixinho e gordo com cabelo escuro e barba espessa!". Só que ele me descreveu exatamente como eu era, depois ouviu a reação do chefão e seu rosto ficou vermelho. Ele desligou e me disse para cair fora.

"O que foi que disseram a você?", perguntei, muito educadamente.

Eles tinham dito: "Seu imbecil, seu cabeça-oca de uma figa, nós te avisamos para não fazer negócio com Larry Livingston! E você de caso pensado o deixou arrancar setecentos dólares de nós!". O gerente não me contou mais nada.

Tentei outras filiais, uma atrás da outra, mas em todas fui reconhecido, e nenhuma aceitou meu dinheiro. Eu não conseguia nem entrar para olhar as cotações sem que algum funcionário fizesse piadinhas a meu respeito. Tentei dar um jeito de me autorizarem a operar em longos intervalos, dividindo minhas visitas entre diferentes escritórios. Mas não funcionou.

Por fim, sobrou apenas uma corretora, a maior e mais rica de todas: a Cosmopolitan Stock Brokerage Company.

A Cosmopolitan era classificada como A-1 e tinha um imenso volume de negócios. Possuía filiais em todas as cidades industriais da Nova Inglaterra. Essa corretora de primeira linha aceitou numa boa meus negócios, e durante meses comprei e vendi ações, ganhei e perdi dinheiro, mas no fim das contas aconteceu o de sempre. A Cosmopolitan não se recusou à queima-roupa a fazer operações comigo, como as agências pequenas tinham feito, mas isso não porque tivesse espírito esportivo, e sim por uma questão de reputação, já que sabia que pegaria muito mal se circulasse a notícia de que não aceitavam fazer negócios com uma pessoa só porque ela estava lucrando. A Cosmopolitan fez a segunda pior coisa: me obrigou a aceitar uma margem de três pontos e a pagar um ágio que de início era de 0,5, depois subiu para 1 e, finalmente, 1,5 ponto. Uma baita desvantagem! Como sair dessa? Fácil! Suponha, caro leitor, que a ação da siderúrgica U.S. Steel estivesse sendo vendida a noventa e você a comprasse. Na sua boleta de compra normalmente viria escrito: "Comprado Steel a 90,125". Se você entrasse com uma margem de 1 ponto, isso significava que, se o preço caísse para 89,25, sua posição seria eliminada automaticamente e você perderia tudo. Em uma bucket shop, o cliente não é importunado para aumentar a margem ou se colocar diante da dolorosa necessidade de dizer a seu corretor para vender a qualquer preço.

Todavia, ao impor esse ágio às minhas operações, a Cosmopolitan estava dando um golpe baixo. Significava que, se o preço fosse de noventa na hora da compra, em vez de aparecer na minha boleta "Comprado Steel a 90,125", constaria "Comprado Steel a 91,125". Ora, essa ação poderia avançar para 1,25, e um trimestre depois da compra eu ainda estaria perdendo dinheiro se fechasse o negócio. Ao insistir que eu aceitasse uma margem de três pontos logo no início, a Cosmopolitan também reduziu em dois terços minha capacidade de negociação. Ainda assim, era a única bucket shop que aceitava fazer negócios comigo, e, por conseguinte, eu não tinha alternativa: ou aceitava os termos ou parava de operar.

Claro que tive meus altos e baixos, mas, tudo somado, saí com saldo positivo. No entanto, o pessoal da Cosmopolitan não estava satisfeito com a terrível desvantagem que impunha, a qual teria sido suficiente para esmagar qualquer investidor. Eles tentaram me trair. Não me pegaram. Escapei graças a um pressentimento.

Como já afirmei, a Cosmopolitan era meu último recurso. Era a mais rica bucket shop da Nova Inglaterra, e como regra não impunha nenhum limite a operações de compra e venda de ações. Creio que eu era o trader individual mais peso pesado que tinham, entre os investidores regulares do dia a dia. Tinham um escritório formidável e o maior e mais completo quadro de cotações que eu já havia visto. Ocupava todo o comprimento de uma enorme sala, e todas as coisas imagináveis estavam cotadas ali. Estou falando das ações negociadas nas bolsas de valores de Nova York e Boston, algodão, trigo, mantimentos, metais — tudo o que se comprava e vendia em Nova York, Chicago, Boston e Liverpool.

Você sabe como se faziam negócios numa bucket shop. A pessoa entregava seu dinheiro ao funcionário no balcão e dizia o que desejava comprar ou vender. O contínuo consultava a fita com as cotações impressas ou o quadro de cotações e informava o preço — o mais recente, claro. Ele também anotava na boleta o horário, de modo que ficava quase parecido com um relatório de corretagem regular — isto é, que tinham comprado de você ou vendido para você certo número de tal ação a determinado preço em tal hora de tal dia, e quanto dinheiro foi pago. Quando você desejava encerrar a operação, voltava ao funcionário no balcão — o mesmo contínuo ou outro, dependendo da corretora — e o avisava. Ele pegava o último preço, ou, se a ação não estivesse ativa — ou seja, se não estivesse sendo negociada —, esperava pela próxima cotação que aparecesse na fita. Então anotava aquele preço e o horário na boleta, conferia e devolvia a você, para que pudesse ir ao caixa e pegar toda a soma em dinheiro registrada. Obviamente, quando o mercado nadava na direção contrária e o preço ultrapassava o limite definido por sua margem, sua negociação era automaticamente encerrada, e sua boleta se tornava um simples e imprestável pedaço de papel.

Nas corretoras mais humildes, que permitiam que as pessoas negociassem com lotes pequenos de cinco ações, as boletas eram tirinhas de papel — diferentes cores para compra e venda — e, às vezes, como no caso dos ferventes bull markets ou mercados de alta, as corretoras sofriam duros golpes, porque todos os clientes eram touros, e todos estavam certos.* Então a bucket shop deduzia as comissões de compra e venda, e se você comprasse uma ação por vinte, a boleta registraria 20,25. Portanto, com a subida de 1 ponto, você receberia 0,75 de 1 ponto do seu dinheiro.

Mas a Cosmopolitan era a melhor da Nova Inglaterra. Tinha milhares de clientes, e realmente acho que eu era o único homem de quem sentiam medo. Nem o ágio extorsivo que me cobravam nem a margem

---

* No jargão do mercado financeiro, bull market, ou "mercado do touro", é o mercado de alta, em ascensão, em um momento favorável, otimista. Os investidores do tipo touro são os "altistas", especuladores otimistas, crentes numa alta vigorosa do mercado, na expectativa de que o aumento no preço das ações resulte em lucros maiores em suas operações. Diz-se que a expressão se origina da imagem do touro, que ataca sua presa com os chifres de baixo para cima. (N. T.)

de três pontos que me obrigaram a estipular reduziram de modo considerável as minhas operações. Continuei comprando e vendendo o máximo que me permitiam. Por vezes cheguei a ter um lote de 5 mil ações.

Bem, no dia em que aconteceu o episódio que agora vou contar, eu estava vendido em 3500 ações da Sugar. Tinha sete grandes boletas cor-de-rosa de quinhentas ações cada. A Cosmopolitan usava grandes tiras de papel, com um espaço em branco onde poderiam anotar a margem adicional. Logicamente, as bucket shops nunca pedem mais margem. Quanto menores os recursos de que os clientes dispõem para a operação, melhor para a corretora, cujo lucro consiste em "rapar" o cliente. Se você quisesse aumentar a margem de sua operação, as corretoras menores criavam uma nova boleta, de modo que pudessem cobrar de você a comissão de compra e lhe dar apenas 0,75 de um ponto em cada queda de ponto na cotação, pois calculavam a comissão de venda exatamente como se você estivesse fazendo uma nova operação.

Bem, nesse dia eu me lembro de que tinha mais de 10 mil dólares em margem.

Eu tinha apenas vinte anos quando acumulei pela primeira vez 10 mil dólares em dinheiro vivo. Se você ouvisse o que minha mãe dizia, teria pensado que 10 mil dólares em dinheiro eram uma quantia maior do que qualquer pessoa poderia ter, exceto o velho magnata John D. Rockefeller. Ela costumava me aconselhar a me dar por satisfeito e ir para uma área mais convencional. Sofri bastante para convencê-la de que eu não estava jogando, mas ganhando dinheiro por meio de cálculos e avaliações. Contudo, a única coisa que ela conseguia ver era que 10 mil dólares eram uma fortuna, e tudo o que eu conseguia enxergar era que aquela bolada significava mais margem para minhas operações.

Eu tinha vendido minhas 3500 ações da Sugar a 105,25. Havia outro sujeito na sala, Henry Williams, que estava vendido em 2500 ações. Eu costumava me sentar ao lado da máquina impressora e gritar as cotações para o rapaz do quadro. O preço se comportou como eu esperava. Caiu alguns pontos de imediato, parou um instante para respirar e despencou de novo. O mercado no geral estava bem tranquilo, e tudo parecia promissor. De repente, não gostei da maneira como a Sugar estava hesitando. Comecei a me sentir desconfortável. Pensei que era melhor sair do mercado. Em seguida, a ação foi vendida a 103 — valor baixo para o dia —, mas, em vez de me sentir mais confiante, minha insegurança aumentou. Eu sabia que algo estava errado em algum lugar, mas não conseguia identificar com precisão. Porém, se algo inesperado estava por vir e eu não sabia de onde, não seria capaz de me proteger contra o imprevisto. Nesse caso, era melhor estar fora do mercado.

Eu não faço as coisas às cegas. Não gosto disso. Nunca fui assim. Mesmo quando criança, precisava saber o motivo por que deveria fazer as coisas. Mas dessa vez eu não tinha nenhuma razão definida para usar como justificativa, e ainda assim estava tão desconfortável que não me segurei. Chamei um cara que eu conhecia, Dave Wyman, e disse: "Dave, fique aqui no meu lugar. Quero que você faça uma coisa por mim. Espere um pouco antes de gritar a próxima cotação da Sugar, tudo bem?".

Ele disse que faria o que eu tinha pedido. Eu me levantei e dei a ele meu lugar ao lado da máquina impressora de cotações, de modo que ele pudesse anunciar os preços para o rapaz do quadro. Tirei do bolso minhas sete boletas da Sugar e fui até o balcão, onde estava o funcionário que marcava as boletas quando a gente encerrava a operação. Mas eu não sabia por que deveria sair do mercado, por isso simplesmente fiquei lá, encostado no balcão, segurando na mão minhas boletas, para que o contínuo não conseguisse vê-las. Pouco depois ouvi o clique de um instrumento telegráfico e vi Tom Burnham, o contínuo do balcão, virar rapidamente a cabeça e aguçar os ouvidos. Nesse momento tive a sensação de que alguma coisa maligna estava prestes a eclodir, e decidi não esperar mais. Dave Wyman, ao lado da máquina impressora de cotações, começou a dizer: "Su...".

Rápido como um raio, antes de Dave terminar de anunciar o preço, coloquei minhas boletas em cima do balcão, na frente do contínuo, e gritei: "Encerre a Sugar!". Então, é claro, a casa tinha que fechar minha operação da Sugar com o valor da última cotação. Dave tinha anunciado novamente 103.

De acordo com a minha compilação de informações e estatísticas, àquela altura a Sugar deveria estar caindo abaixo de 103. O motor não estava funcionando direito. Senti cheiro de armadilha no ar. Em todo caso, o instrumento telegráfico estava endoidecido, e notei que Tom

Burnham, o funcionário do balcão, tinha deixado minhas boletas desmarcadas, no mesmo lugar onde as coloquei, e ouvia os cliques da máquina como se estivesse esperando por algo. Então gritei com ele: "Ei, Tom, que diabos está esperando? Marque o preço nestas boletas, 103! E anda logo!".

Todos na sala me ouviram e começaram a olhar para nós e perguntar qual era o problema, pois, veja só, embora a Cosmopolitan tivesse a fama de nunca ter passado a perna em um investidor, não havia como saber, e era possível uma corrida a uma bucket shop começar feito uma corrida aos bancos, que acontece quando gente ávida se precipita para as agências a fim de sacar seu dinheiro por temer que o banco não será capaz de devolver seus depósitos. Bastava que um cliente desconfiasse e os demais seguiriam o exemplo. Tom fechou a cara, mas, mesmo amuado, veio e marcou minhas boletas com "Fechado a 103", então empurrou os papéis na minha direção. Tinha uma cara azeda que nem limão.

Dá para dizer que a distância entre o balcão onde Tom ficava e o caixa não era nem de dois metros e meio. Mas, antes mesmo de eu chegar ao caixa para pegar meu dinheiro, Dave Wyman, ao lado da máquina impressora de cotações, gritou, entusiasmado: "Puxa vida! Sugar, 108!". Mas era tarde demais, então eu apenas ri e, em voz alta, disse para Tom: "Não funcionou desta vez, não é, meu velho?".

Era uma tentativa de trapaça. Juntos, Henry Williams e eu estávamos vendidos em 6 mil ações da Sugar. Essa bucket shop tinha a minha margem e a de Henry, e podia haver muitos outros clientes na corretora na mesma situação, possivelmente 8 mil ou 10 mil ações no total. Suponha que tivessem 20 mil dólares em margens da Sugar. Era o suficiente para bancar a compra de ações da corretora, manipular o mercado na Bolsa de Valores de Nova York e acabar com a gente. Nos velhos tempos, sempre que uma bucket shop se via carregada com muitos especuladores do tipo touros comprando determinada ação, era uma prática comum fazer com que algum corretor abaixasse o preço dessa ação específica, o bastante para eliminar todos os clientes que tinham comprado grandes quantidades dela, na expectativa de aumento futuro. Isso raramente custava às bucket shops mais do que alguns pontos em algumas centenas de ações, e elas lucravam milhares de dólares.

Foi essa maquinação que a Cosmopolitan fez para me pegar, além de ferrar com Henry Williams e os outros investidores vendidos a descoberto da Sugar. Seus corretores em Nova York empurraram o preço para 108. Óbvio que logo depois voltou a cair, mas Henry e muitos outros foram eliminados. Toda vez que ocorria uma inexplicável queda acentuada seguida de uma recuperação instantânea, os jornais daquela chamavam de "movimentação de bucket shop".

E a coisa mais engraçada é que, menos de dez dias depois de o pessoal da Cosmopolitan tentar me passar a perna, um operador de Nova York fez com que tomassem um desfalque de mais de 70 mil dólares. Esse homem, que foi um relevante fator de mercado em sua época e um membro da Bolsa de Valores de Nova York, fez fama como investidor do tipo bear,* ou urso, durante o pânico de Bryan de 1896.** Vivia se defrontando com as regras da bolsa de valores que o impediam de realizar alguns de seus planos às custas de seus companheiros. Um dia, percebeu que não haveria reclamações da bolsa nem das autoridades policiais se tirasse das bucket shops da região um naco dos ganhos ilícitos das corretoras. No caso em questão, despachou 35 homens para se passar por clientes. Eles foram para o escritório principal e as maiores filiais. Em determinado dia, a uma hora fixada de antemão, todos os agentes compraram o maior número de ações que os gerentes os deixavam comprar. Tinham instruções de sair de fininho depois de atingir certo lucro. Claro que o que ele fazia era distribuir entre seus comparsas uma série de dicas de especulação do tipo touro sobre aquela ação,

---

* Oposto ao bull market, o bear market [mercado do urso] é o mercado em baixa ou pessimista, em que os investidores são os "baixistas", traders que esperam a queda dos preços e detêm uma posição vendida. Acredita-se que o termo derive da forma como o urso ataca sua presa, de cima para baixo. (N. T.)

** Período de aguda depressão econômica nos Estados Unidos, precipitada por uma queda nas reservas de prata e preocupações do mercado com os efeitos que isso teria sobre o padrão-ouro. A tendência de deflação só começou a se reverter após a eleição de William McKinley em 1896, derrotando o candidato do Partido Democrata William Jennings Bryan, que concorreu com a plataforma da "prata grátis", pela qual o país abandonaria o padrão-ouro e restabeleceria a cunhagem de prata para inflar a economia. (N. T.)

depois ia para o pregão da bolsa de valores e aumentava o lance, com a ajuda dos corretores de pregão, que o consideravam um cara legal. Tendo o cuidado de escolher a ação certa para esse trabalho, não houve dificuldade para elevar o preço em três ou quatro pontos. Os agentes dele, nos escritórios das bucket shops, lucraram conforme o combinado.

Eu soube por um colega que o originador abocanhou 70 mil dólares líquidos, sem contar as comissões e pagamento de despesas de seus agentes. Ele jogava esse jogo várias vezes em todo o país, castigando as maiores bucket shops de Nova York, Boston, Filadélfia, Chicago, Cincinnati e St. Louis. Uma de suas ações favoritas era da Western Union, por ser muito fácil manipular os preços de uma ação semiativa — ou seja, pouco negociada — alguns pontos para cima ou para baixo. Os agentes dele compravam as ações a determinado preço, vendiam com lucro de dois pontos, entravam novamente no mercado com posições vendidas e levavam três pontos mais. Aliás, li outro dia que esse homem morreu na penúria e na obscuridade. Se tivesse morrido em 1896, teria recebido pelo menos uma coluna na primeira página de todos os jornais de Nova York. Nas circunstâncias em que morreu, mereceu uma linha na página 5.

2

ENTRE A DESCOBERTA DE QUE A Cosmopolitan Stock Brokerage estava disposta a acabar comigo recorrendo a meios desleais — como se já não bastasse a absurda desvantagem que me impunha de uma margem de três pontos e um ágio de um ponto e meio — e os indícios de que não queria de jeito nenhum fazer negócios comigo, logo decidi vir para Nova York, onde poderia operar na corretora de algum membro da Bolsa de Valores de Nova York. Eu não queria ir a uma filial de Boston, onde as cotações tinham de ser transmitidas por telégrafo. Queria estar perto da fonte original. Vim para Nova York aos 21 anos, trazendo comigo tudo o que tinha: 2500 dólares.

Eu disse que aos vinte anos eu tinha juntado 10 mil dólares e que minha margem naquele negócio com a Sugar era de mais de 10 mil. Mas nem sempre eu ganhava. Meus planos como operador eram bastante sólidos, e eu ganhava com mais frequência do que perdia. Quando persistia e seguia meu plano, acertava talvez até em sete a cada dez vezes. Na verdade, eu sempre ganhava dinheiro quando tinha certeza de que estava certo antes mesmo de começar a operação. O que me atrapalhava era não ter inteligência suficiente para continuar a jogar o meu próprio jogo, ou seja, negociar no mercado apenas quando tivesse certeza de que os precedentes eram favoráveis ao meu jogo. Há um momento propício para todas as coisas, mas eu não sabia. E é exatamente isso que destrói tantos homens em Wall Street que estão muito longe de pertencer à classe principal de otários. Há o tolo puro e simples, que faz a coisa errada o tempo todo, em todos os lugares e ocasiões, mas existe o idiota de Wall Street, que pensa que tem que fazer negócios o tempo todo. Nenhum homem pode ter razões adequadas para comprar ou vender ações diariamente, ou conhecimento suficiente para transformar seu jogo numa estratégia inteligente.

Provei isso. Toda vez que eu interpretava a fita impressa com as flutuações das cotações à luz da experiência, ganhava dinheiro, mas, quando fazia o jogo dos otários, perdia. Eu não era nenhuma exceção, certo? Lá estavam, bem na minha cara, o enorme quadro de cotações, a máquina impressora de cotações trabalhando a todo vapor, as pessoas negociando e vendo suas boletas se transformarem em dinheiro ou lixo. Claro, deixei que o desejo por emoção sobrepujasse meu discernimento. Numa bucket shop, onde sua margem é mínima, não se opera com grandes vantagens. Você é aniquilado com extrema facilidade e rapidez. O desejo de ação constante, independente das condições subjacentes, é responsável por muitos prejuízos em Wall Street, mesmo entre os profissionais, que julgam que têm que levar algum dinheiro para casa todo santo dia, como se trabalhassem em troca de um salário fixo. Eu era apenas um garoto, lembra? Naquela época ainda não sabia o que descobri mais tarde e que me levaria, quinze anos depois, a esperar duas longas semanas para ver se meu otimismo em relação a uma ação que eu achava que subiria trinta pontos se confirmava antes de julgar que era seguro comprá-la. Eu estava quebrado e tentando voltar ao jogo, e não podia me dar ao luxo de jogar de forma imprudente. Tinha que estar certo, por isso esperei. Isso foi em 1915. É uma longa história. Eu a contarei mais adiante, na hora certa. Agora vamos continuar a partir do ponto em que, após anos de prática em levar a melhor sobre as bucket shops, deixei que elas ficassem com a maior parte dos meus ganhos.

Aconteceu quando eu estava de olhos bem abertos, ainda por cima! E não foi o único período da minha vida em que fiz isso. Um especulador financeiro tem que lutar contra muitos inimigos dentro de si mesmo. Enfim, vim para Nova York com 2500 dólares no bolso. Aqui não existiam bucket shops em que se pudesse confiar. O cerco cerrado da bolsa de valores e da polícia conseguira fechá-las. Além disso, eu queria encontrar um lugar onde o único limite para minha negociação fosse o tamanho do meu capital. Eu não tinha muito dinheiro com que jogar, mas não queria ser um peixe pequeno para sempre. No começo, o principal era encontrar um lugar onde eu não tivesse que me preocupar em conseguir um tratamento justo. Então fui a uma corretora da Bolsa de Valores de Nova York que tinha uma filial perto de casa, de modo que eu conhecia alguns funcionários. Agora já faz tempo que eles saíram do mercado. Não demorei muito ali, não gostei de um dos sócios. Depois fui para a A. R. Fullerton & Co. Alguém deve ter contado a eles sobre minhas primeiras experiências, porque não tardou para que todos começassem a me chamar de "Menino Especulador". Sempre tive a aparência jovem, o que era uma desvantagem em alguns aspectos, mas me instigava a batalhar para provar meu valor, porque muita gente tentava tirar vantagem da minha juventude. Vendo que eu era muito novo, os caras das bucket shops sempre achavam que era um otário sortudo, e que aquela era a única razão pela qual eu vivia dando uma surra neles.

Bem, em menos de seis meses eu estava quebrado. Era um trader bastante ativo e tinha certa reputação de vencedor. Acho que meus ganhos e comissões equivaliam a uma bela quantia. Aumentei um pouco minha carteira, mas, claro, no final perdi. Joguei com cuidado, mas tinha que perder. Vou contar qual foi o motivo: meu extraordinário sucesso nas bucket shops!

Eu seria capaz de vencer o jogo do meu jeito somente numa bucket shop, onde fazia apostas com base nas flutuações. Minha análise da fita impressa de cotações tinha a ver exclusivamente com isso. Quando comprava, o preço aparecia lá no quadro de cotações, bem na minha frente. Mesmo antes de comprar, eu já sabia exatamente o valor que teria que pagar pela ação. E sempre era possível vendê-la num átimo. Eu podia comprar e vender ações obtendo lucro rápido, porque conseguia me movimentar feito um raio. Podia continuar surfando na minha maré de sorte ou cortar minhas perdas em um segundo. Às vezes, por exemplo, tinha a convicção de que determinada ação oscilaria em pelo menos 1 ponto. Bem, eu não precisava ser ganancioso: poderia colocar 1 ponto de margem e dobrar meu dinheiro num piscar de olhos; ou pegaria meio ponto. Com cem a duzentas ações por dia, não seria nada mal no final do mês, certo?

O problema prático com esse arranjo, é óbvio, era que, mesmo se a bucket shop tivesse os recursos para suportar um constante prejuízo de grande monta, não aceitaria se submeter a isso. Não manteria por perto um cliente que tinha o péssimo hábito de ganhar o tempo todo.

Em todo caso, o que era um sistema perfeito para fazer operações em bucket shops não funcionou no escritório da Fullerton. Lá eu estava realmente comprando e vendendo ações. O preço da ação da Sugar na fita impressa de cotações podia ser 105, e eu podia antever uma queda de três pontos. Para falar a verdade, no exato momento em que a máquina impressora de cotações estava imprimindo 105 na fita, o preço real no pregão da bolsa poderia ser de 104 ou 103. No momento em que minha ordem de venda de mil ações chegava ao encarregado da Fullerton no pregão para ser executada, o preço poderia estar ainda mais baixo. Eu não saberia dizer a que preço vendi minhas mil ações enquanto não obtivesse um relatório do funcionário. Em circunstâncias em que eu certamente teria lucrado 3 mil na mesma transação em uma bucket shop, talvez não ganhasse um mísero centavo numa corretora da bolsa de valores. Logicamente peguei um caso extremo, mas o fato é que no escritório da Fullerton a fita impressa de cotações sempre me contava histórias antigas, no que dizia respeito a meu sistema de operações, e eu não percebia isso.

Ademais, se minha ordem fosse bastante grande, minha própria venda tendia a diminuir ainda mais o preço. Na bucket shop, eu não tinha que calcular o efeito da minha própria negociação. Eu me dei mal em Nova York porque o jogo era completamente diferente. O que me fez perder não foi o fato de que agora eu estava jogando de forma legítima, mas o fato de que estava jogando de forma ignorante. Diziam-me que eu era um bom leitor da fita impressa de cotações. Mas ler a fita como um especialista não salvou minha pele. Teria sido melhor negócio me tornar um operador de pregão. Atuando em meio a uma multidão específica, talvez eu pudesse ter adaptado meu sistema às condições preexistentes. Porém, é óbvio, se eu tivesse que operar na mesma escala em que atuo agora, por exemplo, o sistema também teria me deixado na mão, por causa do efeito de minhas próprias operações sobre os preços.

Em suma, eu não conhecia o jogo da especulação com ações. Tinha conhecimento de uma parte dele, uma parte bastante importante, que tem sido muito valiosa para mim em todos os momentos. Mas, se mesmo com toda essa minha bagagem ainda perdi, que chance tinha um outsider* novato de ganhar, ou melhor, de lucrar?

Não demorei muito para perceber que havia algo errado com minha estratégia, mas não conseguia identificar qual era exatamente o problema. Em certos momentos, meu sistema funcionava às mil maravilhas; em seguida, de repente, era um fiasco após o outro. Lembre-se de que eu tinha apenas 22 anos — não que estivesse tão apaixonado por mim mesmo a ponto de não querer saber onde estava errando, mas nessa idade ninguém sabe muito a respeito do que quer que seja.

O pessoal do escritório era muito legal comigo. Eu não podia especular tanto quanto queria por causa das exigências e dos requisitos de margem que eles estipulavam, mas o velho A. R. Fullerton e o restante da empresa me tratavam com tanta gentileza que, depois de seis meses de negociações ativas, não só perdi tudo o que tinha trazido e tudo o que ganhei lá como devia à empresa algumas centenas de dólares.

Lá estava eu, um jovem que nunca tinha estado longe de casa, sem um tostão no bolso; mas eu sabia que não havia nada de errado comigo, só com minha estratégia de jogo. Não sei se fui claro, mas nunca perco a cabeça com o mercado de ações. Nunca discuto com a fita impressa de cotações. Zangar-se com o mercado não leva ninguém a lugar nenhum.

Eu estava tão ansioso para retomar as operações que não perdi um

---

* Denominação dada ao "forasteiro", ao leigo, no sentido daquele que não tem acesso a informações privilegiadas, em oposição ao insider, o investidor que tem acesso privilegiado a determinadas informações das empresas antes de se tornarem conhecidas do mercado. Entre os insiders incluem-se acionistas controladores, conselheiros, diretores e membros do Conselho Fiscal. (N. T.)

minuto. Fui falar com o velho Fullerton. "Senhor A. R., poderia me emprestar, digamos, quinhentos dólares?"

"Para quê?", ele quis saber.

"Preciso de dinheiro."

"Para quê?", insistiu ele.

"Para ter margem, é claro", aleguei.

"Mas quinhentos dólares?", disse ele, e franziu a testa. "Você sabe que esperamos que você mantenha uma margem de 10%, e isso significa mil dólares em um lote de cem ações. É muito melhor eu te dar crédito."

"Não", recusei. "Não quero crédito aqui. Já estou devendo dinheiro para a firma. O que eu quero é que o senhor me empreste quinhentos dólares para que eu possa sair, ganhar algum dinheiro e voltar."

"E como vai fazer isso?", perguntou o velho A. R.

"Vou operar numa bucket shop", respondi.

"Opere aqui", propôs ele.

"Não. Ainda não tenho certeza se sou capaz de vencer o jogo trabalhando neste escritório, mas tenho certeza de que posso arrancar dinheiro das bucket shops. Esse é o jogo que eu conheço. Tenho uma ideia de onde errei aqui."

Ele me emprestou o dinheiro, e saí daquele escritório onde o "Terror das Bucket Shops", como me chamavam, havia perdido toda a sua fortuna. Não podia voltar para minha terra, porque as corretoras de lá não aceitariam fazer negócios comigo. Nova York estava fora de questão, porque naquela época não havia nenhuma casa fazendo negócios desse tipo aqui. Disseram-me que duas ruas, a Broad Street e a New Street, estavam apinhadas delas. Porém, quando mais precisei, não encontrei nenhuma. Então, depois de pensar um pouco, decidi ir para St. Louis. Tinha ouvido falar de duas empresas que movimentavam negócios em grande escala em todo o Meio-Oeste. Os lucros das duas deviam ser descomunais. Tinham filiais em dezenas de cidadezinhas. Na verdade, ouvi dizer que no Leste não havia empresas capazes de rivalizar com elas em termos de volume de negócios. Atuavam abertamente, e os melhores negociavam lá sem qualquer receio. Um colega me disse até que o dono de uma das empresas era vice-presidente da Câmara de Comércio, mas que não poderia ser em St. Louis. Em todo caso, foi para lá que fui com meus quinhentos dólares, para trazer de volta o dinheiro que usaria como margem no escritório de A. R. Fullerton & Co., membro da Bolsa de Valores de Nova York.

Assim que cheguei a St. Louis, fui para o hotel, tomei banho e saí para procurar as bucket shops. Uma era a J. G. Dolan Company, a outra era a H. S. Teller & Co. Eu sabia que seria capaz de vencer as duas. Jogaria de forma segura, cuidadosa e conservadora, sem me arriscar. Meu único receio era que alguém pudesse me reconhecer e me denunciar, porque as bucket shops de todo o país já tinham ouvido falar do "Menino Especulador". São como casas de jogo e sabem de todas as fofocas dos profissionais do ramo. A Dolan ficava mais perto do que a Teller, então fui até lá primeiro. Minha esperança era poder fazer negócio por alguns dias antes de me mandarem embora. Entrei. Era um lugar imenso, e devia haver pelo menos duas centenas de pessoas olhando as cotações. Fiquei feliz, porque em meio a uma multidão eram maiores as chances de passar despercebido. Fiquei lá parado, observando o quadro e examinando as cotações cuidadosamente, até escolher a ação que usaria para minha jogada inicial.

Olhei em volta e vi atrás do guichê o contínuo encarregado de pegar o dinheiro e preencher a boleta. Ele estava olhando para mim, então fui até ele e perguntei: "É aqui que faço negócios com algodão e trigo?".

"Sim, filho."

"Posso comprar ações também?"

"Pode, sim, se tiver dinheiro."

"Ah, isso eu sei", eu disse, feito um menino orgulhoso.

"Você tem dinheiro?", disse o contínuo, com um sorriso.

"Quantas ações consigo comprar com cem dólares?", perguntei, irritado.

"Cem, se você tiver esse valor."

"Eu tenho cem. Tenho duzentos!"

"Minha nossa!", exclamou ele.

"Quero comprar duzentas ações", eu disse, rispidamente.

"Mas do quê?", perguntou ele, sério agora. Negócios eram negócios.

Olhei novamente para o quadro de cotações como se fosse fazer uma escolha com sabedoria e disse: "Quero duzentas da Omaha".

"Tudo bem!", disse o funcionário, então pegou meu dinheiro, contou e preencheu a boleta. "Qual é o seu nome?", ele quis saber.

"Horace Kent", respondi.

Ele me deu a boleta, e eu me sentei entre os outros clientes para esperar minha bolada crescer. Rapidamente tive um bom desempenho e negociei várias vezes naquele dia. No dia seguinte também. Em dois dias, ganhei 2800 dólares, e esperava que me deixassem terminar a semana. No ritmo em que eu estava indo, não seria nada mal. Em seguida, partiria para o ataque na outra corretora, e se lá tivesse sorte semelhante voltaria para Nova York com um maço de dinheiro que poderia usar para fazer alguma coisa.

Na manhã do terceiro dia, quando, todo acanhado, fui até o guichê para comprar quinhentas ações da B. R. T., o contínuo me disse: "Olá, sr. Kent, o patrão quer ver você".

Eu sabia que era fim de jogo para mim. Mas perguntei: "Por que motivo ele quer me ver?".

"Não sei."

"Onde ele está?"

"No escritório dele. Vá por ali." Ele apontou para uma porta.

Entrei. Dolan estava sentado a sua escrivaninha. Ele se virou e disse: "Sente-se, Livingston".

Apontou para uma cadeira. Minha última esperança desapareceu. Não sei como ele descobriu quem eu era, talvez pelo registro do hotel.

"Sobre o que quer falar comigo?", perguntei.

"Escuta, garoto. Não tenho nada contra você, sabe? Absolutamente nada. Entendeu?"

"Não, não entendi."

Ele se levantou de sua cadeira giratória. Era um cara grandalhão, gigantesco. "Vem cá, Livingston, por favor", ele me disse, e caminhou até a porta. Então a abriu e apontou para os clientes na sala espaçosa. "Está vendo?", perguntou.

"Vendo o quê?"

"Esses caras. Dá uma olhada neles, garoto. Tem trezentos deles! Trezentos otários! Botam comida na minha mesa, alimentam minha família. Entendeu? Trezentos otários! Aí você entra aqui, e em dois dias pega mais dinheiro do que eu arranco dos trezentos otários em duas semanas. Isso não é jeito de fazer negócios, garoto, não para mim! Não tenho nada contra você. Você pode ficar com o que já ganhou, numa boa. Mas daqui você não leva mais nada. Aqui não tem mais nada para você!"

"Bom, é que eu..."

"Isso é tudo. Vi você chegar anteontem, e não fui com a sua cara. Sinceramente, não gostei do que vi. Na hora achei que você tinha um jeitão de trapaceiro. Chamei aquele imbecil lá...". Ele apontou para o culpado, o funcionário do guichê. "Perguntei o que você tinha feito. Quando ele me contou, eu disse: 'Não gostei do jeitão daquele cara. Ele é pilantra!'. E aquele miolo mole me disse: 'Que pilantra que nada, patrão! O nome dele é Horace Kent, e ele é um menino deslumbrado brincando de fazer negócios que nem gente grande. É gente boa, não tem nada de errado com ele!'. Bom, caí nessa conversa mole, deixei o idiota fazer as coisas da maneira dele, e o cabeça oca me custou 2800 dólares. Não guardo ressentimento, meu garoto. Mas meu cofre está trancado pra você."

"Escute aqui", comecei a dizer.

"Quem vai escutar aqui é você, Livingston", ele me interrompeu. "Já ouvi todas as histórias a seu respeito. Ganho meu dinheiro apostando no fracasso dos otários, e este não é seu lugar. Eu tento ter espírito esportivo e saber perder, e aceito numa boa você ficar com o que já arrancou de nós. Mas deixar passar mais do que isso seria me transformar num otário, agora que eu sei quem você é. Portanto, cai fora, filho!"

Saí da corretora de Dolan com meu lucro de 2800 dólares. A de Teller ficava no mesmo quarteirão. Descobri que Teller era um homem muito rico que também dirigia uma porção de casas de apostas em corridas de cavalos. Decidi ir até a bucket shop dele. Eu me perguntei se seria sensato começar com moderação e acumular aos poucos mil ações ou já começar logo de cara com uma especulação pesada e arriscada, fiando-me na hipótese de que talvez não conseguisse operar por mais de um dia. Quando estão perdendo, esses caras bancam os sabichões muito rápido, e eu queria comprar mil ações da B. R. T. Tinha certeza de que subiriam quatro ou cinco pontos. Mas, se suspeitassem, ou se muitos outros clientes estivessem comprados nessa ação, poderiam não me deixar negociar. Concluí que talvez fosse melhor primeiro dispersar minhas negociações e começar com pouco. O lugar não era tão grande quanto o de Dolan, mas as instalações e a decoração eram melhores, e evidentemente o grupo de clientes era de uma classe superior. Isso era mais do que adequado para mim, e resolvi comprar minhas mil B. R. T. Fui até o guichê e disse ao funcionário: "Eu gostaria de comprar algumas ações da B. R. T. Qual é o limite?".

"Não há limite. O senhor pode comprar tudo que quiser, se tiver o dinheiro."

"Quero 1500 ações", pedi, e enquanto o contínuo preenchia a boleta tirei do bolso meu maço de dinheiro vivo.

Nesse momento, vi um homem ruivo empurrar o funcionário para longe do guichê. Ele se inclinou sobre o balcão e me disse: "Ei, Livingston, volte para a Dolan. Não queremos fazer negócios com você".

"Espere eu pegar minha boleta. Acabei de comprar um punhado de B. R. T."

"Aqui não tem boleta nenhuma para você", avisou ele. Àquela altura, outros funcionários se plantaram atrás dele e me encaravam. "Nunca mais apareça. Não queremos você operando aqui. Entendeu?"

Não fazia sentido me enfurecer ou tentar discutir, então fui para o hotel, paguei minha conta e embarquei no primeiro trem de volta para Nova York. Foi difícil. Eu queria levar comigo um montante de dinheiro considerável, mas aquele tal de Teller não me deixou fazer uma única operação.

Voltei para Nova York, paguei a Fullerton seus quinhentos dólares e comecei a operar novamente com o dinheiro que ganhei em St. Louis. Tive períodos bons e ruins, mas no fim das contas estava conseguindo cobrir meus gastos e lucrar um pouquinho. Afinal, não tinha muita coisa a desaprender; precisava apenas compreender o fato de que no jogo de especulação havia mais coisas do que eu havia levado em consideração antes de começar a operar na corretora de Fullerton. Eu era como um daqueles fanáticos fazendo as palavras cruzadas no suplemento do jornal de domingo. O tipo de pessoa que não se dá por satisfeita enquanto não adivinhar todas as palavras que se entrecruzam na horizontal e na vertical. Bem, claro que eu queria encontrar a solução para o meu quebra-cabeça. Achei que meus dias de operações nas bucket shops tinham chegado ao fim. Mas eu estava enganado.

Alguns meses depois da minha volta a Nova York, um velho e trapaceiro especulador entrou no escritório de Fullerton. Ele conhecia A. R. Alguém disse que os dois haviam tido alguns cavalos de corrida em sociedade. Estava claro que o sujeito tinha visto dias melhores. Fui apresentado ao velho McDevitt. A raposa velha estava contando a um grupo de clientes sobre um bando de vigaristas das pistas de corrida do Oeste, que tinham acabado de aplicar um golpe em St. Louis. O cabeça do esquema fraudulento, ele disse, era o dono de uma casa de apostas em corridas de cavalos, um sujeito chamado Teller.

"Que Teller?", perguntei.

"O Teller. H. S. Teller."

"Conheço esse cara. Ele não presta", disse McDevitt.

"Pior que isso", eu disse. "Tenho umas contas a ajustar com ele."

"E como você vai fazer isso?"

"A única maneira de machucar um mau perdedor é no bolso. Não consigo pegar o cara lá em St. Louis, mas um dia ele vai ver." Contei a McDevitt o motivo do meu ressentimento.

"Bem", disse o velho Mac, "ele tentou abrir um negócio aqui em Nova York e não conseguiu, então foi para Hoboken. Dizem por aí que é uma casa sem limite de apostas e que a montanha de dinheiro que circula por lá é tão grande que faz o rochedo de Gibraltar parecer a sombra de uma pulguinha."

"Que tipo de casa?" Achei que ele estava falando de uma casa de apostas em corridas de cavalos.

"Uma bucket shop", disse McDevitt.

"Tem certeza de que está aberta?"

"Sim. Vários colegas já me falaram sobre ela."

"São apenas boatos", retruquei. "Você consegue descobrir se está mesmo funcionando e confirmar o volume de operações que deixam a pessoa fazer lá?"

"Claro, filho", respondeu McDevitt. "Amanhã de manhã vou lá pessoalmente, depois volto aqui para te contar."

Foi o que ele fez. Aparentemente Teller já estava administrando um grande negócio e abocanhando tudo o que podia. Isso foi numa sexta--feira. Naquela semana o mercado estava em alta — isso foi vinte anos atrás —, e era certo que os relatórios bancários do sábado mostrariam uma grande diminuição na reserva excedente. Isso daria aos operadores das grandes firmas a desculpa convencional para entrarem com tudo no mercado e tentarem ficar com parte do dinheiro das contas das corretoras pequenas. Haveria as habituais quedas da última meia hora de negociações, sobretudo das ações em que o público tivesse um interesse mais ativo. Estas, é claro, seriam as mesmas ações nas quais os clientes de Teller estariam comprados em peso, e a bucket shop ficaria feliz da vida em ver algumas posições vendidas a descoberto. Não existe nada mais prazeroso do que pegar os otários dos dois lados, e nada tão fácil — com margens de 1 ponto.

Naquela manhã de sábado, fui até Hoboken visitar a corretora de Teller. Eles haviam equipado uma espaçosa sala reservada aos clientes com um elegante quadro de cotações, um numeroso efetivo de funcionários e um segurança de uniforme cinza. Havia cerca de 25 clientes.

Comecei a conversar com o gerente. Ele me perguntou o que poderia fazer por mim. Eu lhe disse que nada: que um sujeito poderia ganhar muito mais dinheiro na pista de corrida por conta das probabilidades e da liberdade de apostar todo o seu dinheiro e se arriscar a faturar milhares de dólares em minutos, em vez de catar migalhas e ter que esperar talvez por dias. Ele começou a discursar sobre como o jogo do mercado de ações era muito mais seguro, quanto dinheiro alguns de seus clientes ganhavam — quem o ouvisse poderia jurar que ele era um corretor regular que realmente comprava e vendia as ações dos clientes na bolsa — e como uma pessoa, desde que fizesse apenas negociações em grande escala, poderia ganhar dinheiro suficiente para satisfazer qualquer um. Deve ter pensado que eu estava à procura de alguma casa de jogos e quis dar uma abocanhada no meu dinheiro antes que eu perdesse tudo apostando em cavalos, pois me disse que eu teria que me apressar, já que aos sábados o mercado se encerrava ao meio-dia. Isso me daria tempo livre para dedicar a tarde inteira a outras atividades. Talvez já tivesse um maço maior de cédulas para levar comigo para a pista de corrida — bastava escolher as ações certas.

Dei a entender que não acreditava, e ele continuou tagarelando na minha orelha. Eu estava de olho no relógio. Às 11h15, eu disse que tudo bem e comecei a lhe dar ordens de venda de várias ações. Eu lhe dei 2 mil dólares em dinheiro, montante que ele ficou muito feliz em receber. Ele me disse que achava que eu ganharia muito dinheiro e esperava que eu voltasse mais vezes.

Aconteceu exatamente como imaginei. Os operadores martelaram os preços das ações nas quais julgavam poder deixar a descoberto a maioria dos stops,* e, é claro, os preços caíram. Encerrei minhas posições pouco antes da alta dos últimos cinco minutos de pregão, quando costuma ocorrer a liquidação dos negócios.

Eu tinha 5100 dólares a receber. Fui retirar o dinheiro no caixa.

"Estou feliz da vida", disse ao gerente, e lhe dei minhas boletas.

"Veja bem, não tenho como pagar tudo hoje. Eu não contava com essa despesa. Na segunda pela manhã terei todo o seu dinheiro aqui, sem falta."

"Tudo bem. Mas primeiro vou levar tudo o que você tiver disponível na casa", respondi.

"Você tem que me deixar pagar os pequenos investidores. Vou lhe devolver tudo o que investiu e tudo o que sobrar. Espere até eu descontar as outras boletas." Eu esperei enquanto ele pagava os outros ganhadores. Ah, eu sabia que meu dinheiro estava a salvo e garantido. Como os negócios de Teller estavam indo de vento em popa, ele não me daria o calote. E, caso não me pagasse, o que mais eu poderia fazer a não ser pegar tudo o que ele tivesse ali? Então peguei meus próprios 2 mil dólares e mais uns oitocentos, tudo o que ele tinha no escritório. E disse que voltaria lá na segunda-feira pela manhã. Ele jurou que o dinheiro estaria à minha espera.

Cheguei a Hoboken pouco antes do meio-dia na segunda-feira. Vi um sujeito conversando com o gerente, um homem que eu tinha visto

---

* Ordem de compra ou venda a um preço preestabelecido, com o objetivo de proteger um lucro ou limitar um prejuízo. (N. T.)

na corretora de St. Louis no dia em que Teller me enxotou para a Dolan. De imediato, eu soube que o gerente havia telegrafado para o escritório central e que de lá tinham enviado um de seus homens para investigar a história. Vigaristas não confiam em ninguém.

"Vim buscar o resto do meu dinheiro", comuniquei ao gerente.

"É este o homem?", perguntou o sujeito de St. Louis.

"Sim", disse o gerente, e tirou do bolso um maço de notas.

"Espere um pouco!", disse a ele o sujeito de St. Louis, depois se virou para mim. "Livingston, já não dissemos que não queríamos fazer negócios com você?"

"Primeiro me dê meu dinheiro", eu disse ao gerente, e ele me entregou duas cédulas de mil, quatro de quinhentos e três de cem.

"O que foi que vocês disseram?", perguntei ao cara de St. Louis.

"Dissemos que não queremos você fazendo operações nos nossos escritórios."

"Sim. Foi por isso que eu vim."

"Bem, não venha mais aqui. Mantenha distância!", rosnou ele. O segurança particular de uniforme cinza se aproximou, com ar distraído. O cara de St. Louis brandiu o punho cerrado na direção do gerente e gritou: "Você não devia cair nessa, sua anta, devia ter o bom senso de não deixar esse cara entrar aqui e passar a perna em você. Ele é o Livingston. Você recebeu ordens".

"Escuta aqui, você", eu disse ao homem de St. Louis. "Aqui não é St. Louis, não. Aqui você não vai ter chance de usar truques, como seu chefe fez com o garoto de Belfast."

"Fique longe deste escritório! Você está proibido de fazer negócios aqui!", berrou ele.

"Se eu não puder negociar aqui, então ninguém mais vai", retruquei. "Aqui você não vai aprontar suas malandragens e se safar numa boa."

Bem, St. Louis mudou de tom imediatamente.

"Olhe aqui, meu velho", disse ele, todo alvoroçado. "Faça um favor para nós. Seja razoável! Você sabe que não podemos suportar isso todos os dias. O velho vai subir nas tamancas quando souber quem foi. Tenha dó, Livingston!"

"Pode deixar, vou pegar leve", prometi.

"Dê ouvidos à razão, por favor! Pelo amor de Deus, fique longe daqui! Dê-nos a chance de começar bem. Somos novos aqui. Pode fazer isso?"

"Da próxima vez eu não quero ver essa atitude arrogante", eu disse. Saí em disparada e deixei o cara conversando com o gerente. Eu arrancaria algum dinheiro deles pela forma como tinham me tratado em St. Louis, mas não fazia sentido me irritar ou tentar levar o negócio deles à falência. Voltei ao escritório de Fullerton e contei a McDevitt o que havia acontecido. Em seguida disse que, se a ideia lhe parecesse boa, gostaria que fosse até a corretora de Teller e começasse a negociar lotes de vinte ou trinta ações, para se acostumarem com ele. Depois, no momento em que eu visse uma boa chance de faturar uma bolada, eu o avisaria por telefone e aí ele poderia entrar de cabeça na especulação.

Dei a McDevitt mil dólares, ele foi para Hoboken e fez o que eu lhe disse. Minha instrução foi de que se tornasse um dos clientes regulares do escritório. Até que, um dia, quando julguei que uma ação estava na iminência de sofrer uma queda, passei a dica e ele vendeu tudo o que permitiram. Faturei 2800 dólares, depois de dar a Mac sua comissão e pagar as despesas, e suspeito que Mac também fez pequenas apostas por conta própria. Menos de um mês depois, Teller fechou as portas de sua filial em Hoboken. A polícia dava uma trabalheira danada. De qualquer forma, não valia a pena, embora eu só tivesse feito negócios lá duas vezes. O mercado entrou numa fase altista desvairada, as ações não caíram o suficiente para eliminar nem mesmo as margens de 1 ponto; obviamente, todos os clientes eram touros altistas com posições compradas, ganhando e usando os lucros para comprar mais ações, numa pirâmide desenfreada. Inúmeras bucket shops quebraram em todo o país.

O jogo tinha mudado. Negociar à moda antiga nos antiquados padrões da bucket shop oferecia algumas vantagens decisivas em relação a especular numa corretora respeitável. Por um lado, o fechamento automático da negociação quando a margem atingia o ponto de exaustão era o melhor tipo de ordem stop-loss.* Ninguém perdia mais dinheiro

---

* Função que permite ao trader programar de forma prévia e automática a interrupção de sua operação, para evitar perdas maiores. (N. T.)

do que tinha investido, não havia perigo de execução podre de ordens, e assim por diante. Em Nova York, as corretoras nunca foram tão liberais com seus clientes como ouvi dizer que eram no Oeste. Aqui costumavam limitar o possível lucro de certas ações em dois pontos. A Sugar e a Tennessee Coal and Iron estavam entre elas. Mesmo que flutuassem dez pontos em dez minutos, não fazia diferença, você só ganharia dois pontos por boleta. Caso contrário, como perceberam, o cliente levaria muita vantagem — arriscava-se a perder um dólar e ganhar dez. E havia momentos em que todos os escritórios, incluindo os maiores, se recusavam a aceitar ordens de negociação de determinadas ações. Em 1900, na véspera do dia da eleição, diante da conclusão de que era inevitável a vitória de [William] McKinley, nenhuma corretora do país permitiu que seus clientes comprassem ações. As probabilidades da eleição eram de três para um para vitória de McKinley. Comprando ações na segunda-feira, você poderia ganhar de três a seis pontos, ou mais. O sujeito poderia apostar em [William Jennings] Bryan, comprar ações e ganhar dinheiro líquido e certo. Assim, nesse dia as bucket shops se recusaram a aceitar ordens de compra e venda.

Não fosse por sua recusa em aceitar minhas operações, eu nunca teria parado de fazer negócios com eles. E nunca teria aprendido que o jogo da especulação ia muito além das apostas nas flutuações de alguns pontos nas cotações.

3

LEVA-SE UM BOCADO DE TEMPO PARA aprender todas as lições de todos os seus erros. Dizem que tudo tem dois lados. Mas no mercado de ações existe apenas um lado, e não é o lado do touro altista nem o lado do urso baixista, mas o lado certo. Demorei mais tempo para conseguir fixar na minha mente esse princípio geral do que levei para entender a maioria das fases mais técnicas do jogo da especulação com ações.

Ouvi falar de pessoas que se divertem realizando operações imaginárias no mercado de ações para provar, com dólares imaginários, que estão certas. Às vezes esses jogadores-fantasmas lucram milhões fictícios. É muito fácil ser um especulador dessa forma. É como a velha história do homem que foi desafiado para um duelo no dia seguinte.

Seu criado lhe perguntou: "O senhor é um bom atirador?".

"Bem", disse o duelista, parecendo modesto, "consigo arrancar a haste de uma taça de vinho a vinte passos de distância."

"Muito bem", disse o criado, nem um pouco impressionado. "Mas o senhor consegue arrancar a haste da taça de vinho enquanto a taça de vinho aponta uma pistola carregada diretamente para o seu coração?"

No meu caso, tenho que corroborar minhas opiniões com meu dinheiro. Minhas perdas me ensinaram que não devo começar a avançar até ter certeza de que não terei que recuar depois. Mas, se não posso avançar, não ouso sair do lugar. Com isso não estou querendo dizer que a pessoa não deva restringir suas perdas quando estiver errada. Deve, sim. Mas isso não pode gerar indecisão. Toda a minha vida cometi erros, mas ao perder dinheiro ganhei experiência e acumulei uma série de valiosas advertências do tipo "não faça isso". Fui à falência várias vezes, mas meu prejuízo nunca foi total. Caso contrário, eu não estaria aqui agora. Sempre soube que teria outra chance e que não cometeria o mesmo erro uma segunda vez. Sempre acreditei em mim mesmo.

Deve-se acreditar em si mesmo e em seu discernimento se espera ganhar a vida neste jogo. É por isso que não acredito em dicas. Se eu comprar ações com base na dica de Smith, terei que vender essas mesmas ações também de acordo com as dicas de Smith. Vou me tornar dependente dele. E se quando chegar a hora de vender Smith estiver viajando? Não, ninguém ganha muito dinheiro se tomar decisões a partir dos palpites de outra pessoa. Sei por experiência própria que ninguém tem condições de me dar uma dica ou uma série de conselhos que vão me render mais dinheiro do que meu próprio discernimento. Demorei cinco anos para aprender a jogar o jogo de forma inteligente o suficiente para ganhar muito dinheiro quando estava certo.

Não tive tantas experiências interessantes quanto você, caro leitor, talvez imagine. Quer dizer, a essa distância, o processo de aprender a especular não parece tão dramático assim. Quebrei várias vezes, e isso nunca é agradável, mas perdi dinheiro como todos que perdem dinheiro em Wall Street perdem dinheiro. Especulação é um negócio penoso e doloroso, e um especulador tem que trabalhar o tempo todo, ou em breve não terá trabalho nenhum.

Minha tarefa, como aprendi depois de meus primeiros reveses na corretora Fullerton, era muito simples: olhar para a especulação a partir de outro ângulo. Mas eu não sabia que no jogo havia muito mais coisas do que poderia aprender nas bucket shops. Lá eu pensava que estava vencendo o jogo quando na realidade estava vencendo apenas as corretoras. Ao mesmo tempo, foram extremamente valiosos a capacidade de ler a fita impressa de cotações que desenvolvi operando nas bucket shops e o treinamento da minha memória. Essas duas coisas adquiri com facilidade. Devo meu sucesso inicial como trader a elas, não à inteligência ou ao conhecimento, porque minha mente era despreparada e minha ignorância era colossal. O jogo me ensinou o jogo. E, enquanto me ensinava, não poupou a vara de castigos.

Lembro-me do meu primeiro dia em Nova York. Eu já contei sobre como as bucket shops, ao se recusarem a aceitar meus negócios, me obrigaram a buscar uma corretora respeitável. Um dos rapazes do escritório onde consegui meu primeiro emprego estava trabalhando na Harding Brothers, membro da Bolsa de Valores de Nova York. Cheguei à cidade pela manhã, e antes das 13h abri uma conta naquela firma e já estava pronto para fazer transações.

Não expliquei ao leitor como, para mim, era natural operar lá exatamente da mesma maneira como eu fazia nas bucket shops, onde tudo o que eu fazia era apostar com base nas flutuações e detectar mudanças pequenas, mas infalíveis, nos preços. Ninguém se ofereceu para apontar as diferenças essenciais ou para me corrigir. Mesmo se alguém me dissesse que meu método não funcionaria, eu o teria colocado à prova, somente para ter certeza por mim mesmo, porque quando estou errado apenas uma coisa me convence disso: perder dinheiro. E só tenho razão quando ganho dinheiro. O nome disso é especulação.

Era um período muito animado, e o mercado estava muito ativo. Isso sempre empolga o sujeito. Eu me senti em casa imediatamente. À minha frente estava o velho e conhecido quadro de cotações, falando uma língua que aprendi antes dos quinze anos. Havia um menino fazendo exatamente a mesma coisa que eu fazia no primeiro escritório em que trabalhei. Os clientes — o mesmo bando de sempre — olhavam para o quadro de cotações, de pé ao lado da máquina impressora de cotações, anunciando os preços e conversando sobre o mercado. O equipamento era, aparentemente, o mesmo a que eu estava acostumado. A atmosfera era a mesma que eu respirava desde que ganhara dinheiro pela primeira vez no mercado de ações — 3,12 dólares na Burlington. Eram o mesmo tipo de máquina impressora de cotações e o mesmo tipo de traders, portanto o mesmo tipo de jogo. Lembre: eu tinha apenas 22 anos. Suponho que eu achava que conhecia o jogo de A a Z. Por que não deveria?

Olhei o painel e vi algo que me pareceu muito interessante. Estava se comportando bem. Comprei cem a 84. Saí a 85 em menos de meia hora. Aí vi outra coisa de que gostei e fiz a mesma coisa; tirei 0,75 de um ponto líquido em um curtíssimo intervalo de tempo. Comecei bem, não comecei?

Agora preste atenção: nesse meu primeiro dia como cliente de um escritório de renome da Bolsa de Valores de Nova York, depois de apenas duas horas, negociei 1100 ações, entrando e saindo do mercado, comprando e vendendo. E o resultado líquido das operações do dia foi que perdi exatamente 1100 dólares. Ou seja, na minha primeira tentativa, quase metade das minhas reservas foi pelos ares. E lembre: algumas das operações deram lucro. Mas encerrei esse primeiro dia com 1100 dólares a menos.

Isso não me preocupou, porque eu não conseguia ver que havia algo de errado comigo. Minhas jogadas também estavam corretas, e se eu estivesse negociando na velha Cosmopolitan meu desempenho teria sido melhor do que nunca. Agora, meus 1100 dólares que viraram fumaça me mostraram claramente que a máquina não estava funcionando como deveria. Todavia, contanto que o operador da máquina estivesse bem, não havia necessidade de preocupação. Aos 22 anos, a ignorância não é um defeito estrutural.

Depois de alguns dias, disse a mim mesmo: "Não tenho condições de negociar aqui deste jeito. A máquina impressora de cotações não está me ajudando como deveria!". Mas deixei para lá, sem me aprofundar no xis da questão. Continuei firme e forte, tendo dias bons e ruins, até que quebrei de vez. Sem um tostão, fui falar com o velho Fullerton e consegui convencê-lo a me emprestar quinhentos dólares. Voltei de St. Louis, como já contei, com o dinheiro que tirei das bucket shops de lá, em um jogo que sempre poderia vencer.

Joguei com mais cuidado e durante algum tempo me saí melhor. Assim que minhas circunstâncias financeiras sossegaram, comecei a viver numa boa. Fiz amizades e me diverti. Eu não tinha nem 23 anos completos, lembre-se disso. Estava sozinho em Nova York, com dinheiro fácil no bolso e a arraigada convicção de que começava a entender o novo mecanismo.

Eu estava levando em consideração a execução efetiva de minhas ordens no pregão da bolsa e agindo com mais cautela. Mas ainda estava atrelado à fita impressa de cotações, isto é, ainda ignorava princípios gerais. Enquanto fizesse isso, não conseguiria identificar qual era o problema exato com meu jogo.

Entramos no grande boom* de 1901, e ganhei muito dinheiro — isto é, para um jovem. O leitor se lembra daqueles tempos? A prosperidade do país não tinha precedentes. Não apenas entramos em uma era de inauditas consolidações, fusões e aquisições industriais e combinações de capital, como as pessoas saíram comprando ações a torto e a direito. Nos períodos de frenesi anteriores, ouvi dizer, Wall Street costumava se gabar de dias em que se negociavam 250 mil ações, quando os títulos de valor nominal de 25 milhões de dólares mudavam de mãos. Mas em 1901 tivemos um dia de 3 milhões de ações negociadas. Todo mundo estava ganhando dinheiro. Desembarcou na cidade a turma do aço, uma horda de milionários que sentiam pelo dinheiro o mesmo respeito de um bando de marinheiros bêbados. O único jogo que os satisfazia era o mercado de ações. Tivemos alguns dos apostadores mais pesos pesados que Wall Street já viu: John W. Gates, que tinha fama de apostar 1 milhão com todo mundo, e seus amigos, John A. Drake, Loyal Smith e os demais; o grupo Reid-Leeds-Moore, que vendeu parte de suas participações na Steel e com os lucros comprou no mercado aberto a maioria das ações disponíveis do grande sistema Rock Island; e Schwab e Frick e Phipps e o círculo de Pittsburgh; sem falar de dezenas de homens que se perderam na mixórdia, mas que em qualquer outro momento histórico teriam sido chamados de grandes especuladores. Qualquer um poderia comprar e vender todas as ações existentes. Keene abriu um mercado para as ações da U.S. Steel. Um corretor vendeu 100 mil ações em poucos minutos. Que época maravilhosa! Com lucros maravilhosos. Sem impostos a pagar pelas vendas de ações! E nenhum dia do juízo final no horizonte.

---

* Fase de prosperidade do mercado de ações em que o volume de transações ultrapassa, acentuadamente, os níveis médios de determinado período e as cotações atingem níveis altíssimos. (N. T.)

Claro que, depois de algum tempo, ouvi muita gente anunciando, aos gritos, a calamidade, e os macacos velhos disseram que todo mundo — exceto eles próprios — havia enlouquecido. Mas todo mundo, exceto esses macacos velhos, jogadores tarimbados, estava ganhando dinheiro. Eu sabia, obviamente, que devia haver um limite para as altas nos preços e um fim para a compra desembestada de ações do tipo QCS — Qualquer Coisa Serve —, e comecei a operar vendido. Porém, toda vez que eu vendia perdia dinheiro, e se não agisse rápido teria perdido mais um monte. Dei uma de baixista e esperei uma forte queda, mas estava jogando pelo seguro — ganhando dinheiro quando comprava e dividindo-o quando vendia a descoberto —, de modo que não estava lucrando nessa fase de alta acentuada tanto quanto seria de pensar, considerando a agressividade com que eu costumava jogar, mesmo quando jovem.

Havia uma ação em que eu não estava vendido, a North Pacific. Minha leitura da fita impressa de cotações veio a calhar. Pensei que a maioria das ações tinha sido comprada até atingir um patamar máximo, mas aquela danadinha se comportava como se fosse subir ainda mais. Sabemos agora que tanto as ações comuns quanto as preferenciais estavam sendo continuamente absorvidas pela combinação Kuhn-Loeb-Harriman. Bem, eu estava comprado em mil ações ordinárias da North Pacific e as mantive, contrariando o conselho de todos no escritório. Quando chegou a cerca de 110, eu tinha um lucro de trinta pontos, que prontamente agarrei. Isso fez meu saldo na corretora saltar para quase 50 mil dólares, a maior quantia em dinheiro que eu já tinha sido capaz de acumular até aquele momento. Nada mal para o cara que alguns meses antes havia perdido cada centavo negociado naquele mesmo escritório.

O leitor há de se lembrar que o grupo de Harriman notificou Morgan e Hill de sua intenção de ser representado na combinação Burlington-Great Northern-Northern Pacific, e o pessoal da Morgan a princípio instruiu Keene a comprar 50 mil ações da N. P., de modo a assegurar o controle acionário. Fiquei sabendo que Keene disse a Robert Bacon para fazer a ordem de 150 mil ações, e os banqueiros obedeceram. Em todo caso, Keene enviou um de seus corretores, Eddie Norton, para falar com o grupo da N. P., e ele comprou 100 mil ações. A isso seguiu-se outra ordem, creio, de 50 mil ações adicionais, e aí se formou o famoso corner.* Após o fechamento do mercado em 8 de maio de 1901, o mundo inteiro sabia que estava em andamento uma batalha entre gigantes financeiros. Nunca no país duas dessas combinações de capital tinham se enfrentado. Harriman contra Morgan; uma força irresistível frente a frente com um objeto imóvel.

Lá estava eu na manhã de 9 de maio, com quase 50 mil dólares em dinheiro e sem ações. Como já disse, passei alguns dias numa onda baixista, e ali estava minha chance, finalmente. Eu sabia o que ia acontecer: uma queda terrível nas cotações e, logo em seguida, algumas maravilhosas pechinchas. Haveria uma recuperação rápida e grandes lucros — para aqueles que comprassem as pechinchas. Não era preciso ser um Sherlock Holmes para deduzir isso. Teríamos uma oportunidade de agarrar as pechinchas, não apenas por muito dinheiro, mas também por dinheiro garantido.

Tudo aconteceu como eu havia previsto. Eu estava absolutamente certo — e perdi cada centavo que tinha! Fui aniquilado por algo insólito. Se o insólito nunca acontecesse, não haveria diferença entre as pessoas, e a vida não teria a menor graça. O jogo ia se tornar mera questão de adição e subtração. Seríamos transformados em uma raça de contadores de mente vagarosa. É a capacidade de fazer suposições que desenvolve o poder do cérebro humano. Tenha em mente tudo o que você precisa fazer para pensar direito.

O mercado entrou em considerável ebulição, como eu esperava. O volume de transações foi enorme, e as flutuações foram sem precedentes em termos de extensão. Coloquei no mercado um bocado de ordens de venda. Quando vi os preços de abertura, tive um ataque de nervos: as quedas foram terríveis. Meus corretores entraram em ação. Eram competentes e conscienciosos, mas quando executaram minhas ordens as ações haviam caído mais vinte pontos. A fita impressa de cotações estava muito atrasada em relação ao mercado e os relatórios demoravam a chegar, em decorrência do tremendo volume de negócios. Quando

---

* Da expressão *corner the market*, ou "encurralar o mercado": controle do mercado pela detenção da maioria das ações de determinada companhia, com o intuito de manipular os preços. (N. T.)

descobri que as ordens de venda que dei quando a fita impressa de cotações dizia que o preço da ação era, digamos, cem foram executadas a oitenta, com um declínio total de trinta ou quarenta pontos desde o fechamento da noite anterior, pareceu-me que estava vendendo a um nível que convertia minhas ações exatamente nas mesmas pechinchas que eu planejava comprar. O mercado não cairia nem até a China. Então, decidi imediatamente zerar minhas posições e operar comprado.

Meus corretores compraram; não no nível que me fizera mudar de ideia, mas pelos preços em vigor na bolsa de valores quando os caras do pregão receberam minhas ordens de venda. Pagaram em média quinze pontos a mais do que eu tinha imaginado. Uma perda de 35 pontos em um dia era mais do que qualquer um poderia suportar.

A máquina impressora de cotações acabou comigo, por estar defasada demais em relação ao mercado. Eu estava acostumado a considerar a fita impressa minha melhor amiga, porque fazia minhas jogadas de acordo com as informações que ela me dava. Mas dessa vez a fita me enganou. A divergência entre os preços impressos e os preços reais me destruiu. A culpa foi da sublimação de meus insucessos anteriores, a mesmíssima coisa que tinha me arruinado antes. Agora parece tão óbvio que a leitura da fita impressa de cotações não é suficiente, independente da execução dos corretores, que me pergunto por que não enxerguei tanto meus problemas quanto o remédio para eles.

Fiz pior do que não ver: continuei negociando, comprando e vendendo, entrando e saindo do mercado, sem levar em conta a execução das ordens. Veja bem, eu nunca seria capaz de negociar com um limite. Tenho que correr riscos no mercado. O que estou tentando derrotar é o mercado, não o preço específico. Quando penso que devo vender, vendo. Quando acho que as ações vão subir, compro. Minha obediência a esse princípio geral da especulação me salvou. Fazer operações com limite de preços teria sido meu antigo método de fazer negócios em bucket shops, só que adaptado de forma ineficiente para uso numa corretora de boa reputação. Eu nunca teria aprendido o que é especulação com ações, mas teria continuado a apostar no que a minha experiência limitada me dizia ser a coisa certa.

Toda vez que eu tentava limitar os preços a fim de minimizar as desvantagens de operar no mercado quando a máquina impressora de cotações atrasava, simplesmente constatava que o mercado fugia de mim. Isso aconteceu tantas vezes que parei de tentar. Não sou capaz de explicar como foi que demorei tantos anos para aprender que, em vez de fazer rapidamente apostas em quais seriam as próximas cotações, meu jogo era antecipar o que aconteceria de modo abrangente.

Depois do meu contratempo de 9 de maio, continuei trabalhando firme, usando uma versão modificada mas ainda defeituosa do método. Se em algumas ocasiões não tivesse ganhado, talvez pudesse ter adquirido mais rapidamente uma sabedoria de mercado. Mas eu estava ganhando dinheiro suficiente para me permitir uma vida boa. Gostava de amigos e de diversão. Eu estava morando na costa de Nova Jersey naquele verão, como centenas de homens prósperos de Wall Street. Meus ganhos não eram suficientes para compensar minhas perdas e minhas despesas de subsistência.

Não continuei a fazer negócios da mesma maneira como fazia antes por pura teimosia. Simplesmente não fui capaz de declarar a mim mesmo qual era meu problema, e, claro, era absolutamente inútil tentar resolvê-lo. Insisto em bater na mesma tecla e volto a esse tópico para mostrar a situação por que tive que passar antes de chegar ao ponto em que poderia realmente ganhar dinheiro. Contra um animal selvagem de grande porte, minha velha espingarda de chumbinho jamais poderia fazer o mesmo trabalho de um rifle de repetição de alta potência.

No início daquele outono, não só fui depenado de novo, mas fiquei tão de saco cheio do jogo que eu já não conseguia mais vencer que decidi ir embora de Nova York e tentar outra coisa em outras bandas. Vinha atuando como trader desde os catorze anos. Ganhei meus primeiros mil dólares aos quinze e meus primeiros 10 mil antes de completar 21. Acumulei e perdi uma bolada de 10 mil dólares mais de uma vez. Em Nova York, ganhei milhares e perdi tudo. Cheguei a 50 mil dólares, e dois dias depois a dinheirama entrou pelo ralo. Eu não tinha outro ofício e não conhecia outro jogo. Depois de vários anos, estava de volta ao ponto em que comecei. Não. Estava pior, pois havia adquirido hábitos e um estilo de vida que requeriam dinheiro. Contudo, isso não me aborrecia tanto quanto estar errado com tamanha frequência.

4

BEM, FUI EMBORA PARA CASA. Mas, no momento em que pus os pés lá, sabia que tinha apenas uma missão na vida: arranjar algum dinheiro e voltar para Wall Street. Era o único lugar no país onde eu poderia fazer negócios em grande volume. Um dia, quando meu jogo estivesse azeitado, eu precisaria de um lugar assim. Quando um homem está certo, quer receber tudo o que vem a seu encontro por estar certo.

Eu não tinha muita esperança, mas, logicamente, tentei voltar a atuar nas bucket shops. Havia menos delas, e algumas eram dirigidas por gente desconhecida. As pessoas que se lembraram de mim não me deram uma chance de mostrar se eu havia voltado como trader ou não. Eu lhes contei a verdade: que havia perdido em Nova York todo o dinheiro que amealhara em minha terra natal; que não sabia tanto quanto costumava achar que sabia; e que não havia razão para que agora não fosse um bom negócio para eles me deixarem operar em suas firmas. Mas não me deram ouvidos. E os novos lugares não eram confiáveis. Seus proprietários achavam que um lote de vinte ações era o máximo que alguém deveria comprar se tivesse qualquer razão para suspeitar que seu palpite estava correto.

Eu precisava do dinheiro, e as firmas maiores estavam pegando um polpudo naco desse dinheiro de seus clientes regulares. Consegui convencer um amigo a ir a determinado escritório e negociar lá. Eu passava por lá para bisbilhotar. Mais de uma vez tentei persuadir o funcionário do guichê a aceitar uma ordem pequena, mesmo que fosse de apenas cinquenta ações. Claro que ele recusava. Eu tinha elaborado um código com meu amigo para que ele comprasse ou vendesse quando e o que eu lhe dissesse. Mas com tal esquema eu ganhava uma mixaria. Então o escritório começou a não querer aceitar as ordens do meu amigo. Por fim, um dia ele tentou vender cem ações da St. Paul e foi enxotado de lá.

Soubemos depois que um dos clientes nos viu conversando do lado de fora, entrou e contou ao pessoal do escritório. Quando meu amigo foi até o guichê para vender aquelas cem ações da St. Paul, o sujeito disse: "Não estamos aceitando ordens de venda da St. Paul, não de vocês".

"Qual é o problema, Joe?", perguntou meu amigo.

"Não vamos aceitar, só isso", respondeu Joe.

"Este dinheiro não é bom? Olhe bem. Está tudo aí." Meu amigo entregou os cem dólares — meus cem dólares — em notas de dez.

Ele tentou demonstrar indignação, e eu quis parecer despreocupado, mas os outros clientes foram se aproximando, como sempre faziam quando havia uma conversa em voz alta ou o mais leve indício de briga entre a firma e qualquer cliente. Queriam entender os méritos do caso, a fim de pescar alguma pista sobre a saúde financeira da empresa.

O funcionário do guichê, Joe, que era uma espécie de assistente de gerente, saiu de trás de sua gaiola, caminhou até meu amigo, olhou para ele e depois para mim.

"É engraçado", disse ele lentamente. "É engraçado à beça que você nunca faça nada aqui quando seu amigo Livingston não está por perto. Você fica aí sentado e encara o quadro de cotações durante horas a fio. Não dá um pio. Mas, depois que ele chega, de repente fica todo ocupado. Talvez esteja agindo por si próprio, mas não vai mais operar neste escritório. Não vamos mais cair nessa trapaça de Livingston dar dicas a você."

Bem, isso acabou com meu ganha-pão. Mas ganhei algumas centenas a mais do que gastei, e me perguntei como poderia usar esse lucro, já que a necessidade de amealhar dinheiro suficiente para voltar a Nova York era mais urgente do que nunca. Eu sentia que da próxima vez me sairia melhor. Tive tempo para pensar com calma em algumas das minhas burradas e tolices. Quando examinamos uma questão com um pouco de distanciamento, enxergamos melhor a situação como um todo. O problema imediato era obter novo capital.

Um dia, eu estava no saguão de um hotel, conversando com alguns conhecidos que eram traders já tarimbados. Falávamos sobre o mercado de ações. Comentei que ninguém seria capaz de vencer o jogo, por conta da péssima execução das ordens por parte dos corretores, sobretudo para quem operava no mercado, como era o meu caso.

Elevando o tom de voz, um colega interveio e quis saber a que corretores especificamente eu me referia.

Eu disse: "Os melhores do país". Ele perguntou quem eram. Deu para ver que não acreditava no fato de que eu fazia negócios com as corretoras de primeira linha.

Mas eu disse: "Estou falando de qualquer membro da Bolsa de Valores de Nova York. Não é que sejam picaretas ou descuidados, mas quando o sujeito dá uma ordem de compra no preço de mercado, nunca sabe quanto essa ação vai custar até obter um relatório dos corretores. Existem mais oscilações de um ou dois pontos do que de dez ou quinze. Mas o operador externo não consegue pegar as pequenas elevações ou quedas por causa da execução. Eu preferiria negociar numa bucket shop a qualquer hora do dia ou da noite, se deixassem negociar grandes quantias".

Eu nunca tinha visto o homem que falou comigo. Seu nome era Roberts. Parecia muito simpático e solícito. Ele me chamou de lado e me perguntou se eu já tinha operado em alguma outra bolsa, e respondi que não. Ele disse que conhecia algumas firmas que eram membros da bolsa de algodão, da bolsa de produtos agrícolas e de bolsas de valores menores. As firmas eram muito cuidadosas e davam atenção especial à execução. Ele me disse que tinham conexões confidenciais com as maiores e mais inteligentes corretoras da Bolsa de Valores de Nova York e que, por meio de seu poder de atração pessoal e garantia de negócios de centenas de milhares de ações por mês, ofereciam os melhores serviços que um cliente individual poderia obter.

"Eles realmente cuidam bem dos pequenos investidores", disse ele. "Fazem um trabalho especializado em negócios de fora da cidade, e não medem esforços para lidar tanto com uma ordem de dez ações quanto com uma de 10 mil. São muito competentes e honestos."

"Sim. Mas se eles pagarem à corretora da bolsa de valores a comissão regular de 0,125, o que é que ganham?"

"Bem, eles têm que pagar essa comissão. Mas... você sabe!" Ele piscou para mim.

"Sim. Mas uma coisa que uma corretora da bolsa de valores não faz é descontar a comissão. Os diretores prefeririam que um de seus membros cometesse assassinato, incêndio criminoso e bigamia a fazer negócios com forasteiros por menos da imaculada comissão de 0,125. A própria vida da bolsa de valores depende de não violarem essa regra."

Ele deve ter percebido que conversei com o pessoal da bolsa de valores, pois disse: "Escute! De vez em quando, uma daquelas piedosas corretoras da bolsa de valores é suspensa por um ano por violar essa regra, não é? Existem maneiras e maneiras de dar um abatimento de modo que ninguém reclame". Ele provavelmente viu incredulidade em meu rosto, pois continuou: "Além disso, de certos tipos de empresas nós... quero dizer, essas corretoras conectadas a seus escritórios ou a escritórios de outras corretoras cobram um extra de 0,03125, além da comissão de 0,125. São muito delicados a esse respeito. Nunca cobram a comissão extra, exceto em casos incomuns, e apenas se o cliente tiver uma conta inativa. Caso contrário, para eles não valeria a pena. Não estão no ramo só por brincadeira".

Naquele momento eu saquei que ele estava arranjando clientes para corretoras fajutas. "Você conhece alguma corretora desse tipo que seja confiável?", perguntei.

"Conheço a maior firma de corretagem dos Estados Unidos", disse ele. "Eu mesmo faço negócios lá. Eles têm filiais em 78 cidades nos Estados Unidos e no Canadá. Operam um volume de negócios enorme. E não poderiam fazer isso ano após ano se não fossem estritamente honestos, não é?

"Sem dúvida", concordei. "Eles operam com as mesmas ações que são negociadas na Bolsa de Valores de Nova York?"

"Claro. E na Curb* e em qualquer outra bolsa deste país ou da Europa. Negociam trigo, algodão, alimentos, o que você quiser. Têm correspondentes em todos os lugares e são membros de todas as bolsas, seja em seu próprio nome ou na surdina."

Eu já sabia disso, mas quis engambelá-lo.

"Sim", eu disse, "mas isso não altera o fato de que as ordens têm que ser executadas por alguém, e ninguém no mundo pode garantir como estará o mercado ou até que ponto os preços transmitidos pela máquina estarão próximos dos preços reais no pregão da bolsa. Entre o momento em que um homem recebe a cotação aqui e dá uma ordem que é telegrafada para Nova York já se passou algum tempo valioso. É melhor eu voltar para Nova York e perder meu dinheiro lá, em uma corretora respeitável."

"Não sei nada sobre perder dinheiro. Nossos clientes não têm esse hábito. Eles ganham dinheiro. Nós cuidamos disso."

"Seus clientes?"

"Bem, tenho participação na firma, e toda vez que posso arranjar negócios para eles faço isso, porque sempre me trataram com decência e ganhei muito dinheiro com eles. Se quiser, posso apresentar você ao gerente."

"Qual é o nome da empresa?", perguntei.

Ele me disse. Eu já tinha ouvido falar deles. Veiculavam anúncios em todos os jornais, chamando a atenção para os grandes lucros obtidos pelos clientes que seguiam à risca suas informações privilegiadas sobre ações ativas. Essa era a grande especialidade da firma. Não eram bucket shops normais, mas "corretoras bucaneiras" que manipulavam ordens dos investidores, engendravam uma intrincada camuflagem para convencer o mundo de que eram corretoras regulares operando um negócio legítimo. Entre essa classe de empresas, eram uma das mais antigas.

---

* Antigo nome da American Stock Exchange (AMEX), uma das duas bolsas de Nova York. O termo *curb* significa "calçada" ou "meio-fio". Os corretores e investidores negociavam na calçada em frente à Bolsa de Valores de Nova York (New York Stock Exchange, NYSE), para realizar a compra e venda de ações de empresas que não se qualificavam para entrar nessa bolsa. (N. T.)

Eram o protótipo do tipo de corretora que, naquela época, quebrou às dezenas. Os princípios e métodos gerais eram idênticos, embora os dispositivos específicos para depenar os clientes diferissem um pouco, alguns detalhes tendo sido alterados quando os velhos truques se tornaram muito conhecidos.

Aquelas pessoas costumavam enviar dicas para comprar ou vender determinada ação — centenas de telegramas recomendando a compra instantânea de certa ação e centenas instruindo outros clientes a vender imediatamente a mesma ação, no antigo esquema das dicas dos palpiteiros de corridas de cavalos. Em seguida chegavam as ordens de compra e venda. A firma comprava e vendia, digamos, mil dessas ações por meio de uma corretora respeitável da bolsa de valores e obtinha um relatório regular atestando a transação. Era o relatório que mostravam a qualquer cético suficientemente indelicado para falar sobre o esquema de manipulação das ordens dos clientes.

Também costumavam formar grupos arbitrários no escritório e, como se fizessem um grande favor, permitir a seus clientes que os autorizassem, por escrito, a negociar com seu dinheiro e em seu nome como bem lhes aprouvesse. Assim, nem mesmo o mais indignado dos investidores teria direito a reparação legal quando seu dinheiro desaparecesse. Compravam uma ação potencialmente rentável, no papel, incluíam o cliente na jogada e depois executavam uma das velhas manobras de bucket shop e eliminavam centenas de margens mínimas de pequenos investidores com pouco dinheiro. Não poupavam ninguém: seus alvos prediletos eram mulheres, professores de escola e velhos.

"Estou decepcionado com todas as corretoras", eu disse ao aliciador. "Vou ter que pensar a respeito." Fui embora, porque só assim ele pararia de falar.

Fiz investigações sobre a empresa. Descobri que tinha centenas de clientes, e, além das histórias habituais, não encontrei um único caso de cliente que não recebeu seu dinheiro tendo ganhado algum. A dificuldade estava em encontrar alguém que já tivesse vencido operando naquela, mas encontrei. As coisas pareciam estar indo muito bem para eles naquela época, o que significava que provavelmente não dariam calote se uma transação fosse malsucedida. É claro que, mais dia menos dia, a maioria das empresas desse tipo vai à falência. Há períodos em que ocorre uma série de epidemias de bancarrota de "corretoras bucaneiras", como é o caso das velhas corridas aos bancos depois que um deles vai para as cucuias. Apavorados, os clientes dos outros bancos se precipitam para sacar seu dinheiro. Mas há uma porção de guardiões aposentados de bucket shops neste país.

Bem, não descobri nada alarmante sobre a empresa do aliciador, exceto que estava em ação, acima de tudo e o tempo todo, e que nem sempre era honesta. Sua especialidade era depenar otários que queriam enriquecer rapidamente. Mas sempre pediam permissão por escrito aos clientes para pegar o dinheiro deles.

Encontrei um cara que me contou uma história sobre ter visto seiscentos telegramas despachados no mesmo dia aconselhando os clientes a embarcarem em determinada ação e seiscentos telegramas enviados a outros clientes recomendando com urgência que vendessem imediatamente a mesma ação.

"Conheço o truque", eu disse ao sujeito que me contou essa história.

"Pois é", disse ele. "Mas no dia seguinte enviaram telegramas para as mesmas pessoas aconselhando a liquidar todas as suas posições e comprar ou vender outras ações. Perguntei ao sócio majoritário, que estava no escritório: 'Por que vocês fazem isso? A primeira parte eu entendo. Alguns de seus clientes estão fadados a ganhar dinheiro no papel por algum tempo, mesmo se eles e os outros no fim das contas perderem. Mas enviando telegramas desse jeito vocês simplesmente matam todo mundo. Qual é a ideia?'.

"'Bem', ele disse, 'os clientes vão perder seu dinheiro de qualquer forma, não importa o que, como, onde ou quando comprem. Quando os clientes perdem o dinheiro, eu perco os clientes. Já que é assim, é melhor arrancar deles o máximo de dinheiro que puder e depois procurar uma nova safra.'"

Admito que não estava preocupado com a ética da firma. Já disse que estava ressentido da empresa de Teller e que me agradava a ideia de acertar as contas com eles. Mas não sentia a mesma coisa em relação a essa outra empresa. Talvez fosse formada por vigaristas, ou talvez o diabo não fosse não tão feio quando se pintava. Eu não pretendia deixar que fizessem qualquer negociação por mim, não estava disposto a seguir suas dicas ou a acreditar em suas mentiras. Minha única preocupação era juntar algum capital e retornar a Nova York para negociar em grandes volumes em um escritório onde não precisasse ter medo de uma invasão policial, como acontecia nas bucket shops, ou de uma batida em que as autoridades postais apreendessem meu dinheiro. E eu teria sorte se conseguisse receber oito centavos por dólar um ano e meio depois.

De qualquer forma, decidi verificar quais eram as vantagens de operação que a empresa oferecia, em comparação com as condições das corretoras que poderiam ser consideradas legítimas. Eu não tinha muito dinheiro para colocar como margem, e as firmas que lidavam com as ordens eram naturalmente muito mais liberais a esse respeito, de modo que, nos escritórios delas, algumas centenas de dólares rendiam muito mais.

Fui pessoalmente ao estabelecimento e bati um papo com o gerente. Quando ele constatou que eu era um operador experiente, que já tinha mantido contas em corretoras da Bolsa de Valores de Nova York e havia perdido tudo o que levava comigo, parou de prometer ganhar 1 milhão por minuto para mim se eu os deixasse investir minhas economias. Percebeu que eu era um otário permanente, do tipo que gosta de espreitar a máquina impressora de cotações e que sempre joga e sempre perde; em outras palavras, um provedor de renda estável para as corretoras, sejam elas do tipo que manipula as ordens ou do tipo que se contenta modestamente com as comissões.

Simplesmente disse ao gerente que estava à procura de uma execução decente das minhas ordens, porque sempre negociei no mercado e não queria receber relatórios que mostrassem uma diferença de meio ponto ou um ponto inteiro em relação ao preço da cotação da fita impressa.

Ele me deu sua palavra de honra de que fariam tudo o que eu achasse correto. Queriam fazer negócios comigo porque queriam me mostrar o que era corretagem de alta classe. Empregavam os melhores talentos do ramo. A bem da verdade, eram famosos por sua execução. Se houvesse alguma diferença entre o preço da máquina impressora de cotações e o relatório, era sempre a favor do cliente, embora, é claro, não garantissem isso. Se eu abrisse uma conta com eles, poderia comprar e vender pelo preço que fosse transmitido pelo telex, tamanha a confiança que tinham em seus corretores.

Naturalmente, isso significava que, para todos os fins e propósitos, eu poderia negociar lá como se estivesse operando em uma bucket shop — isto é, eles me deixariam negociar com base na aposta na cotação seguinte. Eu não queria parecer muito ansioso, então balancei a cabeça e disse a ele que achava que não abriria uma conta naquele mesmo dia, mas entraria em contato. Ele me instigou a começar imediatamente, pois o mercado estava bom para ganhar dinheiro. Bom para eles: era um mercado monótono com preços oscilando ligeiramente, do tipo ideal para atrair clientes e, em seguida, acabar com eles com uma agressiva pancada na ação escolhida com base em palpites. Tive dificuldade de escapar de lá.

Dei ao gerente meu nome e endereço, e nesse mesmo dia comecei a receber telegramas pré-pagos e cartas recomendando com insistência que eu embarcasse em uma ou outra ação acerca da qual alegavam saber que um grupo interno estava operando para um aumento de cinquenta pontos.

Eu estava ocupado batendo perna e descobrindo tudo o que podia sobre várias outras casas de corretagem do mesmo tipo. Pareceu-me que a única maneira de juntar algum dinheiro de verdade era negociar nessas "quase bucket shops", contanto que arranjasse um jeito certeiro de arrancar meus ganhos das garras delas.

Assim que descobri tudo o que pude em minhas investigações, abri contas em três firmas. Aluguei um pequeno escritório e tinha ligação telefônica direta junto a três corretoras.

Negociei em pequenos volumes, para que não se assustassem logo de cara. No fim das contas, ganhei dinheiro, e não demoraram a me dizer que dos clientes que tinham ligação direta com seus escritórios esperavam negócios de verdade. Não desejavam clientes pães-duros e cautelosos. A seu ver, quanto mais eu ganhasse, mais eu perderia, e quanto mais rapidamente eu fosse varrido do mapa mais eles ganhariam. Era uma teoria robusta quando se considera que essas pessoas necessariamente lidavam com médias, e o cliente médio nunca tem vida longa, do ponto de vista financeiro. Um cliente falido não pode negociar. Um cliente meio debilitado pode choramingar, insinuar coisas e arrumar encrencas do tipo que prejudicam os negócios.

Também estabeleci uma conexão com uma firma local, que tinha contato telegráfico direto com seu correspondente em Nova York e que também era membro da Bolsa de Valores de Nova York. Mandei instalar uma máquina impressora de cotações e comecei a negociar de forma conservadora. Como já disse, era quase como negociar nas bucket shops, só que um pouco mais lento.

Era um jogo que eu poderia vencer, e venci. Nunca cheguei a uma situação de perfeição em que eu ganhava dez vezes em cada dez; mas ao fim e ao cabo eu ganhava semana sim, semana não. Estava novamente vivendo muito bem, mas sempre guardando alguma coisa, para aumentar o montante que eu levaria de volta comigo para Wall Street. Arranjei contato telegráfico com mais duas corretoras, perfazendo cinco no total — e, é claro, minha boa e respeitável firma.

Houve momentos em que meus planos deram errado e minhas ações não corresponderam ao que eu esperava, mas se comportaram da forma oposta ao que deveriam ter feito caso respeitassem sua tendência anterior. Mas não me causaram grande prejuízo — nem poderiam, com minhas margens apertadas. Minhas relações com meus corretores eram bastante amigáveis. Seus registros e contas nem sempre batiam com os meus, e as diferenças eram desfavoráveis a mim. Curiosa coincidência? Não! Mas eu lutava pelo que era meu, e no fim geralmente conseguia o que queria. Tinham a esperança de tirar de mim o que eu havia arrancado deles. Consideravam meus ganhos como empréstimos temporários, creio.

Não tinham muito espírito esportivo, eram jogadores que estavam no ramo para ganhar dinheiro de um jeito ou de outro, por bem ou por mal, em vez de se contentar com a porcentagem da casa. Já que os otários sempre perdem dinheiro quando apostam em ações — nunca especulam de verdade —, você poderia pensar que esses sujeitos administravam o que poderíamos chamar de negócio legítimo ilegítimo. Só que não. "Proteja seus clientes e fique rico" é um ditado antigo e verdadeiro, mas aparentemente eles nunca tinham ouvido falar disso e não paravam de fazer especulações ilegais.

Em várias ocasiões tentaram me trair com os velhos truques. Mais de uma vez conseguiram me passar a perna, porque eu não estava prestando atenção. E sempre faziam isso quando eu não tinha ido além da minha cota normal. Eu os acusava de serem maus perdedores ou coisa pior, mas eles negavam e acabavam voltando a negociar como de costume. A beleza de fazer negócios com vigaristas é que eles sempre perdoam você por pegá-los em flagrante, contanto que vocês não parem de fazer negócios. Por eles, tudo bem. Estão disposto a fazer concessões e entrar em um acordo mais adiante. Almas magnânimas!

Bem, cheguei à conclusão de que não poderia me dar ao luxo de permitir que truques de vigaristas atrapalhassem a taxa normal de crescimento do meu capital, então decidi ensinar uma lição a eles. Escolhi uma ação que depois de ter sido uma das favoritas para especulação se tornou inativa. Saturada. Se eu selecionasse uma ação que nunca tivesse sido negociada, suspeitariam da minha jogada. Distribuí ordens dessa ação para meus cinco corretores de especulação. Quando as ordens foram recebidas, enquanto eles aguardavam a próxima cotação aparecer na fita impressa, enviei uma ordem por meio da minha corretora da bolsa de valores para vender no mercado cem ações dessa mesma ação específica. Pedi urgência, que agissem com rapidez. Bem, você pode imaginar o que aconteceu quando a ordem de venda chegou ao pregão da bolsa, uma ação inativa e estagnada que uma corretora com conexões de fora da cidade queria vender às pressas. Alguém comprou uma ação barata. Mas o preço da transação impresso na fita era o preço que eu pagaria nas minhas cinco ordens de compra. No fim das contas, eu estava comprado em quatrocentas ações a um valor baixo. A casa de corretagem conectada com Nova York me perguntou o que eu tinha ouvido, e respondi que recebera uma dica a respeito. Pouco antes do fechamento do mercado, enviei uma ordem à minha firma de corretagem respeitável para que comprasse de volta aquelas mesmas ações, e sem perder tempo. Eu não queria ficar comprado naquelas posições sob nenhuma circunstância e não me importava com o quanto pagariam por elas. Então telegrafaram a Nova York e a ordem de compra daquela mesma centena de ações resultou rapidamente em uma alta acentuada. Dei ordens de venda para as quinhentas ações que meus amigos haviam especulado, claro. Funcionou de forma muito satisfatória.

Ainda assim, eles não se emendaram, então coloquei esse truque em prática várias vezes. Não ousei puni-los com a severidade que mereciam, raramente mais do que um ou dois pontos em cem ações. Mas ajudou a engordar o pequeno tesouro que eu estava guardando para meu próximo empreendimento aventureiro em Wall Street. Vez por outra eu variava o processo vendendo alguma ação a descoberto, sem exagerar. Estava satisfeito com meus seiscentos ou oitocentos dólares de lucro livre a cada oportunidade.

Um dia, a façanha funcionou tão bem que foi muito além de todos os cálculos para uma oscilação de dez pontos. Eu não estava procurando por isso. Na realidade, aconteceu por acaso que numa das corretoras eu tinha duzentas ações em vez das minhas cem habituais, mas apenas cem em cada uma das quatro outras casas de corretagem. Isso era uma coisa boa demais — para as corretoras. Em consequência, ficaram magoadas e zangadas, e começaram a mandar recados pelos telégrafos. Fui falar com o gerente, o mesmo homem que estava tão ansioso para receber minha conta e era tão indulgente e cheio de desculpas toda vez que eu o flagrava com a boca na botija, tentando me ludibriar. Ele era muito grandiloquente para um homem em sua posição.

"Foi um mercado fictício para aquela ação específica, e não vamos pagar a você um maldito centavo que seja!", jurou ele.

"Não era um mercado fictício quando você aceitou minha ordem de compra. Naquele momento, vocês me deixaram entrar numa boa, sem problemas, e agora querem me tirar da jogada. Você não pode se safar dessa simplesmente alegando que houve desonestidade, pode?"

"Sim, eu posso!", vociferou ele. "Posso provar que alguém fez uma maracutaia."

"Quem é que fez maracutaia?", perguntei.

"Alguém!"

"Quem é que participou da tramoia?"

"Alguns amigos seus participaram, com certeza absoluta", disse ele.

Rebati: "Você sabe muito bem que jogo sozinho. Todo mundo nesta cidade sabe disso. Sabe disso desde que comecei a negociar ações.

Agora quero te dar um conselho de amigo: dê um jeito de arranjar o dinheiro para mim. Não quero ser desagradável. Apenas faça o que estou dizendo".

"Eu não vou pagar. Foi uma transação fraudulenta", gritou ele.

Eu me cansei do papo furado dele. Encerrei a conversa dizendo: "Você vai me pagar direitinho, aqui e agora".

Bem, ele vociferou um pouco mais e me acusou categoricamente de ser um pilantra armador de fraudes, o nível de trapaceiro que aplica o golpe das tampinhas em praças públicas, mas na hora H desembolsou o dinheiro. Os outros não foram tão rebeldes. Num dos escritórios, o gerente vinha estudando minhas jogadas com ações inativas e, quando recebeu minha ordem, comprou a ação para mim e algumas para si mesmo na bolsa e até ganhou algum dinheiro. Esses caras não se importavam de ser processados por clientes sob a acusação de fraude, pois geralmente tinham uma boa defesa técnica legal já pronta. Mas tinham medo de eu confiscar a mobília — o dinheiro no banco não estava disponível, porque tomavam cuidado para não ter quaisquer fundos expostos a esse perigo. Não causaria mal nenhum a eles serem conhecidos como espertalhões, mas a reputação de maus pagadores era fatal. Um cliente perder dinheiro numa corretora não é um evento raro. Mas um cliente ganhar dinheiro e depois ficar sem recebê-lo é o pior crime no livro de estatutos dos especuladores.

Recebi meu dinheiro de todo mundo, mas aquele salto de dez pontos pôs um ponto-final ao agradável passatempo de esfolar os esfoladores. Estavam atentos agora ao pequeno truque que eles próprios usavam para fraudar centenas de pobres clientes. Voltei a minhas operações normais, mas o mercado nem sempre era apropriado para o meu sistema — isto é, limitado como eu estava pelo tamanho das ordens que aceitavam, não poderia fazer uma matança e obter um sucesso estrondoso.

Fiquei nessa por mais de um ano, período no qual usei todos os dispositivos em que era capaz de pensar para ganhar dinheiro negociando nessas corretoras conectadas com outros escritórios. Levava uma vida muito confortável: comprei um automóvel e não me preocupava com impor limites a minhas despesas. Eu tinha que juntar capital, mas enquanto isso tinha que viver. Se minha posição no mercado estivesse correta, eu não poderia gastar tanto quanto ganhava, de modo que sempre economizaria alguns trocados. Se estivesse errada, eu não ganharia nenhum dinheiro e, consequentemente, não poderia gastar. Como disse, economizei uma bolada considerável, e não havia tanto dinheiro a se ganhar nas cinco firmas de corretagem, então decidi voltar a Nova York.

Tinha meu próprio carro e convidei um amigo que também era trader para ir comigo a Nova York. Ele aceitou e partimos. Paramos em New Haven para jantar. No hotel, encontrei um velho conhecido do mercado financeiro. Entre outras coisas, ele disse que havia na cidade uma corretora com conexões com outros escritórios que estava fazendo excelentes negócios.

Saímos do hotel a caminho de Nova York, mas passei pela rua onde ficava a bucket shop para ver a fachada. Encontramos o estabelecimento e não conseguimos resistir à tentação de parar e dar uma olhada no interior. Não era um escritório muito suntuoso, mas o bom e velho quadro de cotações estava lá, bem como os clientes, e o jogo estava em andamento.

Pela aparência, o gerente devia ter sido ator ou orador. Era um sujeito impressionante. Ele dizia bom-dia como se tivesse acabado de descobrir a bondade do dia depois de dez anos procurando com um microscópio e agora presenteasse os clientes com essa descoberta, bem como com o céu, o sol e o dinheiro da empresa. Ele nos viu chegar de carro esportivo, e, como nós dois éramos jovens e despreocupados — acho que eu não parecia ter nem vinte —, naturalmente concluiu que éramos estudantes da Universidade Yale. Eu não disse a ele que não éramos. Ele não me deu uma chance, mas entabulou um discurso. Estava muito feliz em nos ver. Não queríamos nos sentar numa poltrona confortável? O mercado, constatamos, estava inclinado à filantropia naquela manhã; na verdade, desesperado para aumentar a oferta de dinheiro no bolso dos estudantes — dinheiro, aliás, que nenhum aluno de graduação inteligente jamais teve em quantidade suficiente desde a alvorada dos tempos. Mas, naquele instante, graças à benevolência da máquina impressora de cotações, uns trocados de investimento inicial poderiam resultar em um retorno de milhares de dólares. O mercado de ações ansiava por render mais dinheiro do que qualquer pessoa seria capaz gastar.

Bem, achei que seria uma pena não agir como o bom rapaz que o homem da bucket shop estava tão ansioso para que fôssemos, então eu lhe disse que faria o que ele queria, porque tinha ouvido falar que muitas pessoas ganharam rios de dinheiro no mercado de ações.

Comecei a negociar, de forma muito conservadora, mas aumentando o volume à medida que fui ganhando. Meu amigo me acompanhou.

Passamos a noite em New Haven, e na manhã seguinte estávamos na hospitaleira firma às cinco para as dez. O orador ficou feliz de nos ver, pensando que naquele dia sua vez chegaria. Mas, com uma pequena aposta de alguns dólares, fiz uma limpeza e ganhei 1500. Na manhã seguinte, quando aparecemos para entregar ao grande orador uma ordem de venda de quinhentas ações da Sugar ele hesitou, mas por fim aceitou — em silêncio! As ações caíram acima de um ponto, encerrei minha posição e dei a ele a boleta. Ali constavam exatamente quinhentos dólares de lucros para mim, além dos quinhentos dólares de margem. Ele tirou do cofre vinte cédulas de cinquenta, contou três vezes bem devagarinho, depois contou de novo na minha frente. Pela forma como as notas pareciam grudar nos dedos pegajosos, a impressão era que exsudavam mucilagem, mas enfim ele me entregou o dinheiro. Cruzou os braços, mordeu o lábio inferior, ficou assim e fitou a janela atrás de mim.

Eu disse a ele que gostaria de vender duzentas ações da Steel. Mas ele não moveu um músculo. Não me ouviu. Repeti meu desejo, só que agora anunciei trezentas ações. Ele virou a cabeça. Esperei pelo discurso. Ele se limitou a me encarar. Então estalou os lábios e engoliu em seco, como se fosse desferir uma diatribe contra cinquenta anos de desmandos políticos causados pelos inomináveis canalhas da oposição.

Por fim, acenou em direção às cédulas na minha mão e disse: "Leve daqui essa ninharia!".

"Levar o quê?", perguntei. Não entendi muito bem a que ele se referia. "Para onde está indo, estudante?", disse ele, em um tom de voz impressionante.

"Nova York."

"Isso mesmo", disse ele, balançando a cabeça cerca de vinte vezes. "Absolutamente certo. Você vai embora daqui, porque agora eu sei de duas coisas... duas, estudantes! Eu sei o que vocês não são e sei o que vocês são. Sim! Sim! Sim!"

"Ah, é?", perguntei, muito educadamente.

"Sim. Vocês dois..." Ele fez uma pausa, parando de falar como se estivesse discursando no Congresso. Então rosnou: "Vocês dois são os maiores trapaceiros dos Estados Unidos da América! Estudantes? Ahã! Devem ser calouros! Sei, sei!".

Deixamos o homem falando sozinho. Ele provavelmente não se importava muito com o dinheiro. Nenhum jogador profissional se importa. Está tudo no jogo, e a maré de sorte está fadada a virar. O que feriu seu orgulho foi o fato de ter sido enganado por nós. E foi assim que voltei a Wall Street para uma terceira tentativa. Andei estudando, é claro, tentando identificar qual era o problema exato com meu sistema, o que foi responsável por minhas derrotas no escritório da A. R. Fullerton & Co. Eu tinha vinte anos quando ganhei meus primeiros 10 mil, e perdi tudo. Mas eu sabia como e por quê: o motivo era eu ter negociado o tempo todo fora da época oportuna. Quando não conseguia jogar de acordo com meu sistema, que era baseado em estudo e experiência, eu pagava para ver, ia lá de qualquer maneira e apostava. Eu tinha a esperança de vencer, em vez de saber com convicção que devia vencer com autoridade. Quando eu tinha cerca de 22 anos, aumentei meu capital para 50 mil dólares, montante que perdi em 9 de maio. Mas eu sabia exatamente como e por quê. Foi a defasagem da fita impressa de cotações e a inaudita violência dos movimentos do mercado naquele dia horrível. Mas eu não sabia por que razão havia perdido após meu retorno de St. Louis ou após o pânico daquele dia 9 de maio. Eu tinha teorias, isto é, remédios para algumas das falhas que pensei ter encontrado no meu sistema de jogo. Mas precisava de prática real.

Não há nada como perder tudo o que você tem no mundo para ensinar a você o que não fazer. E quando você sabe o que não fazer para não perder dinheiro, começa a aprender o que fazer para ganhar dinheiro. Entendeu? Você começa a aprender!

5

O SUJEITO QUE ACOMPANHA FANATICAMENTE a fita impressa de cotações — ou, como costumavam chamá-lo, o "parasita da fita" — comete erros, desconfio, por excesso de especialização ou qualquer outra coisa. Isso implica uma inelasticidade muito dispendiosa. Afinal, o jogo da especulação não se restringe à matemática ou a regras estabelecidas, por mais rígidas que sejam as leis principais. Até mesmo na minha leitura da fita entra em jogo algo que vai além da mera aritmética. Há o que chamo de comportamento de uma ação, os movimentos que permitem que você julgue se ela vai ou não se comportar de acordo com os antecedentes que sua observação registrou. Se uma ação não se comportar da forma correta, não toque nela; porque, sendo incapaz de dizer precisamente o que está errado, você não é capaz de dizer para que direção ela vai. Não existe diagnóstico sem prognóstico. Sem prognóstico, não há lucro.

É uma coisa muito antiga, isso de observar o comportamento de uma ação e estudar seus desempenhos anteriores. Quando cheguei a Nova York, havia uma corretora em que um francês costumava falar sobre seu gráfico. No começo, pensei que o homem era uma espécie de bicho de estimação bizarro, que a firma mantinha porque ele tinha boa índole. Aí descobri que era um falastrão persuasivo e impressionante. Dizia que a única coisa que não mentia, simplesmente por não ser capaz, era a matemática. Por meio de seus gráficos, previa os movimentos do mercado. Também analisava esses movimentos e dizia, por exemplo, por que Keene fez a coisa certa em sua famosa manipulação de alta das ações preferenciais da Atchison e por que errou no pool* da Southern Pacific mais tarde. Em várias ocasiões, um ou outro operador profissional tentou pôr em prática o sistema do francês — depois voltou a recorrer a seus velhos métodos não científicos para ganhar a vida. O sistema deles de acertos e erros era mais barato, diziam. Ouvi dizer que o francês afirmou que Keene admitiu que o gráfico era 100% certo, mas alegou que o método era lento demais para uso prático em um mercado ativo.

Havia também um escritório que mantinha um gráfico do movimento diário dos preços. Bastava um relance para ver rapidamente o comportamento de cada ação nos últimos meses. Comparando-se as curvas individuais com as curvas gerais de mercado, e tendo em mente certas regras, os clientes poderiam dizer se a ação sobre a qual tinham recebido uma dica não científica para comprar teria alta e renderia ganhos. Usavam o gráfico como uma fonte de palpites complementar. Hoje existem dezenas de corretoras onde você encontra gráficos de negociação que já vêm prontos dos escritórios de especialistas em estatística e incluem não apenas ações, mas também commodities.

Devo dizer que um gráfico ajuda quem sabe interpretá-lo, ou melhor, quem é capaz de assimilar o que lê. O leitor de gráficos mediano, no entanto, tende a ficar obcecado com a noção de que a especulação de ações se resume a altas e baixas e os movimentos primários e secundários. Se forçar sua confiança até o limite lógico, estará fadado a ir à falência. Há um homem extremamente capaz, ex-sócio de uma renomada corretora da bolsa de valores, que na verdade é um matemático gabaritado. Ele se formou em uma famosa escola técnica. Elaborou gráficos com base em um estudo muito cuidadoso e minucioso do comportamento dos preços em muitos mercados — ações, títulos, grãos, algodão, dinheiro e

---

* Grupo de investidores que se unem para manipular os preços de um valor mobiliário. (N. T.)

assim por diante. Recuou anos e anos no passado e traçou correlações e movimentos sazonais — ah, tudo. Durante anos ele usou seus gráficos em suas operações de compra e venda de ações. Na realidade, o que fez foi tirar vantagem de algumas negociações de averaging* extremamente inteligentes. Dizem que ganhava, até que a Guerra Mundial acabou com ele. Ouvi falar que ele e seus numerosos seguidores perderam milhões antes de desistirem. Mas nem mesmo uma guerra mundial pode impedir o mercado de ações de ser altista quando as condições são de alta ou de ser baixista quando as condições são de baixa. E tudo de que um homem precisa para saber ganhar dinheiro é avaliar condições.

Eu não queria desviar para outro assunto dessa maneira, mas é inevitável quando penso em meus primeiros anos em Wall Street. Agora sei o que naquela época eu não sabia, e penso nos erros que cometi por ignorância porque são os mesmos erros que o especulador de ações médio comete ano após ano.

Depois que voltei a Nova York para tentar pela terceira vez vencer o mercado atuando em uma corretora que era membro da bolsa de valores, negociei de forma bastante ativa. Não esperava ter um desempenho tão bom quanto nas bucket shops, mas achava que depois de algum tempo eu me sairia muito melhor, porque seria capaz de lidar com um volume muito mais pesado de ações. No entanto, agora posso ver que meu principal problema foi o fracasso em compreender a diferença fundamental entre apostar em ações e especular com ações. Ainda assim, em razão dos meus sete anos de experiência na leitura da fita impressa de cotações e de certa aptidão natural para o jogo, minhas negociações não estavam rendendo de fato uma fortuna, mas uma altíssima taxa de juros. Eu ganhava e perdia como antes, mas, somado tudo, estava ganhando. Quanto mais ganhava, mais gastava. Essa é a experiência de praxe da maioria dos homens. Não, não necessariamente aqueles que arrecadam dinheiro fácil, mas todo ser humano que não é escravo do instinto de acumulação. Alguns homens, como o velho Russell Sage,**

---

* Compra e venda em busca de um preço médio. (N. T.)
** Russell Sage (1816-1906), financista, executivo do ramo ferroviário e político de Nova York. (N. T.)

têm o instinto de ganhar dinheiro e o instinto de acumular dinheiro igualmente bem desenvolvidos e, claro, morrem podres de ricos.

O jogo de vencer o mercado me interessava exclusivamente das dez da manhã às três da tarde todos os dias; depois das três, eu me concentrava no jogo de viver minha vida. Não me entenda mal, leitor. Nunca permiti que o prazer interferisse com os negócios. Quando perdia, era porque estava errado, e não porque esbanjava ou cometia excessos. Nunca os nervos em frangalhos ou os braços e pernas trêmulos de rum atrapalharam meu jogo. Eu não podia me dar ao luxo de permitir que alguma coisa me impedisse de ter a sensação de estar física e mentalmente apto. Mesmo agora, em geral às dez da noite já estou na cama. Quando era jovem, nunca ficava acordado até tarde, porque não conseguia fazer negócios direito sem horas de sono suficientes. Do ponto de vista das finanças, estava me saindo melhor do que cobrir gastos e equilibrar as contas, e por isso não via a necessidade de me privar das coisas boas da vida. O mercado sempre estava lá para proporcioná-las. Eu estava adquirindo a confiança que vem para o homem que tem a atitude profissional e sossegada em relação a seu próprio método de prover seu sustento.

A primeira mudança que fiz no meu jogo foi na questão de tempo. Eu não poderia esperar que a coisa certa aparecesse e aí ganhar um ou dois pontos, como fazia nas bucket shops. Tinha que começar muito mais cedo se quisesse entrar na onda do escritório de Fullerton. Em outras palavras, tinha que estudar o que ia acontecer, antecipar os movimentos das ações. Isso parece um lugar-comum tolo, mas você sabe o que quero dizer. A mudança na minha própria atitude em relação ao jogo foi de suprema importância para mim. Ela me ensinou, aos poucos, a diferença essencial entre apostar em flutuações e antecipar inevitáveis avanços e declínios nos preços, entre apostas arriscadas e especulação.

Tive que retroceder em mais de uma hora meus estudos do mercado — algo que eu nunca teria aprendido a fazer nem na maior bucket shop do mundo. Passei a me interessar por relatórios de negociações, ganhos das ferroviárias, estatísticas financeiras e comerciais. Claro que eu adorava negociar volumes pesados, e me chamavam de "Menino Especulador", mas eu também gostava de estudar os movimentos. Para mim, nada era enfadonho se pudesse me ajudar a operar de forma mais inteligente. Antes de ser capaz de resolver um problema, tenho que explicá-lo para mim mesmo. Quando julgo que encontrei a solução, tenho de provar que estou certo. Só conheço uma maneira de provar que estou certo, e é com meu próprio dinheiro.

Por mais lento que meu progresso pareça agora, acho que aprendi o mais rápido que era possível, considerando que no fim das contas eu estava ganhando dinheiro. Se tivesse perdido com mais frequência, talvez isso pudesse me estimular a estudar de maneira mais contínua. Certamente teria detectado mais erros. Mas não tenho certeza do valor exato de perder, pois se tivesse perdido mais vezes me faltaria o dinheiro para testar os aperfeiçoamentos em meus métodos de negociação.

Estudando minhas jogadas vencedoras no escritório de Fullerton, descobri que, embora muitas vezes eu estivesse 100% certo no mercado — isto é, no meu diagnóstico das condições e da tendência geral —, eu não estava ganhando tanto dinheiro quanto minha "exatidão" de mercado me autorizava. Por que não?

Tanto na vitória parcial quanto na derrota havia muito a aprender.

Por exemplo, desde o início eu estava otimista em relação a uma alta no mercado, e banquei minha opinião comprando ações. Seguiu-se um aumento nos preços, como eu havia claramente previsto. Até então, tudo muito bem. Mas o que mais eu fiz? Ora, escutei os mais velhos e mais experientes e contive minha impetuosidade juvenil. Decidi ser sábio e jogar com cuidado, de forma moderada. Todo mundo sabia que a maneira de agir era vender o ativo, realizar os lucros e comprar de volta as ações com base nas reações de queda. E foi precisamente o que fiz, ou melhor, o que tentei fazer, pois com frequência eu realizava os lucros e esperava por uma reação de queda que nunca vinha. Via minhas ações subirem dez pontos e ficava lá sentado com meu lucro de quatro pontos seguro em meu bolso conservador. Dizem que você nunca fica pobre tendo lucros. Não, não fica. Mas também não fica rico com um lucro de quatro pontos em um mercado em alta.

Onde eu deveria ganhar 20 mil dólares, ganhava 2 mil. Isso foi o que meu conservadorismo fez por mim. Quando descobri que estava faturando apenas uma pequena porcentagem do que deveria, descobri também outra coisa: que os otários diferem entre si de acordo com seu grau de experiência.

O neófito não sabe nada, e todo mundo, incluindo ele mesmo, sabe disso. Mas aquele que está no segundo nível acha que sabe um bocado de coisas e faz com que os outros também pensem o mesmo. É o otário experiente, que estudou — não o mercado em si, mas algumas observações sobre o mercado feitas por um otário de um grau ainda mais alto. O otário do segundo nível sabe como evitar perder seu dinheiro em algumas das situações que fazem o iniciante ficar de calças na mão. É esse semiotário, e não o otário rematado, 100%, que é o verdadeiro ganha-pão das corretoras durante o ano inteiro. Ele dura em média cerca de três anos e meio, em comparação com uma única temporada de três a trinta semanas, que é o tempo de vida útil normal de um réu primário em Wall Street. Naturalmente é o semiotário que está sempre citando os famosos aforismos do mercado financeiro e as várias regras do jogo. Ele conhece todas as regras de conduta e práticas recomendadas que saem dos lábios oraculares dos velhos negociadores — exceto a principal proibição, que é: *Não seja um otário!*.

Esse semiotário é do tipo que pensa que chegou à idade da razão porque adora comprar nas quedas do mercado. Espera pelos declínios. Mede suas pechinchas pela distância em pontos entre seu preço de venda e o preço máximo. Nos mercados em forte alta, o otário puro e simples, totalmente ignorante acerca de regras e precedentes, compra às cegas porque espera às cegas. Ganha a maior parte do dinheiro, até que uma vigorosa guinada nos preços o derruba de uma pancada só. Mas o otário do tipo cauteloso faz o que fiz quando pensei que estava jogando o jogo de forma inteligente, de acordo com a inteligência alheia. Eu sabia que precisava mudar meus métodos de bucket shop e pensei que estava solucionando meu problema com qualquer mudança, sobretudo uma que analisava altos valores de ouro de acordo com os operadores experientes entre os clientes.

A maioria deles — vamos chamá-los de clientes — é parecida. Você encontra muito poucos que possam dizer com sinceridade que Wall Street não lhes deve dinheiro. Na firma de Fullerton havia a multidão de sempre. De todos os graus! Bem, havia um velho que não era como os demais. Para começo de conversa, era muito mais velho. Outra coisa é que nunca se oferecia para dar conselhos e nunca se gabava de seus ganhos. Era excelente para ouvir com extrema atenção os outros. Não parecia muito interessado em obter dicas, isto é, nunca perguntava aos tagarelas o que tinham ouvido ou o que sabiam. Mas, quando alguém lhe dava uma dica, ele sempre agradecia com muita educação. Às vezes agradecia de novo, quando o palpite se mostrava razoável e lhe rendia alguns trocados. Mas, quando dava errado, nunca choramingava, para que ninguém pudesse saber se ele havia seguido o palpite ou se o deixara passar em branco. Corria à boca pequena no escritório a lenda de que esse sujeito, uma raposa velha, era rico e tinha bala na agulha suficiente para negociar em grandes volumes. Mas não doava muito para a firma em termos de comissões, pelo menos não de forma perceptível. Seu nome era Partridge, mas pelas costas o apelidaram de Peru, porque tinha o tórax muito largo e o hábito de se pavonear de sala em sala, com o queixo colado ao peito.

Os clientes, todos ávidos para serem empurrados e forçados a fazer as coisas de forma a atribuir aos outros a culpa por seu fracasso, costumavam procurar o velho Partridge e lhe dizer o que o amigo de um amigo de um insider com informações privilegiadas os aconselhara a fazer a respeito de determinada ação. Contavam o que não tinham feito com a dica, para que assim o velho lhes dissesse o que deveriam fazer. Mas se o palpite que eles tinham era para comprar ou vender, a resposta do velho era sempre a mesma.

O perplexo cliente terminava a história e depois perguntava: "O que o senhor acha que devo fazer?".

O velho Peru inclinava a cabeça para o lado, contemplando a pessoa com um sorriso paternal, e, por fim, dizia em tom de voz impressionante: "Você sabe, o mercado está em viés de alta!".

Repetidas vezes eu o ouvi declarar: "Bem, você sabe, o mercado está em viés de alta!" como se estivesse dando ao interlocutor um talismã de valor inestimável embrulhado em uma apólice de seguro contra acidentes no valor de 1 milhão de dólares. E, é óbvio, eu não entendia o que ele queria dizer.

Um dia, um sujeito chamado Elmer Harwood entrou às pressas no escritório, rabiscou uma ordem e a entregou ao funcionário. Depois correu para onde o sr. Partridge estava ouvindo educadamente a história de John Fanning sobre a ocasião em que ouvira por acaso Keene dar uma ordem a um de seus corretores, e tudo o que John ganhara foram três pontos em cem ações, então a ação subiu 24 pontos três dias depois de John tê-la vendido. Era pelo menos a quarta vez que John contava aquela lamentável história, mas o velho Peru sorria com tanta simpatia como se a ouvisse pela primeira vez.

Bem, sem dirigir uma única palavra de desculpas a John Fanning, Elmer foi falar com o velho e disse: "Sr. Partridge, acabei de vender minhas ações da Climax Motors. Meu pessoal me disse que o mercado está propício a uma reação de queda de preços e que poderei comprá-las de volta pagando mais barato. Então é melhor o senhor fazer o mesmo. Isto é, se ainda tiver as suas".

Elmer olhou com desconfiança para o homem a quem ele dera a dica original de comprar as ações. O palpiteiro amador, ou gratuito, sempre pensa que é dono do corpo e da alma da pessoa a quem dá a dica, mesmo antes de saber aonde seu palpite vai levar.

"Sim, sr. Harwood, ainda tenho. Claro!", disse o Peru, com gratidão. Foi bacana da parte de Elmer pensar no velho camarada. "Bem, agora é a hora de obter seu lucro e entrar novamente na próxima queda", disse Elmer, como se tivesse acabado de mostrar o comprovante de depósito do dinheiro na conta-corrente do velho. Sem ver no rosto do beneficiário uma expressão de agradecimento entusiástico, Elmer reiterou: "Acabei de vender todas as ações que eu tinha!".

A julgar por seu tom de voz e maneiras, qualquer um estimaria de forma conservadora que ele devia ter umas 10 mil ações. Mas o sr. Partridge sacudiu a cabeça com um gesto pesaroso e se lamuriou: "Não! Não! Eu não posso fazer isso!".

"O quê?", gritou Elmer.

"Simplesmente não posso!", disse o sr. Partridge, muito constrangido.

"Não dei ao senhor a dica para comprar?"

"Sim, sr. Harwood, e estou muito grato. De fato estou, sim, senhor. Mas..."

"Espere! Deixe-me falar! E essa ação subiu sete pontos em dez dias, não foi?"

"Sim, e estou muito agradecido a você, meu querido menino. Mas eu não poderia nem pensar em vender essa ação."

"O senhor não poderia?", perguntou Elmer, começando ele próprio a parecer em dúvida. É um hábito da maioria das pessoas que dão dicas ser recebedora de dicas.

"Não, eu não poderia."

"Por que não?" Elmer se aproximou.

"Ora, o mercado está em viés de alta!", disse o velho como se estivesse dando uma explicação longa e detalhada.

"Tudo bem", disse Elmer, e parecia zangado e desapontado. "Sei tão bem quanto o senhor que este é um mercado altista. Mas é melhor entregar a eles esse seu lote de ações e comprá-lo de volta na queda. Assim o senhor também poderá reduzir seus custos."

"Meu caro menino", disse o velho Partridge, muito angustiado, "meu querido rapaz, se eu vendesse essa ação agora, perderia minha posição, e onde eu estaria?"

Elmer Harwood ergueu as mãos, balançou a cabeça e caminhou até mim em busca de solidariedade. "Dá para acreditar nisso?", perguntou-me ele em um sussurro alto, que todos puderam ouvir. "Pergunto a você!"

Eu não disse nada. Então ele continuou: "Dou uma dica para ele sobre a Climax Motors. Ele compra quinhentas ações. Ele tem sete pontos de lucro e eu o aconselho a sair e comprar de volta na queda, que já está atrasada até agora. E o que ele me diz quando dou a informação? Diz que, se vender, perderá o emprego. O que você me diz a respeito disso?".

"Peço desculpas, sr. Harwood, mas eu não disse que perderia meu emprego." O velho Peru entrou na conversa. "Eu disse que perderia minha posição. E quando você tiver a minha idade e já tiver passado por tantos booms de alta e crises de queda quanto eu, saberá que perder sua posição é algo que ninguém pode se dar ao luxo de permitir, nem mesmo John D. Rockefeller. Espero que o preço da ação diminua e você seja capaz de recomprar seu quinhão com lucro substancial, senhor. Mas eu só posso negociar de acordo com a experiência de muitos anos.

Paguei um preço alto por isso e não estou disposto a jogar fora o que ganhei a duras penas. Mas estou muito agradecido a você, como se o dinheiro já estivesse na minha conta bancária. Você sabe, o mercado está em viés de alta!" Ele se afastou com andar pomposo, deixando Elmer atordoado.

O que o velho sr. Partridge disse não significou muito para mim até que comecei a pensar sobre minhas próprias e inúmeras falhas em ganhar tanto dinheiro como deveria estando tão certo no mercado geral. Quanto mais eu estudava, mais percebia como aquele velho era sábio. Ele evidentemente padecera do mesmo defeito na juventude e conhecia suas próprias fraquezas humanas. Não se deixaria cair numa tentação a que, a experiência lhe ensinara, era difícil de resistir e que sempre se mostrou cara para ele, assim como era custosa para mim.

Creio que foi um grande passo adiante em termos da minha educação nos negócios quando finalmente percebi que, quando o velho sr. Partridge insistia em repetir seu mantra aos outros clientes — "Bem, você sabe, o mercado está em viés de alta!" —, o que ele de fato pretendia lhes dizer era que o dinheiro graúdo estava não nas flutuações individuais, mas nos movimentos principais, isto é, não na leitura da fita impressa de cotações, mas no dimensionamento de todo o mercado e sua tendência.

E, bem aqui e agora, permita-me esclarecer uma coisa; depois de passar muitos anos em Wall Street e depois de ganhar e perder milhões de dólares, quero declarar o seguinte: nunca foi graças a meu raciocínio que ganhei muito dinheiro. Sempre foi por minha capacidade de me sentar e esperar. Entendido? Minha capacidade de aguardar quietinho, sem fazer nenhum movimento, firme e forte! Não é truque estar certo no mercado. Nos mercados em alta você sempre encontra muitos altistas precoces, gente doida para comprar, e nos mercados em baixa, sempre encontra os baixistas precoces, gente doida para vender. Conheci muitos homens que estavam certos na hora certa e começavam a comprar ou vender ações quando os preços chegavam ao nível que deveria resultar em maior lucro. E a experiência deles invariavelmente correspondia à minha, isto é, não ganhavam nenhum dinheiro de verdade com isso. Homens que ao mesmo tempo podem estar certos e esperar sentados são incomuns. Para mim, foi uma das coisas mais difíceis de aprender. Mas é só depois de ter uma sólida compreensão disso que um especulador financeiro tem condições de ganhar dinheiro graúdo. É uma verdade nua e crua que, depois que aprende a negociar, um trader passa a ganhar milhões com mais facilidade do que ganhava apenas centenas nos dias em que vivia na ignorância.

A razão é que um homem pode enxergar com clareza cristalina e ainda assim ficar impaciente ou hesitante quando o mercado demora a fazer o que ele imaginava que deveria fazer. É por isso que tantos homens em Wall Street, que de forma alguma pertencem à classe dos otários, nem mesmo no terceiro nível, ainda assim perdem dinheiro. O mercado não os derrota. Eles derrotam a si mesmos porque, embora tenham cérebro, não têm a capacidade de esperar. O velho Peru estava absolutamente certo em fazer e dizer o que fazia e dizia. Ele tinha não apenas a coragem de seguir suas convicções, mas também a paciência inteligente de esperar quieto.

Desconsiderar a grande flutuação de preços do mercado e tentar entrar e sair repetidas vezes foi fatal para mim. Ninguém consegue detectar todos os movimentos e oscilações. Em um mercado em alta, o jogo deve ser comprar e segurar até você acreditar que a tendência de alta está próxima do fim. Para fazer isso, deve estudar as condições gerais, e não as dicas ou os fatores especiais que afetam ações individuais. Em seguida, livre-se de todas as suas ações, de uma vez por todas! Espere até ver — ou, se preferir, até pensar ter visto — a virada do mercado, o início de uma inversão das condições gerais. Para fazer isso você, tem que usar seu cérebro e sua visão; caso contrário, meu conselho seria tão idiota quanto lhe dizer para comprar barato e vender caro. Uma das coisas mais úteis que qualquer pessoa pode aprender é desistir de tentar pegar o último oitavo, a comissão de 0,125 cobrada pelas firmas de corretagem — ou o primeiro. Esses são os dois oitavos mais caros do mundo. No total, ambos custaram aos negociantes de ações milhões de dólares, suficientes para construir uma rodovia de uma ponta à outra do continente.

Outra coisa que notei ao estudar minhas jogadas no escritório da Fullerton depois que comecei a negociar de forma menos inteligente foi que minhas primeiras operações raras vezes me mostravam uma perda.

Isso naturalmente me levou à decisão de começar em grande estilo. E me deu confiança em meu próprio discernimento antes de permitir que fosse arruinado pelos conselhos de outros ou, vez por outra, até mesmo por minha própria impaciência. Sem fé em seu próprio bom senso, homem nenhum pode ir muito longe nesse jogo. Isso é mais ou menos tudo o que aprendi: estudar as condições gerais, tomar uma posição e me apegar fielmente a ela, de cabo a rabo. Tenho a capacidade de esperar sem um pingo de impaciência. Consigo ver um revés sem me abalar, sabendo que é apenas temporário. Já estive vendido em 100 mil ações e vi a iminência de um grande rali.* Calculei — e corretamente — que esse movimento de alta marcante que senti ser inevitável e mesmo benéfico faria a diferença de 1 milhão de dólares em meus lucros no papel. No entanto, permaneci irredutível, sem mudar de posição, e vi metade do meu lucro no papel ser varrida do mapa, sem sequer considerar a conveniência de zerar minhas posições para colocá-las novamente no rali. Eu sabia que, se fizesse isso, poderia perder minha posição e com ela a certeza de faturar uma bolada. É com as grandes flutuações que se ganha muito dinheiro.

Se aprendi tudo isso tão devagar foi pelo fato de que aprendi com meus erros, e sempre passa algum tempo entre cometer um erro e perceber o erro, e mais tempo ainda transcorre entre perceber o erro e determiná-lo com exatidão. Ainda assim, no entanto, estava me saindo muito bem, vivia com conforto e era muito jovem, de modo que eu compensava de outras maneiras. Obtinha a maior parte dos meus rendimentos por meio da minha leitura da fita impressa de cotações, porque o tipo de mercado em que atuávamos se prestava muito bem a meu método. Eu não estava perdendo com tanta frequência ou de maneira tão irritante como no início de minhas experiências em Nova York. Não tinha motivos para me orgulhar, se você pensar que quebrei três vezes em menos de dois anos. E, como já contei, estar falido é um instrumento educacional assaz eficiente.

---

* Do inglês *rally*, é um movimento de alta, de revigoramento e aumento marcante no preço de uma ação, valor mobiliário ou no mercado futuro de commodities depois de um período de queda ou de estagnação. (N. T.)

Eu não estava aumentando meu capital muito rapidamente porque vivia o tempo todo de forma compatível com meu faturamento. Não me privava de muitas das coisas que um sujeito da minha idade e bom gosto poderia querer. Tinha meu próprio automóvel e não via sentido em levar uma vida miserável quando estava tirando dinheiro do mercado. A máquina impressora de cotações parava de funcionar apenas aos domingos e feriados, como mandava o figurino. Cada vez que encontrava o motivo de um prejuízo ou o como e o porquê de outro erro, adicionava um novo "não faça isso!" à minha lista de habilidades. E a melhor maneira de capitalizar meus ativos crescentes era não reduzir minhas despesas cotidianas e meu custo de vida. Claro que tive algumas experiências divertidas e algumas nem tão divertidas, mas se eu fosse contar tudo em detalhes meu relato nunca terminaria. Na verdade, os únicos incidentes de que me lembro sem fazer nenhum esforço especial são aqueles que me ensinaram algo de valor definitivo para minha atividade de trader, algo que contribuiu para meu conhecimento do jogo — e de mim mesmo!

6

NA PRIMAVERA DE 1906, tirei alguns dias de férias e fui para Atlantic City. Sem ações, estava pensando apenas em mudar de ares e desfrutar de um bom descanso. A propósito, tinha voltado para meus primeiros corretores, a Harding Brothers, e minha conta andava bem ativa. Eu podia movimentar 3 ou 4 mil ações. Não era muito mais do que fazia na velha Cosmopolitan, quando tinha apenas vinte anos de idade. Mas havia alguma diferença entre minha margem de um ponto na bucket shop e a margem exigida pelos corretores que realmente compravam ou vendiam ações para minha conta na Bolsa de Valores de Nova York.

O leitor talvez se lembre da história que contei sobre a época em que eu estava vendido em 3500 ações da Sugar na Cosmopolitan e tinha um pressentimento de que algo estava errado e era melhor encerrar minha posição. Bem, amiúde tenho essa curiosa sensação. Via de regra, acabo cedendo a ela. Todavia, às vezes desprezo a ideia e digo a mim mesmo que é simplesmente tolo acatar qualquer um desses impulsos cegos e repentinos para reverter minha posição. Já atribuí minha intuição a um estado de nervos resultante de excesso de charutos ou sono insuficiente ou entorpecimento do fígado ou algo do gênero. Todas as vezes que me convenci a descartar meu impulso e me manter firme sem mudar de posição, sempre tive motivos para me arrepender. Consigo me lembrar de uma dúzia de ocasiões em que não vendi de acordo com o pressentimento, e no dia seguinte fui ao centro da cidade e o mercado estava forte, ou talvez até mesmo avançando, e disse a mim mesmo como teria sido uma idiotice obedecer ao impulso cego de vender. Mas, no dia seguinte, ocorria uma queda muito forte. Alguma coisa se rompera em algum lugar e eu teria ganhado dinheiro se não tivesse sido tão sensato e tão lógico. A razão claramente não era fisiológica, mas psicológica.

Quero contar apenas sobre uma dessas ocasiões, por causa do que representou para mim. Aconteceu quando eu estava tirando aquelas breves férias em Atlantic City na primavera de 1906. Tinha um amigo que também era cliente da Harding Brothers. Eu estava sem o menor interesse no mercado, apenas aproveitando meu descanso. Sempre sou capaz de abrir mão de negociar ações em troca de diversão, a menos, é claro, que se trate de um mercado excepcionalmente ativo em que eu me envolva com interesses bastante pesados. Pelo que me lembro, o mercado estava em viés de alta. As perspectivas eram favoráveis para os negócios em geral e o mercado de ações tinha desacelerado, mas o tom era firme e todas as indicações apontavam para uma elevação de preços.

Certa manhã, depois de tomarmos café e lermos todos os jornais matutinos de Nova York, já cansados de observar as gaivotas pegando mariscos, voando com eles a seis metros no ar e soltando-os na areia úmida e dura para abri-los e saboreá-los como desjejum, meu amigo e eu começamos a andar pelo calçadão junto à orla. Que era a coisa mais emocionante que fazíamos durante o dia.

Ainda não era meio-dia e caminhávamos a passos lentos para matar o tempo e respirar o ar salgado. A Harding Brothers tinha uma filial no calçadão e costumávamos aparecer lá nesse escritório todas as manhãs para ver como tinha sido a abertura do mercado. Era mais força do hábito do que qualquer outra coisa, pois eu não estava negociando nada.

O mercado, constatamos, estava forte e movimentado. Meu amigo, que era um altista obstinado, estava carregando um lote moderado, comprado vários pontos abaixo. Começou a me dizer que a coisa inteligente a se fazer era manter ações com o intuito de obter preços muito mais altos. Eu não estava prestando atenção suficiente para me dar ao trabalho de concordar. Em vez disso, fitava o quadro de cotações, observando as mudanças — eram principalmente avanços. Até que parei na Union Pacific. Tive a sensação de que deveria vender as ações da UP. Mais que isso não sei dizer. Só sei que tive vontade de vender. Eu me perguntei por que razão deveria sentir aquilo, mas não consegui encontrar nenhum motivo para operar vendido na UP.

Olhei fixamente para o último preço no quadro de cotações até não conseguir mais enxergar nenhum número, quadro ou qualquer outra coisa. Tudo o que eu sabia era que queria vender ações da Union Pacific, mas não era capaz de decifrar o motivo. Devo ter feito uma cara esquisita, pois meu amigo, que estava ao meu lado, de repente me cutucou e perguntou: "Ei, qual é o problema?".

"Não sei", respondi.

"Vai dormir?"

"Não. Não vou dormir. O que vou fazer é vender essa ação." Sempre ganhei dinheiro seguindo minha intuição. Fui até uma mesa onde havia alguns blocos de ordens em branco. Meu amigo me seguiu. Preenchi uma ordem de venda de mil ações da Union Pacific no mercado e entreguei ao gerente. Ele estava sorrindo quando preenchi o papel e quando o pegou. Mas, quando leu a ordem, parou de sorrir e olhou para mim.

"Isto aqui está certo?", perguntou-me. Mas bastou uma olhada minha e ele correu para o operador.

"O que você está fazendo?", perguntou meu amigo.

"Estou vendendo!"

"Vendendo o quê?", ele quis saber, aos gritos. Se meu amigo era um touro esperançoso por uma alta, como é que eu poderia ser um urso apostando na baixa? Algo estava errado.

"Mil da UP", respondi.

"Por quê?", perguntou-me, com grande entusiasmo.

Balancei a cabeça, o que significava que eu não tinha motivo. Mas ele deve ter pensado que eu havia recebido uma dica, porque me pegou pelo braço e me conduziu até o corredor, onde poderíamos conversar longe dos olhos e ouvidos dos outros clientes e esquentadores de cadeiras.

"O que foi que você ouviu?", perguntou-me. Estava muito animado. A UP era uma de suas ações queridinhas, e ele estava otimista com relação a seus ganhos e suas perspectivas. Mas estava disposto a seguir uma dica de urso pessimista de segunda mão e vendê-la.

"Nada!", respondi.

"Não ouviu nada?". Ele estava cético e mostrou isso claramente.

"Não ouvi nada."

"Então por que diabos está vendendo?"

"Não sei", jurei de pés juntos, e era a mais pura verdade.

"Ah, por favor, Larry", disse ele.

Meu amigo sabia que eu tinha o hábito de saber por que motivo fazia uma operação. Eu tinha vendido mil ações da Union Pacific. Devia ter uma razão muito boa para vender tantas ações em um mercado tão forte.

"Não sei", repeti. "Sinto que algo vai acontecer."

"O que é que vai acontecer?"

"Não sei. Não posso te dar nenhum motivo. Tudo o que eu sei é que quero vender essa ação. E vou deixar que comprem outras mil."

Voltei para o escritório e dei outra ordem para vender um segundo lote de mil ações. Se estivesse certo em vender as primeiras mil, deveria pôr à venda algumas mais.

"Mas o que pode acontecer?", insistiu meu amigo, que não conseguia se decidir quanto a seguir ou não meu exemplo. Se eu lhe dissesse que tinha ouvido o rumor de que a UP ia cair, ele teria vendido sem perguntar quem me contou o boato ou por quê. "O que pode acontecer?", perguntou ele novamente.

"Podem acontecer milhões de coisas. Mas não posso te prometer que alguma coisa vai de fato acontecer. Não posso te apresentar nenhuma razão e não sou capaz de prever o futuro", aleguei.

"Então você está louco. Endoideceu de vez, vendendo aquela ação sem mais nem menos, que ideia mais sem pé nem cabeça. Você não sabe por que quer vender?"

"Não sei por que quero vender. Só sei que quero. Quero e pronto, como tudo o mais." O ímpeto era tão urgente que vendi mais mil.

Isso foi demais para meu amigo. Ele me agarrou pelo braço e disse: "Vamos dar o fora deste lugar antes que você venda todo o capital social".

Eu tinha vendido o quanto precisava para satisfazer meu sentimento de urgência, então o segui sem esperar por um relatório sobre as últimas 2 mil ações. Era uma quantidade considerável de ações para vender, mesmo com as melhores razões. Parecia mais do que suficiente estar vendido em tudo aquilo sem nenhum motivo, sobretudo quando todo o mercado estava tão forte e não havia nada à vista que fizesse alguém pensar no lado do urso baixista. Mas me lembrei de que em ocasiões anteriores, quando senti a mesma vontade de vender e não vendi, sempre tive motivos para me arrepender.

Contei algumas dessas histórias para amigos, e alguns deles me disseram que não se tratava de uma intuição ou pressentimento, mas da mente subconsciente, que é a mente criativa, em ação. Essa é a mente que leva os artistas a fazerem coisas sem saber como. Talvez no meu caso fosse o efeito cumulativo de uma porção de pequenas coisas individualmente insignificantes, mas poderosas em termos coletivos. É possível que o pouco inteligente otimismo altista do meu amigo tenha despertado um espírito de contradição e que eu tenha escolhido a UP porque era uma ação que vinha sendo muito elogiada e recomendada. Não sou capaz de dizer qual foi a causa ou motivo do meu pressentimento. Tudo o que sei é que saí da filial da Harding Brothers de Atlantic City vendido em 3 mil ações da Union Pacific em um mercado em ascensão, e não estava nem um pouco preocupado.

Eu queria saber o preço que tinham conseguido por minhas últimas 2 mil ações. Assim, depois do almoço, voltamos ao escritório. Tive o prazer de ver que o mercado geral estava forte e a Union Pacific, mais alta.

"Vejo sua derrocada", disse meu amigo. Dava para ver que ele estava feliz por não ter vendido nada.

No dia seguinte, o mercado geral subiu mais um pouco e não ouvi nada além de comentários alegres de meu amigo. Mas eu tinha a certeza de que tinha feito bem em vender a UP, e nunca fico impaciente quando sinto que estou certo. Qual é o sentido disso? Naquela tarde, a Union Pacific parou de subir, e no fim do dia começou a despencar. Em pouco tempo caiu a um ponto abaixo do nível da média do valor das minhas 3 mil ações. Eu me senti mais confiante do que nunca do lado certo, e já que me sentia assim tive que vender um pouco mais. Perto do fechamento, vendi 2 mil ações adicionais.

Lá estava eu, vendido em 5 mil ações da UP com base em uma intuição. Era o máximo que eu poderia vender no escritório da Harding com a margem de que dispunha. Era um volume de ações grande demais para eu ficar vendido nas férias, por isso desisti delas e voltei para Nova York na mesma noite. Não havia como saber o que poderia acontecer, e achei melhor ficar a postos e estar presente. Lá eu poderia agir rapidamente se fosse necessário.

No dia seguinte, recebemos a notícia do terremoto de São Francisco. Foi um terrível desastre. Mas o mercado abriu com apenas alguns pontos em baixa. As forças dos touros altistas estavam em ação, e o público nunca reage às notícias de forma independente. A gente vê isso o tempo todo. Se há uma sólida base de touro otimista ávido por uma alta do mercado, por exemplo, esteja acontecendo ou não ao mesmo tempo o que os jornais chamam de "manipulação do touro especulador", certos itens do noticiário deixam de ter o efeito que teriam se Wall Street estivesse com a perspectiva do urso e apostando na tendência de queda. Tudo depende do estado de espírito da época. Nesse caso Wall Street não avaliou a extensão da catástrofe porque não quis. Antes que o dia acabasse, os preços voltaram ao normal.

Eu estava vendido em 5 mil ações. A pancada se abateu, mas minhas ações não caíram. Meu pressentimento era excelente, mas minha conta bancária não estava crescendo, nem mesmo no papel. O amigo que estava em Atlantic City comigo quando pus à venda meu lote da UP ficou feliz e triste com isso.

Ele me disse: "Foi um palpite e tanto, garoto. Mas, me diga, quando o talento e o dinheiro estão do lado do touro, qual é a utilidade de resistir? Eles estão fadados a vencer".

"Dê tempo a eles", eu disse. Eu me referia a preços. Não zeraria minhas posições porque sabia que o dano era enorme e a Union Pacific seria uma das mais prejudicadas. Mas era exasperante ver a cegueira de Wall Street.

"Dê tempo a eles e sua pele vai acabar onde o couro de todos os outros ursos está estendido para secar ao sol", assegurou-me ele.

"O que você faria?", perguntei. "Comprar ações da UP com base nos milhões de dólares de prejuízos sofridos pela Southern Pacific e outras linhas? De onde virão os ganhos dos dividendos depois de pagar por tudo o que perderam? O melhor que você pode dizer é que o problema talvez não seja tão ruim quanto parece. Mas é uma razão para comprar ações das ferrovias mais afetadas? Responda-me isso."

Mas meu amigo disse apenas: "Sim, isso soa bem. Mas uma coisa eu te digo: o mercado não concorda com você. A fita impressa de cotações não mente, certo?".

"Nem sempre ela diz a verdade na hora", respondi.

"Escute aqui. Um homem estava conversando com Jim Fisk um pouco antes da Sexta-feira Negra,* apresentando dez boas razões pelas quais o preço do ouro cairia de uma vez por todas. De tão entusiasmado com suas próprias palavras, acabou contando a Fisk que venderia alguns milhões. E Jim Fisk apenas olhou para ele e disse: 'Vá em frente! Faça isso! Venda a descoberto e me convide para o seu funeral'."

"Sim", eu disse, "e se esse sujeito tivesse vendido a descoberto, olhe a fortuna que teria ganhado! Venda um pouco de UP."

"Eu não! Sou do tipo que prospera melhor se não remar contra o vento e a maré."

No dia seguinte, quando os relatórios mais completos chegaram, o mercado começou a cair, mas não com a violência com que deveria. Sabendo que nada seria capaz de protelar uma queda substancial, dobrei minha posição e vendi 5 mil ações. Ah, a essa altura estava claro para a maioria das pessoas, e meus corretores estavam bastante dispostos. Não era imprudente da parte deles nem da minha, não da forma como eu avaliava o comportamento do mercado. No dia seguinte, o mercado começou a se estabilizar. Havia um dinheirão a pagar. É claro que forcei

---

* Normalmente, *Black Friday* se refere à sexta-feira que sucede o Dia de Ação de Graças, celebrado na quarta quinta-feira do mês de novembro. Aqui, diz respeito ao pânico da quebra do mercado de ouro no dia 24 de setembro de 1869, quando dois especuladores, Jay Gould e James Fisk, fizeram manobras para tomar o mercado do ouro na Bolsa de Nova York. O governo foi obrigado a intervir, elevando a oferta da matéria-prima no mercado, o que ocasionou queda nos preços. Muitos investidores perderam grandes fortunas. (N. T.)

minha sorte a todo custo. Dobrei novamente e vendi mais 10 mil ações. Era o único jogo possível.

Eu não estava pensando em nada, exceto que estava certo — 100% certo — e que aquela era uma oportunidade enviada pelos céus. Cabia a mim tirar vantagem da situação. Vendi mais. Ocorreu-me o seguinte pensamento: com aquele lote tão grande de vendas a descoberto, não seria necessário mais do que uma alta para acabar com todos os meus lucros no papel e possivelmente meu principal? Não sei se eu pensava nisso ou não, mas se pensei fez pouca diferença. Eu não estava fazendo uma especulação imprudente. Na verdade, minha jogada era conservadora. Não havia nada que alguém pudesse fazer para anular o terremoto, havia? Não era possível restaurar da noite para o dia os prédios destruídos, grátis, sem custo, por nada, não é? Nem todo o dinheiro no mundo poderia ajudar muito nas próximas horas, poderia?

Eu não estava apostando às cegas. Eu não era um urso baixista louco. Não estava inebriado pelo sucesso ou pensando que, como Frisco tinha sido varrida do mapa,* o país inteiro rumava para ser um monte de sucata. Não, de verdade! Não esperava pânico. Bem, no dia seguinte faturei uma bolada. Ganhei 250 mil dólares. Foi o meu maior lucro até aquele momento. Tudo foi feito em poucos dias. Wall Street não deu atenção ao terremoto nos primeiros dois dias. Vão dizer que era porque as primeiras notícias e os comunicados oficiais não eram tão alarmantes, mas acho que foi porque demorou muito para mudar o ponto de vista do público acerca dos mercados de valores mobiliários. Até mesmo os operadores profissionais, na maioria dos casos, foram lentos e míopes.

Não tenho nenhuma explicação para dar, seja científica ou infantil. Estou dizendo o que fiz, por que fiz e o resultado. Estava muito menos preocupado com o mistério do palpite do que com o fato de que ele me rendeu ¼ de milhão, 250 mil dólares. Isso significava que agora eu

---

* Frisco é apelido da cidade de São Francisco. O terremoto de 1906, com magnitude de 7.8, destruiu cerca de 80% da cidade. Foi seguido por devastadores incêndios, provocados pela ruptura das linhas de gás natural e dos fios da rede elétrica, que levaram vários dias para serem debelados. (N. T.)

REMINISCÊNCIAS DE UM OPERADOR DA BOLSA

poderia movimentar uma quantidade de ações maior do que nunca, se ou quando chegasse a hora propícia.

Naquele verão, fui para Saratoga Springs. Era para ser um período de férias, mas fiquei de olho no mercado. Para começo de conversa, eu não estava tão cansado a ponto de ficar incomodado quando pensava nisso. Além do mais, todo mundo que eu conhecia lá tinha ou tivera um interesse ativo no mercado. Naturalmente conversávamos a respeito. Notei que há uma grande diferença entre falar e negociar. Alguns desses caras fazem você se lembrar daquele corajoso escriturário que fala com o patrão ranzinza como se falasse com um cachorro amarelo — isso quando é ele, o escriturário, quem lhe conta a história.

A Harding Brothers tinha uma filial em Saratoga. Muitos de seus clientes estavam lá. Mas o verdadeiro motivo, suponho, era o valor da publicidade. Ter uma filial em um resort é propaganda de alto padrão. Eu costumava dar uma passada e me sentar para bater papo com o restante do bando. O gerente era um nova-iorquino muito simpático, que estava lá para sorrir, apertar a mão dos amigos e desconhecidos e, se possível, fazer negócios. Era um lugar maravilhoso para dicas — e de todo tipo: corrida de cavalos, mercado de ações e garçons. O escritório sabia que eu não seguia nenhum palpite, então o gerente não vinha sussurrar confidencialmente no meu ouvido o que tinha acabado de saber por debaixo do pano do escritório de Nova York. Ele simplesmente repassava os telegramas, dizendo "Isso é o que estão enviando" ou algo do gênero.

Claro que eu estava de olho no mercado. No meu caso, observar o quadro de cotações e ler os sinais é um processo. Minha boa amiga Union Pacific, notei, parecia estar subindo. O preço estava alto, mas a ação se comportava como se estivesse sendo acumulada. Durante alguns dias eu a observei sem negociar, e quanto mais observava, mais convencido ficava de que estava sendo comprada no saldo por alguém que não era cauteloso, alguém que não só tinha uma conta bancária polpuda, mas sabia das coisas. Acumulação muito inteligente, pensei.

Tão logo tive certeza disso, naturalmente comecei a comprá-la, por volta de 160. Ela continuou com um comportamento satisfatório e uniforme, então continuei comprando, quinhentas ações de uma

86

vez. Quanto mais eu comprava, mais forte ficava, sem solavancos, e me sentia muito confortável. Não conseguia ver qualquer razão pela qual essa ação não subiria muito mais — não com o que lia na fita impressa de cotações.

De repente, o gerente veio até mim e disse que tinham recebido uma mensagem de Nova York — com a qual tinham uma ligação telegráfica direta, é claro — perguntando se eu estava no escritório, e quando responderam que sim, chegou outra mensagem: "Mantenha-o aí. Diga que o sr. Harding quer falar com ele".

Eu disse que esperaria e comprei mais quinhentas ações da UP. Eu não fazia ideia do que Harding poderia ter a me dizer. Achei que não devia ter nada a ver com negócios. Minha margem era mais do que ampla para o que eu estava comprando. Logo o gerente veio e me disse que o sr. Ed Harding queria falar comigo ao telefone.

"Olá, Ed", eu disse.

Mas ele respondeu: "Qual é o problema com você? Está louco?".

"O senhor está?", rebati.

"O que está fazendo?", perguntou ele.

"O que o senhor quer dizer?"

"Comprando todas aquelas ações."

"Ora, minha margem não está certa?"

"Não é um caso de margem, mas de ser um otário."

"Não estou entendendo o senhor."

"Por que está comprando todas aquelas Union Pacific?"

"Está subindo", aleguei.

"Que nada! Você não sacou que os insiders estão cantando a bola para você? É o alvo mais fácil que existe. Você se divertiria mais perdendo dinheiro nos cavalos. Não deixe que te passem a perna."

"Ninguém está me passando a perna. Não falei com ninguém sobre isso."

Ele veio com tudo para cima de mim. "Você não pode esperar que um milagre salve sua pele toda vez que especula com essa ação. Pule fora enquanto ainda tem uma chance. É um crime estar comprado nessa ação nesse nível, quando esses vigaristas estão descarregando toneladas dela.

"A fita diz que estão comprando", insisti.

"Larry, tenho um princípio de infarto toda vez que suas ordens começam a chegar. Pelo amor dos meus filhinhos, não seja trouxa. Caia fora! Agora mesmo. Vai despencar feito fruta podre a qualquer minuto. Cumpri minha obrigação. Adeus!" Ele desligou o telefone.

Ed Harding era um sujeito muito inteligente, excepcionalmente bem informado e um verdadeiro amigo, desinteressado e generoso. Além disso, eu sabia que ele estava em posição de ouvir coisas. Já eu, no que dizia respeito a minhas compras da UP, só podia contar com meus anos de estudo do comportamento de ações e minha percepção de que certos sintomas que a experiência tinha me ensinado geralmente vinham acompanhados de uma alta substancial. Não sei o que deu em mim, mas suponho que devo ter concluído que minha leitura da fita impressa de cotações me disse que a ação estava sendo absorvida, simplesmente porque a manipulação muito inteligente por parte dos insiders fez com que a fita contasse uma história que não era verdadeira. Acho que fiquei impressionado com todo o esforço de Harding para me impedir de fazer o que ele tinha certeza de que seria um erro colossal da minha parte. Eu não questionaria nem seu cérebro nem seus motivos. Não sei dizer exatamente o que me fez tomar a decisão de seguir o conselho dele, mas segui.

Vendi todas as minhas ações da Union Pacific. Claro, se não era sensato estar comprado por muito tempo, igualmente insensato era não estar vendido. Então, depois de me livrar das ações que eu tinha estocado na expectativa de aumento futuro, vendi 4 mil ações a descoberto. Consegui uma média de 162.

No dia seguinte, os diretores da Union Pacific Company declararam um dividendo de 10% sobre as ações. No começo, ninguém em Wall Street acreditou nisso. Parecia a manobra desesperada de apostadores encurralados. Todos os jornais caíram matando em cima dos diretores. Mas, enquanto o talento de Wall Street hesitava em agir, o mercado fervia. A Union Pacific assumiu a dianteira e com transações de grande envergadura atingiu uma alta recorde. Alguns dos operadores do pregão ganharam fortunas em uma hora, e me lembro de mais tarde ter ouvido sobre um especialista bastante obtuso que cometeu um erro que o fez embolsar 350 mil dólares. Ele vendeu sua posição na semana seguinte e um mês depois tornou-se um abastado fazendeiro.

Claro que percebi, no momento em que soube da notícia da declaração daquele inaudito dividendo de 10%, que tive o que mereci por fazer pouco-caso da voz da experiência e dar ouvidos a um palpiteiro. Eu havia deixado de lado minhas próprias convicções pelas suspeitas de um amigo, simplesmente porque ele era desinteressado e via de regra sabia o que estava fazendo.

Assim que vi a Union Pacific batendo novos recordes, disse a mim mesmo: "Não é uma ação para eu ficar vendido".

Tudo o que eu tinha no mundo era uma margem no escritório da Harding. Ter conhecimento desse fato não me animava nem me tornava teimoso. O que estava claro era que eu tinha lido a fita impressa de cotações com precisão e fui um idiota por deixar Ed Harding abalar minha resolução. Não havia sentido em fazer recriminações, porque eu não tinha tempo a perder; além do mais, o que está feito está feito. Então dei uma ordem para comprar. A ação estava beirando 165 quando enviei a ordem de compra de 4 mil ações da UP no mercado. Com esse número, perdi três pontos. Bem, meus corretores pagaram 172 e 174 por algumas delas. Quando recebi meus relatórios, constatei que a benévola e bem-intencionada interferência da Harding me custou 40 mil dólares. Um preço baixo para um homem pagar por não ter a coragem de seguir suas próprias convicções! Foi uma lição barata.

Eu não estava preocupado, porque a fita impressa de cotações indicava preços ainda mais altos. O movimento estava fora do comum e não havia precedentes para a ação dos diretores, mas desta vez fiz o que achei que tinha que fazer. Tão logo lancei a primeira ordem de compra de 4 mil ações para zerar as minhas posições, resolvi lucrar com o que a fita indicava e segui em frente. Comprei 4 mil ações e as retive até a manhã seguinte. Aí saí. Não apenas recuperei os 40 mil dólares que havia perdido, mas ganhei cerca de 15 mil a mais. Se Ed Harding não tivesse tentado me fazer economizar dinheiro, eu teria faturado uma bolada. Mas ele me prestou um serviço muito grande, pois tenho a firme convicção de que essa lição completou minha formação como trader.

Não que tudo o que eu precisava aprender se limitasse a apenas não seguir palpites, mas minha própria inclinação. O xis da questão é que adquiri confiança em mim mesmo e finalmente fui capaz de me livrar do antigo método de negociação. A experiência em Saratoga foi minha última operação baseada no acaso, em acertar ou errar a esmo. A partir desse episódio comecei a pensar nas condições básicas em vez de em ações individuais. Promovi a mim mesmo e me elevei a um grau superior na dura escola da especulação. Foi um passo longo e difícil.

7

NUNCA HESITO EM DIZER A alguém se estou com a inclinação de um touro altista ou de um urso baixista. Mas não digo às pessoas para comprar ou vender qualquer ação que seja. Em um mercado pessimista e em baixa, todas as ações caem e em um mercado otimista e em alta elas sobem. Não quero dizer, obviamente, que em um mercado em viés de baixa causado por uma guerra, por exemplo, as ações de fabricantes de munição não subam. Falo em sentido geral. Mas o homem comum não deseja ouvir que se trata de um mercado em alta ou em baixa. O que ele deseja é que lhe digam especificamente que ação específica comprar ou vender. Ele quer obter algo em troca de uma ninharia. Não deseja trabalhar. Nem sequer deseja ter que pensar. Já é cansativo demais ter que contar o dinheiro que pega do chão.

Bem, eu não era tão preguiçoso, mas achava mais fácil pensar em ações individuais do que no mercado geral e, portanto, mais em flutuações individuais do que em movimentos gerais. Tive que mudar e mudei.

Ao que parece, as pessoas não têm facilidade para compreender os fundamentos da negociação de ações. Eu sempre disse que comprar em um mercado em alta é a maneira mais confortável de comprar ações.

Ora, o xis da questão não é tanto comprar o mais barato possível ou operar vendido nos melhores preços, mas comprar ou vender na hora certa. Quando estou baixista, crente em um período prolongado de queda de preços, e decido vender uma ação, cada venda deve estar em um nível inferior ao da venda anterior. Quando estou comprando, vale o inverso. Tenho que comprar em escala crescente. Não adquiro ações na expectativa de uma alta em uma escala descendente de preços: compro em uma escala crescente.

Suponhamos, por exemplo, que estou comprando alguma ação. Vou comprar 2 mil ações a 110. Se a ação subir para 111 depois que eu comprar, estou, pelo menos temporariamente, certo na minha operação, porque é um ponto mais alto, e isso me mostra lucro. Bem, como estou certo, vou lá e compro mais 2 mil ações. Se o mercado ainda estiver subindo, compro um terceiro lote de 2 mil ações. Digamos que o preço vai para 114. Acho que é o suficiente por enquanto. Agora tenho uma base de negociação a partir da qual trabalhar. Estou comprado em 6 mil ações em uma média de 111,75, e a ação está sendo vendida a 114. Não vou comprar mais nada por agora. Espero e vejo. Imagino que em algum momento do aumento haverá uma flutuação. Quero ver como é que o mercado vai se comportar depois dessa variação. Provavelmente recuará até o ponto no qual obtive meu terceiro lote. Digamos que depois de subir mais um pouco caia de volta para 112,25, depois se revigore no rali. Bem, no instante em que volta para 113,75, disparo uma ordem de compra para adquirir 4 mil — no mercado, claro. Bem, se adquiro essas 4 mil a 113,75, sei que algo está errado e dou uma ordem de teste, ou seja, venderei mil ações para ver como o mercado reage. Mas suponha que, da ordem para comprar as 4 mil ações que lancei quando o preço estava em 113,75, obtive 2 mil a 114 e quinhentas a 114,5 e o restante na alta, de modo que pelas últimas quinhentas paguei 115,5. Então sei que estou certo. É a maneira como consigo as 4 mil ações que me diz se estou certo em comprar aquela ação específica naquele determinado momento, pois é claro que estou trabalhando com base no pressuposto de que verifiquei meticulosamente as condições gerais e elas estão otimistas. Nunca quero comprar ações baratas demais ou fáceis demais.

Lembro-me de uma história que ouvi sobre S. V. White,* o Diácono, quando ele era um dos grandes operadores de Wall Street. Era um senhor muito elegante, inteligente e, e segundo diziam, corajoso. Até onde sei, fez algumas coisas maravilhosas em seu tempo.

Foi nos velhos tempos, quando a Sugar era uma das fornecedoras mais frequentes de fogos de artifício no mercado.

H. O. Havemeyer, presidente da empresa, estava no auge do poder.** Nas minhas conversas com os veteranos, fiquei sabendo que H. O. e seus seguidores dispunham de todos os recursos de dinheiro e inteligência necessários para realizar com sucesso qualquer transação com suas próprias ações. Disseram-me que, nas operações com essas ações, Havemeyer derrotava mais pequenos operadores profissionais do que qualquer outro insider negociando qualquer outra ação. Via de regra, os operadores do pregão são mais propensos a atrapalhar o jogo dos insiders do que ajudar.

Um dia, um homem que conhecia o White entrou correndo no escritório e disse, todo esbaforido: "Diácono, o senhor me disse que se um dia eu conseguisse informações quentes era para vir aqui imediatamente e repassá-las, e que se o senhor as usasse me carregaria junto algumas centenas de ações". Ele fez uma pausa para respirar e esperar a confirmação.

Com sua postura pensativa, o Diácono olhou para ele e disse: "Não sei se disse exatamente isso a você ou não, mas estou disposto a pagar por informações que eu possa usar".

"Bem, tenho uma para o senhor."

"Ora, que bom", disse o Diácono, com tanta suavidade na voz que o homem com a informação se inchou de orgulho.

---

* Stephen Van Culen White (1831-1913), banqueiro e congressista, dono de uma firma de corretagem e manipulador de ações na Bolsa de Valores de Nova York. Baixo e atarracado, geralmente usava sobrecasaca e gravata preta, o que chamava a atenção em Wall Street e lhe rendeu o apelido de Diácono. (N. T.)

** Henry Osborne Havemeyer (1847-1907), industrial, empresário e refinador de açúcar, fundou a American Sugar Refining Company em 1891, da qual foi presidente. (N. T.)

"Sim, senhor." Ele chegou bem perto para que ninguém mais ouvisse e disse: "H. O. Havemeyer está comprando a Sugar".

"Está?", perguntou o Diácono com bastante calma.

Isso irritou o palpiteiro, que continuou com voz imponente: "Sim, senhor. Comprando tudo o que consegue, Diácono".

"Meu amigo, você tem certeza?", perguntou o velho S. V.

"Diácono, tenho certeza absoluta. A velha gangue está comprando tudo o que cai em suas mãos. Tem alguma coisa a ver com a tarifa, e vai haver uma matança com as ações ordinárias. Vão ultrapassar as preferenciais. Isso significa trinta pontos certos, para começar."

"Você realmente acha isso?", perguntou o velho, olhando para ele por cima dos antiquados óculos de aro de prata que tinha colocado para olhar a fita impressa de cotações.

"Se eu acho? Não, não acho. Eu sei. Tenho certeza absoluta! Ora, Diácono, quando H. O. Havemeyer e seus amigos compram ações da Sugar, como estão fazendo agora, nunca se dão por satisfeitos com nada menos do que quarenta pontos líquidos. Eu não ficaria surpreso em ver o mercado fugir deles a qualquer minuto e disparar antes que tenham adquirido o lote completo. Não há tantas delas circulando nos escritórios dos corretores como havia um mês atrás."

"Ele está comprando Sugar, hein?", repetiu o Diácono, distraído.

"Comprando? Ora, está tragando tudo o mais rápido que pode, sem fazer o preço aumentar."

"E daí?", disse o Diácono. E só. Mas foi o suficiente para irritar o palpiteiro, que rebateu: "Sim, senhor! Isso é o que eu chamo de informação das boas. Ora bolas, é absolutamente direto ao ponto.".

"É?"

"Sim. E deve valer um bocado. O senhor vai usá-la?"

"Sim. Vou usá-la."

"Quando?", perguntou, desconfiado, o portador da informação.

"Agora mesmo." E o Diácono chamou em voz alta: "Frank!". Era o primeiro nome de seu corretor mais astuto, que estava na sala contígua.

Frank apareceu. "Senhor?"

"Gostaria que você fosse lá no balcão e vendesse 10 mil ações da Sugar."

"Vender?", gritou o palpiteiro. Havia tanto sofrimento em sua voz que Frank, que já saía correndo, parou no meio do caminho.

"Ora, sim", disse suavemente o Diácono.

"Mas eu disse que H. O. Havemeyer estava comprando!"

"Eu sei que sim, meu amigo", disse calmamente o Diácono. Então se virou para instruir o corretor: "Depressa, Frank!".

O corretor saiu correndo para executar a ordem, e o palpiteiro ficou vermelho.

"Eu vim aqui com a melhor informação que já tive na vida", disse ele, furioso. "Eu a trouxe para o senhor porque pensei que fosse meu amigo e um homem justo. Esperava que fizesse uma jogada com base nela..."

"*Estou* fazendo", interrompeu o Diácono, tranquilo.

"Mas eu disse ao senhor que H. O. e a gangue dele estão comprando!"

"Isso mesmo. Eu ouvi."

"Comprando! Comprando! Eu disse comprando!", gritou o palpiteiro.

"Sim, comprando! Entendi o que você disse", assegurou o Diácono, que estava parado ao lado da máquina impressora de cotações, olhando para a fita.

"Mas o senhor está vendendo."

"Sim. Dez mil ações." O Diácono assentiu. "Vendendo, claro."

Ele parou de falar para se concentrar na fita. O palpiteiro se aproximou para ver o que o Diácono via, pois aquele velho era uma raposa astuta. Enquanto olhava por cima do ombro dele, um contínuo veio com uma tira de papel, obviamente o relatório de Frank. O Diácono mal olhou para o papel, porque viu na fita que sua ordem tinha sido executada.

Isso o fez dizer ao funcionário: "Mande vender mais 10 mil da Sugar".

"Diácono, juro que eles estão comprando as ações!"

"O sr. Havemeyer contou isso a você?", perguntou o Diácono a meia voz.

"Claro que não! Ele nunca conta nada a ninguém. Não moveria uma palha para ajudar seu melhor amigo a ganhar um níquel. Mas sei que é verdade."

"Não se deixe empolgar tanto, meu amigo." O Diácono ergueu a mão. Estava olhando para a fita.

O arauto da dica disse, amargamente: "Se eu soubesse que o senhor faria o contrário do que eu esperava, nunca teria desperdiçado seu tempo nem o meu. Mas não vou ficar feliz quando o senhor liquidar sua posição com um baita prejuízo. Sinto muito pelo senhor. Honestamente! Se me der licença, irei para outro lugar para tirar proveito de minha própria informação".

"Estou tirando proveito dela. Acho que entendo um pouco sobre o mercado. Não tanto, talvez, como você e seu amigo H. O. Havemeyer, mas ainda assim um pouco. O que estou fazendo é o que minha experiência me diz ser a coisa mais sensata a fazer com a informação que você me trouxe. Quando um homem está em Wall Street há tanto tempo quanto eu, sente gratidão por qualquer pessoa que tenha pena dele. Calma, meu amigo."

O homem apenas encarou o Diácono, por cuja opinião e coragem tinha grande respeito. Pouco depois o contínuo voltou e entregou um relatório ao Diácono, que leu o papel e disse: "Agora dê a ordem para comprar 30 mil da Sugar. Trinta mil!". O funcionário se afastou às pressas e o palpiteiro apenas grunhiu e olhou para a raposa velha.

Com toda a gentileza, o Diácono explicou: "Meu amigo, não duvidei de que você estava me dizendo a verdade segundo o seu entendimento. Mas, ainda se eu tivesse ouvido o próprio H. O. Havemeyer dar a informação a você, teria feito a mesma coisa que fiz. Pois só havia uma forma de descobrir se alguém estava comprando as ações da maneira como você disse que H. O. Havemeyer e os amigos dele estavam comprando: fazer o que eu fiz. As primeiras 10 mil ações saíram com bastante facilidade. Isso não foi muito conclusivo. Mas o segundo lote de 10 mil foi absorvido por um mercado que não parou de subir. O modo como as 20 mil ações foram adquiridas provou para mim que alguém estava realmente disposto a comprar todas as ações que fossem oferecidas. A essa altura, não importa exatamente quem é esse alguém. Assim, liquidei minha posição e estou comprado em 10 mil ações. Acho que sua informação foi boa até certo ponto".

"Que ponto é esse?", quis saber o palpiteiro.

"Você tem quinhentas ações neste escritório ao preço médio das 10 mil ações", disse o Diácono. "Tenha um bom dia, meu amigo. Mantenha a calma da próxima vez."

"O senhor não poderia, por favor, vender as minhas quando vender as suas? Não sei tanto quanto pensei que sabia."

Essa é a teoria. É por isso que nunca compro ações baratas. Claro que sempre tento comprar de forma eficaz, de modo a ajudar meu lado do mercado. Quando se trata da venda de ações, é claro que ninguém pode vender a menos que alguém queira comprar.

Quem opera em grande escala deve ter isso em mente o tempo todo. Um homem estuda as condições, planeja cuidadosamente suas operações e começa a agir. Movimenta um volume bastante considerável e acumula um lucro polpudo... no papel. Bem, esse homem não pode sair vendendo à vontade. Não pode esperar que o mercado absorva 50 mil ações de um lote de uma forma tão fácil quanto absorve mil. Terá que esperar até que haja mercado para elas. Chegará uma hora em que ele pensa que o poder de compra necessário está lá. Quando essa oportunidade surgir, ele deve agarrá-la. Via de regra, estará à espera dela. Ele tem que vender quando puder, não quando quiser. Para aprender qual é o momento propício, precisa observar e testar. Não é nenhum truque identificar quando o mercado pode receber o que você dá a ele. Mas, ao iniciar um movimento, é insensato se desfazer de seu lote completo, a menos que você esteja convencido de que as condições são perfeitamente adequadas. Lembre-se de que as ações nunca são altas demais para se começar a comprar ou baixas demais para se começar a vender. Contudo, após a transação inicial, não faça uma segunda a menos que a primeira mostre lucro. Espere e observe. É aí que entra sua capacidade de leitura da fita impressa de cotações: habilita você a decidir qual o momento adequado de começar. Muita coisa depende de começar exatamente no momento certo. Levei anos para me dar conta da importância disso. Também me custou algumas centenas de milhares de dólares.

Não quero ser entendido como alguém que persiste em dar conselhos sobre piramidar.* Um homem pode piramidar e ganhar uma bolada, dinheirama que não conseguiria ganhar se não piramidasse,

---

* Neste sentido, piramidar se refere à compra adicional de ações na expectativa de uma alta de preços. (N. T.)

claro. Mas o que eu quis dizer foi o seguinte. Suponha que uma pessoa almeje um lote de quinhentas ações. Eu diria que ela não deve comprar tudo de uma vez, não se estiver especulando. Se estiver simplesmente apostando, o único conselho que tenho a dar é: não faça isso!

Suponha que essa pessoa compre suas primeiras cem ações, transação que imediatamente resulta em perda. Por que razão ela deveria arregaçar as mangas e comprar mais ações? O ideal é que veja na mesma hora que está errada; pelo menos temporariamente.

8

O INCIDENTE DA UNION PACIFIC EM SARATOGA no verão de 1906 me tornou mais independente do que nunca em relação a dicas, palpites e boatos — isto é, opiniões, suposições e suspeitas de outras pessoas, por mais amigáveis ou hábeis que pudessem ser na esfera pessoal. Os fatos, não a vaidade, provaram-me que eu poderia ler a fita impressa de cotações com mais exatidão do que a maioria das pessoas ao meu redor. Eu também era bem mais preparado do que o cliente médio da Harding Brothers, pois estava totalmente livre de preconceitos especulativos. O lado do urso baixista não me atrai mais do que o lado do touro altista, ou vice-versa. Meu único preconceito imutável é contra estar errado.

Mesmo quando ainda era menino, tirava minhas próprias conclusões a partir dos fatos que eu observava. É a única maneira pela qual o significado chega até mim. Não posso extrair dos fatos o que alguém me diz para extrair. São meus fatos, entende? Se acredito em alguma coisa, você pode ter certeza de que é porque simplesmente tenho que acreditar. Quando estou comprado em ações, é porque minha leitura das condições aflorou meu lado touro e me deixou otimista numa alta. Mas encontramos muitas pessoas com fama de serem inteligentes que são touros otimistas porque têm ações. Não permito que minhas posses

— tampouco minhas predisposições — pensem por mim. É por isso que repito que jamais discuto com a fita impressa de cotações. Ficar com raiva do mercado porque ele de forma inesperada ou mesmo ilógica vai contra você é como ficar com raiva de seus pulmões porque você está com pneumonia.

Aos poucos, eu me aproximava da plena compreensão de que a especulação com ações envolvia muito mais do que a leitura da fita impressa de cotações. Sem dúvida, a insistência do velho Partridge na importância fundamental de ser continuamente otimista em um mercado em alta me fez refletir sobre a necessidade, acima de tudo, de determinar o tipo de mercado em que se está negociando. Comecei a perceber que o dinheiro graúdo devia estar necessariamente nas grandes flutuações de preços. Fosse qual fosse o aparente responsável por dar o impulso inicial a uma grande flutuação, o fato é que sua continuidade não é o resultado de manipulação por grupos ou artifício de financistas, mas depende de condições básicas. E, não importa quem resista a ela, a flutuação deverá inevitavelmente ir tão longe e tão rápido e por tanto tempo quanto determinarem as forças que a impulsionam.

Depois de Saratoga comecei a ver mais claramente — talvez eu deva dizer de forma mais madura — que, contanto que toda a lista de ações se movesse de acordo com a corrente principal, não havia tanta necessidade como eu imaginava de estudar jogadas individuais ou o comportamento desta ou daquela ação. Ademais, ao pensar na movimentação, o homem não impunha limites a suas negociações. Estava livre para comprar ou vender a lista inteira de ações. Para determinadas ações, um lote de vendas a descoberto é perigoso depois que se vende mais do que certa porcentagem do capital social, e a quantidade depende de como, onde e por quem as ações são mantidas. Mas ele poderia vender 1 milhão de ações da lista geral — se obtivesse um bom preço — sem o perigo de sofrer um squeeze.* Nos velhos tempos, periodicamente os

---

* Situação de mercado em que o preço das ações ou das commodities no mercado futuro começa a subir e os investidores que venderam a descoberto, num aperto financeiro, são forçados a cobrir (cover) suas posições vendidas (shorts) para evitar ou reduzir maiores prejuízos. (N. T.)

insiders costumavam ganhar rios de dinheiro às custas dos operadores vendidos a descoberto e seus temores, cuidadosamente fomentados, de corners e squeezes.

Obviamente, a coisa a fazer era ser um touro otimista em um mercado altista e um urso baixista em um mercado em queda. Parece bobo, não é? Mas tive que entender bem esse princípio geral antes de ver que colocá-lo em prática realmente significava antecipar probabilidades. Demorei um bocado de tempo para aprender a negociar nesses moldes. Mas, para fazer justiça a mim mesmo, devo lembrar que até então eu nunca havia tido um montante suficientemente polpudo para especular dessa forma. Um grande sobe e desce do mercado significará dinheiro graúdo se você tiver um grande lote de ações, e para ser capaz de movimentar um lote volumoso você precisa ter um saldo na sua conta na corretora.

Sempre tive — ou achei que tivesse — que ganhar meu pão de cada dia no mercado de ações. Isso interferia em meus esforços no sentido de aumentar o montante de dinheiro disponível para o método de negociação — mais lucrativo, porém mais lento e, portanto, mais imediatamente custoso — de compra e venda de ativos com base nas flutuações de preços.

Agora, contudo, não só minha confiança em mim mesmo ficou mais forte como meus corretores pararam de pensar em mim como um "Menino Especulador" esporadicamente sortudo. Graças a minhas operações eles ganharam muito dinheiro em comissões, mas agora eu estava no caminho certo para me tornar seu "cliente-estrela" e, como tal, angariar um valor que ia além do volume real de minhas negociações. Um cliente que ganha dinheiro é um ativo para qualquer corretora.

No momento em que parei de me dar por satisfeito com o mero estudo da fita impressa de cotações, deixei de me preocupar exclusivamente com as flutuações diárias em ações específicas, então simplesmente tive que estudar o jogo a partir de um ângulo diferente. Trabalhei em sentido inverso, da cotação aos princípios iniciais, das flutuações de preços às condições básicas.

É claro que passei muito tempo lendo diariamente a lista de informações e estatísticas. Todos os traders fazem isso. Mas boa parte não passava de fofocas, algumas delas deliberadamente espúrias, e o restante não ia além da opinião pessoal de quem as elaborava. Mesmo quando diziam respeito às condições subjacentes, as avaliações semanais respeitáveis não eram inteiramente satisfatórias para mim. Via de regra, o ponto de vista dos editores financeiros não correspondia ao meu. Para eles não era uma questão fundamental organizar seus fatos e delinear suas conclusões a partir dos fatos, mas para mim era. Também havia uma vasta diferença em nossa avaliação do elemento tempo. Para mim a análise da semana que tinha passado era menos importante do que a previsão das semanas que estavam por vir.

Durante anos fui vítima de uma infeliz combinação de inexperiência, juventude e insuficiência de capital. Mas agora sentia a euforia de um descobridor. Minha nova atitude em relação ao jogo explicava meus repetidos fracassos nas tentativas de ganhar dinheiro graúdo em Nova York. Com os recursos, a experiência e a confiança adequados, eu estava com tanta pressa para experimentar a nova chave que não percebi que a fechadura na porta era outra: a fechadura do tempo! Foi um descuido perfeitamente natural. Tive de passar pela provação costumeira: uma boa pancada para cada passo em frente.

Estudei a situação em 1906 e concluí que o panorama monetário era especialmente grave. Boa parte da riqueza real do mundo havia sido destruída. Mais cedo ou mais tarde todos passariam por apuros e, portanto, ninguém estaria em posição de ajudar ninguém. Não seria o tipo de dificuldade que resulta da troca de uma casa que vale 10 mil dólares por um caminhão cheio de cavalos de corrida no valor de 8 mil dólares. Era a destruição completa da casa em um incêndio e a morte da maior parte dos cavalos em um desastre de trem. Uma fortuna em dinheiro vivo virou fumaça de canhão na Guerra dos Bôeres, e os milhões gastos para alimentar soldados improdutivos na África do Sul significavam a interrupção da ajuda anterior de investidores britânicos. Ademais, o terremoto e o incêndio em São Francisco e outros desastres afetaram a todos: industriais, fazendeiros, comerciantes, trabalhadores e milionários. As ferrovias sofreriam tremendamente. Imaginei que nada seria capaz de impedir a quebradeira geral. Sendo esse o caso, só havia uma coisa a fazer: vender ações!

Eu disse ao leitor que já havia observado que minha transação inicial, depois de eu decidir qual caminho minha operação trilharia, estava apta a me render lucro. Agora, quando decidi vender, especulei. Uma vez que, sem dúvida, estávamos entrando em um genuíno mercado de baixa, eu tinha certeza de que faria a maior matança da minha carreira, um ganho estrondoso.

O mercado despencou. Depois voltou. Teve uma redução e em seguida começou a avançar de forma constante. Meus lucros no papel desapareceram e minhas perdas no papel aumentaram. Um dia, tive a impressão de que não sobraria nenhum urso baixista para contar a história do estritamente genuíno mercado de urso em queda. Não aguentei o tranco. Cobri. Foi melhor assim. Se eu não tivesse liquidado, não restaria o suficiente nem para comprar um cartão-postal. Arrancaram quase toda a minha pelagem, mas era melhor sobreviver para lutar outro dia.

Cometi um erro. Mas onde? Fui um urso pessimista e vendi em um mercado de urso em queda. Isso era sensato. Eu tinha vendido ações a descoberto. Isso era apropriado. Vendi cedo demais. Isso custou caro. Minha posição estava certa, mas meu jogo estava errado. No entanto, a cada dia o mercado rumava para mais perto da inevitável quebra. Então esperei, e, quando o rali começou a vacilar e fez uma pausa, deixei que abocanhassem ações, tantas quanto minhas lamentavelmente diminuídas margens permitiam. Eu estava certo desta vez — durante exatamente um dia inteiro, pois no dia seguinte houve outra alta de recuperação e mais uma grande mordida no capital deste que vos fala! Aí li a fita impressa de cotações, cobri minhas posições vendidas e esperei. No momento devido, vendi novamente, e mais uma vez os preços das ações caíram de forma promissora para, em seguida, rudemente, se revigorarem.

Parecia que o mercado estava fazendo de tudo para me obrigar a voltar às minhas velhas e simples maneiras de negociar nas bucket shops. Foi a primeira vez que trabalhei com um plano definitivo, voltado para o futuro e abrangendo todo o mercado em vez de uma ou duas ações. Achei que, se resistisse, ganharia. Claro, naquela época eu não tinha desenvolvido meu sistema de fazer apostas, ou teria colocado meu lote em um mercado em declínio, como expliquei da última vez. Aí não teria perdido tanto da minha margem. Teria estado errado, mas sem prejuízos. Veja, observei certos fatos, mas não aprendi a coordená-los. Minha observação incompleta não só não ajudou como me atrapalhou.

Sempre achei proveitoso estudar meus erros. Assim, acabei descobrindo que tudo bem não perder sua posição de urso baixista em um mercado em queda, mas que em todos os momentos a fita impressa de cotações deve ser lida para determinar o momento propício de operar. Se você começar certo, não verá sua posição lucrativa sofrer ameaças sérias e descobrirá que não há problema nenhum em ficar quietinho e esperar.

Claro que hoje tenho mais confiança na precisão das minhas observações, nas quais nem esperanças nem passatempos desempenham qualquer papel relevante. Também tenho maiores facilidades para checar meus fatos, bem como para testar de variadas maneiras a exatidão de minhas opiniões. Mas em 1906 a sucessão de ralis do mercado prejudicou perigosamente minhas margens.

Eu tinha quase 27 anos. Já estava no jogo havia doze anos. Mas, na primeira vez que negociei por causa de uma crise ainda por vir, descobri que vinha usando um telescópio. Entre meu primeiro vislumbre da nuvem de tempestade e o momento de embolsar o dinheiro na grande quebra, o intervalo de tempo que transcorreu foi evidentemente muito maior do que pensei, a ponto de eu começar a me perguntar se realmente vi o que julguei ter visto com tanta clareza. Tivemos muitos avisos e sensacionais aumentos nas taxas de crédito. Ainda assim, alguns dos grandes financistas falavam com esperança — pelo menos para os repórteres dos jornais — e as subidas que se seguiram no mercado de ações desmentiam os arautos da calamidade. Eu estava fundamentalmente errado em ser pessimista ou apenas temporariamente errado por ter começado a vender a descoberto muito cedo?

Concluí que tinha começado cedo demais, mas que na verdade não podia evitar. Ato contínuo, o mercado começou a vender. Essa foi minha oportunidade. Vendi tudo o que podia, e então as ações se recuperaram novamente e subiram a um nível bastante alto.

Isso me limpou.

Lá estava eu, certo e falido!

Foi extraordinário, estou dizendo! O que aconteceu foi o seguinte: olhei à frente e vi uma grande pilha de dólares. No meio da pilha, destacava-se uma placa em que se lia "SIRVA-SE À VONTADE", em letras garrafais. Ao lado, um carrinho com "Empresa de Tratores Lawrence Livingston" pintada na lateral. Eu segurava na mão uma pá nova em folha. Não havia vivalma à vista, de modo que eu não tinha concorrentes na escavação de ouro, e é uma beleza ver uma montanha de dólares antes de todo mundo. As pessoas que poderiam ter visto se tivessem parado para olhar estavam, naquele momento, assistindo a partidas de beisebol, passeando de carro ou comprando casas a serem pagas com os mesmos dólares que eu estava vendo. Era a primeira vez que eu via tamanha dinheirama na minha frente, e, naturalmente, comecei a correr na direção dela. Antes que pudesse chegar à pilha de dólares, perdi o fôlego e caí estatelado no chão. A pilha de dólares ainda estava lá, mas eu havia perdido a pá e o carrinho sumira. Era o preço por sair correndo antes da hora! Eu estava ansioso demais para provar a mim mesmo que tinha visto dólares reais e não uma miragem. Eu vira e sabia que vira. Pensar na recompensa por minha excelente visão me impediu de levar em consideração a distância até o monte de dólares. Eu deveria ter andado em vez de corrido.

Foi isso que aconteceu. Não esperei para determinar se era ou não o momento certo para especular do lado do urso baixista e vendedor. Na ocasião em que eu deveria ter invocado a ajuda da minha leitura da fita impressa de cotações, não fiz isso. Foi assim que aprendi que, mesmo quando alguém é apropriadamente pessimista e baixista no início de uma baixa do mercado, é bom não começar a vender a granel até que não haja perigo de que o tiro saia pela culatra.

Passei anos negociando muitos milhares de ações no escritório da Harding. A empresa tinha confiança em mim e nossas relações eram das mais agradáveis. Acho que sentiram que eu estava fadado a ter razão novamente muito em breve e sabiam que, com meu hábito de abusar da sorte, tudo de que eu precisava era um ímpeto inicial para começar e, em pouco tempo, mais do que recuperaria tudo o que havia perdido. Ganharam muito dinheiro por meio das minhas operações, e ganhariam ainda mais. Portanto, não havia nenhum problema em negociar lá novamente, enquanto meu crédito estivesse alto.

A sucessão de surras que levei me tornou menos agressivo e presunçoso. Talvez eu deva dizer menos descuidado, pois claro que eu sabia que estava muito mais perto da bancarrota. Tudo o que podia fazer era esperar com atenção, o que deveria ter feito antes de sair especulando. Não era o caso de trancar as portas do estábulo depois que o cavalo tinha sido roubado. Da próxima vez que eu tentasse, simplesmente precisava ter certeza. Se um homem não cometesse erros, em apenas um mês conquistaria o mundo inteiro. Porém, se não lucrasse com seus erros, não teria nada.

Bem, uma bela manhã, mais uma vez cheguei ao centro da cidade com toda a confiança do mundo. Daquela vez não havia dúvidas. Eu havia lido um anúncio nas páginas de finanças de todos os jornais que era o evidente sinal que não tivera o bom senso de esperar antes de sair especulando. Refiro-me ao anúncio de uma nova emissão de ações pelas companhias ferroviárias Northern Pacific e Great Northern. Os pagamentos seriam feitos em um plano de parcelas, de acordo com a conveniência dos acionistas. Essa consideração era algo novo em Wall Street. Pareceu-me mais do que agourenta.

Durante anos, o infalível item altista das ações preferenciais da Great Northern era o anúncio de outra bolada a ser dividida, a bolada em questão consistindo no direito dos sortudos acionistas de subscrever ao par* para uma nova emissão de lotes de ações da Great Northern. Esses direitos eram valiosos, uma vez que o preço de mercado estava sempre acima do par. Mas agora a situação do mercado financeiro era tal que a maior parte dos bancos mais poderosos do país não tinha tanta certeza de que os acionistas seriam capazes de pagar à vista pela pechincha. E a Great Northern preferencial estava sendo vendida a cerca de 330!

Assim que cheguei ao escritório, disse a Ed Harding: "A hora de vender é agora. É quando eu deveria ter começado. Dê uma olhada naquele anúncio, por favor!".

Ele já tinha visto o tal anúncio. Apontei qual era, na minha opinião,

---

* Ou seja, a um preço igual ao valor nominal do título. (N. T.)

o significado da confissão dos banqueiros, mas ele não conseguia enxergar o grande desastre que pairava bem acima da nossa cabeça. Achou melhor esperar antes de lançar para venda um lote muito grande, em razão do hábito do mercado de ter grandes recuperações. Se eu esperasse, os preços poderiam ser menores, mas a operação seria mais segura.

Argumentei: "Ed, quanto maior o atraso para iniciar, mais acentuada será a queda quando começar. Esse anúncio é uma confissão assinada por parte dos banqueiros. O que eles temem é o que eu espero. É um sinal para que subamos a bordo do vagão dos ursos vendedores. É tudo de que precisamos. Se eu tivesse 10 milhões de dólares, apostaria cada centavo neste minuto".

Tive que discursar e argumentar mais um pouco. Ele não estava contente com as únicas inferências que um homem são poderia fazer a partir daquele inacreditável anúncio. Para mim era o suficiente, mas não para a maioria das pessoas no escritório. Vendi um pouco, bem pouco.

Poucos dias depois, a St. Paul muito gentilmente anunciou seu próprio lote de ações ou debêntures, não me lembro. Mas isso não importa. O importante é que notei, no momento em que li, que a data de pagamento estava estipulada para antes dos pagamentos da Great Northern e da North Pacific, que tinham sido anunciados anteriormente. Ficou muito claro, como se tivessem usado um megafone, que a boa e velha St. Paul estava tentando engolir as duas companhias ferroviárias com o pouco dinheiro em circulação em Wall Street. Os banqueiros da St. Paul obviamente temiam que não houvesse o suficiente para todas as três e não estavam dizendo: "Primeiro você, minha cara!". Se o dinheiro já estava tão escasso agora — e pode apostar que os banqueiros sabiam —, o que aconteceria depois? As ferrovias precisavam desesperadamente de dinheiro. Não havia. Qual era a solução?

Vender! Claro! O público, com os olhos fixos no mercado de ações, viu pouco — naquela semana. Os especuladores financeiros espertos viram muito — naquele ano. Essa foi a diferença.

Para mim, foi o fim das dúvidas e hesitações. Tomei uma decisão de uma vez por todas. Nessa mesma manhã comecei o que realmente veio a ser minha primeira campanha nos moldes que tenho seguido desde então. Eu disse a Harding o que pensava e qual era minha posição, e ele não fez objeções à minha venda de ações preferenciais da Great Northern em torno de 330, e outras ações a preços elevados. Lucrei com meus dispendiosos erros anteriores e vendi de forma mais inteligente.

Minha reputação e meu crédito foram restabelecidos em um piscar de olhos. Essa é a beleza de estar certo no escritório de uma corretora, seja por acidente ou não. Mas dessa vez eu estava absolutamente certo, não por causa de uma intuição ou de uma habilidosa leitura da fita impressa de cotações, mas como resultado de minha análise das condições que afetavam o mercado de ações em geral. Eu não estava fazendo conjecturas. Estava antecipando a conjuntura inevitável. Não precisei criar coragem para vender ações. Simplesmente não conseguia ver nada além de preços mais baixos, e tive que agir com base nisso, não? O que mais poderia fazer?

A lista inteira de ações foi uma moleza. Pouco depois houve uma rápida recuperação, e as pessoas vieram falar comigo para me avisar que havíamos chegado ao fim do declínio. Os peixes graúdos, sabendo que a quantidade de posições curtas em aberto seria enorme, tinham decidido arrancar o couro dos ursos, e assim por diante. Isso faria com que nós, os ursos pessimistas, recuássemos alguns milhões. Era barbada apostar que os investidores graúdos não teriam um pingo de misericórdia. Eu costumava agradecer a esses gentis conselheiros. E nem sequer ia discutir, porque aí teriam pensado que eu não estava grato pelos avisos.

O amigo que tinha ido para Atlantic City comigo estava em agonia. Ele podia entender o palpite que foi seguido pelo terremoto. Não conseguia deixar de acreditar nessas operações, já que eu tinha ganhado 250 mil obedecendo de forma inteligente ao meu impulso cego de vender ações da Union Pacific. Chegou a dizer que era a Providência trabalhando à sua misteriosa maneira para me fazer vender ações quando ele próprio estava otimista numa alta. E conseguia entender minha segunda leva de transações da UP em Saratoga, porque compreendia qualquer negócio que envolvesse uma ação em que a dica definia peremptoriamente e com antecedência o movimento para cima ou para baixo. Mas essa coisa de prever que todas as ações estavam fadadas a cair costumava irritá-lo. Que benefício esse tipo de informação trazia a quem quer que fosse? Com mil diabos, como era possível que um cavalheiro dissesse aos outros o que fazer?

Eu me lembrei do comentário favorito do velho Partridge, "Bem, você sabe, o mercado está em viés de alta!", como se isso fosse uma dica suficiente para qualquer um minimamente esperto; e era mesmo. Era muito curioso como, depois de sofrer perdas tremendas com uma queda de quinze ou vinte pontos, as pessoas que ainda estavam segurando as pontas recebiam de bom grado um movimento de alta de três pontos e tinham a convicção de que haviam chegado ao fundo do poço e iniciado a completa recuperação.

Um dia meu amigo veio falar comigo e me perguntou: "Vendeu?".

"Por que deveria?", respondi perguntando.

"Pela melhor razão do mundo."

"Que razão é essa?"

"Ganhar dinheiro. Eles chegaram ao fundo, e tudo o que desce deve subir. Não é mesmo?"

"Sim", respondi. "Primeiro as coisas afundam. Depois sobem, mas não imediatamente. Têm que permanecer mortas e enterradas por alguns dias. Não é hora de esses cadáveres subirem à superfície. Ainda não estão mortos."

Um veterano entreouviu a conversa. Era um daqueles caras que sempre se lembravam de alguma coisa. Ele disse que William R. Travers,* que era um urso baixista, certa vez encontrou um amigo que estava na fase de touro altista. Trocaram opiniões sobre o mercado e o amigo disse: "Sr. Travers, como pode estar pessimista com o mercado tão rígido?".

Ao que Travers respondeu: "Sim! A r-r-rigidez da m-morte!".

Travers foi ao escritório de uma empresa e pediu permissão para ver os livros contábeis. O funcionário lhe perguntou: "O senhor tem participação nesta empresa?".

Travers respondeu: "Eu diria que sim! Es-estou vendido em vi-vinte mil ações!".

---

* William Riggin Travers (1819-87), advogado e bon-vivant que fez fortuna em Wall Street. (N. T.)

Bem, os ralis de recuperação foram ficando cada vez mais minguados. Eu estava abusando da minha sorte, forçando a barra com todas as minhas forças. Cada vez que vendia alguns milhares de ações preferenciais da Great Northern, o preço caía vários pontos. Eu sondava os pontos fracos por toda parte e deixava que abocanhassem algumas ações. Todas desmoronaram, com uma exceção impressionante: a Reading.

Quando todo o resto despencou ladeira abaixo, a Reading permaneceu firme e forte feito o rochedo de Gibraltar. Todo mundo disse que a ação estava encurralada num corner. Certamente se comportava como tal. Disseram-me que vender a Reading a descoberto era puro suicídio. Havia pessoas no escritório que agora eram ursos baixistas em tudo, como eu. Mas, quando alguém sugeria vender a Reading, guinchavam de medo e pediam ajuda. Eu mesmo tinha vendido algumas ações a descoberto e permaneci irredutível na minha posição. Ao mesmo tempo, naturalmente preferia procurar e acertar os pontos fracos em vez de atacar as especialidades mais fortemente protegidas. Minha leitura da fita impressa de cotações encontrava dinheiro mais fácil para mim em outras ações.

Ouvi um bocado de coisas sobre o pool dos touros* da Reading. Era um grupo poderoso. Para começar, tinham uma carteira de ações de baixo preço, de modo que sua média era efetivamente inferior ao nível predominante no mercado, de acordo com o que meus amigos me contaram. Além disso, os principais membros do pool tinham ligações estreitas e das mais amigáveis com os bancos cujo dinheiro estavam usando para carregar seus enormes ativos da Reading. Enquanto o preço permanecesse alto, a amizade dos banqueiros se manteria firme e leal. O lucro no papel de um dos membros do pool ultrapassava os 3 milhões. Isso permitia algum declínio sem causar fatalidades. Não admira que a ação tenha subido e afrontado os ursos baixistas. Vez por outra os operadores do pregão olhavam para os preços, lambiam

---

* Pool dos touros altistas, grupo formalmente organizado para forçar a alta dos preços das ações (prática considerada ilegal); em oposição ao bear pool (pool dos ursos baixistas), grupo formalmente organizado para provocar a baixa de cotações, sistema geralmente proibido. (N. T.)

os beiços e começavam a testá-los com mil ou 2 mil ações. Não conseguiam desalojar uma ação, então encerravam a posição e iam procurar dinheiro mais fácil em outro lugar. Sempre que eu olhava para o preço, também vendia um pouco mais, apenas o suficiente para me convencer de que estava sendo fiel a meus novos princípios de negociação e não estava favorecendo ninguém.

Antigamente, a força da Reading poderia ter me enganado. A fita impressa de cotações continuava dizendo: "Deixe isso para lá!". Mas minha razão me dizia outra coisa. Eu estava antecipando uma quebradeira geral, e não haveria exceções, com pool ou sem pool.

Sempre joguei sozinho. Comecei dessa maneira nas bucket shops e continuei dessa maneira. É assim que minha mente funciona. Tenho que construir minha própria visão e meu próprio raciocínio. Mas posso dizer que, depois que o mercado começou a andar do jeito que eu esperava, senti pela primeira vez na vida que eu tinha aliados — os mais fortes e verdadeiros do mundo: as condições subjacentes. Estavam me ajudando com todo o seu poderio. Talvez às vezes fossem um pouco lentas para aumentar as reservas, mas eram confiáveis, contanto que eu não ficasse muito impaciente. Eu não estava colocando meu talento para ler fitas impressas de cotações ou meus palpites para brigar contra o acaso. A inexorável lógica dos eventos estava ganhando dinheiro para mim.

A questão era estar certo; saber e agir da forma adequada. As condições gerais do mercado, meus verdadeiros aliados, diziam "Caia!", e a Reading ignorava essa ordem. Era um insulto para nós. Começou a me incomodar ver a Reading se mantendo firme, como se tudo estivesse sossegado. Deveria ser a melhor venda a descoberto de toda a lista, porque não tinha afundado e o pool estava carregando uma quantidade de ações que não seria capaz de carregar quando a escassez de dinheiro ficasse mais evidente. Algum dia os amigos dos banqueiros não se sairiam melhor do que o público sem amigos. A ação deve acompanhar as outras. Se a Reading não abaixasse, seria uma prova de que minha teoria estava errada, eu estava errado, os fatos estavam errados, a lógica estava errada.

Imaginei que o preço se mantinha porque Wall Street estava com medo de vender. Então, um dia, dei a dois corretores uma ordem de venda de 4 mil ações cada ao mesmo tempo. Você precisava ter visto aquela ação de corner, cuja venda a descoberto era suicídio líquido e certo, dar um mergulho de cabeça quando as ordens concorrentes a atingiram. Deixei que comprassem mais alguns milhares. O preço estava em 111 quando comecei a vender. Em poucos minutos, comprei de volta todo o meu lote a 92.

Eu me diverti à beça depois disso, e em fevereiro de 1907 tirei o time de campo. A ação preferencial da Great Northern tinha caído sessenta ou setenta pontos, e outras ações caíram nessa mesma proporção. Eu tinha lucrado um bom dinheiro, mas a razão pela qual saí do mercado foi que descobri que o declínio havia descartado o futuro imediato. Esperava uma recuperação razoável, mas não fui otimista o suficiente para acreditar na alta a ponto de apostar numa virada. Eu não perderia minha posição inteiramente. Por algum tempo o mercado não seria o ideal para minhas transações. Perdi os primeiros 10 mil dólares que ganhei nas bucket shops porque negociei a torto e a direito, todos os dias, sob as condições certas e erradas. Eu não cometeria esse erro duas vezes. Além do mais, não se esqueça de que eu tinha ido à falência pouco tempo antes porque antevi a quebra cedo demais e comecei a vender antes da hora. Agora, quando obtinha um grande lucro, queria liquidar minhas posições e sair de cena, para que pudesse sentir que estava certo. Os ralis já haviam me levado à bancarrota antes. Eu não deixaria a próxima recuperação me destruir. Em vez de ficar esperando de braços cruzados, fui para a Flórida. Adoro pescar e precisava de um descanso. Lá eu poderia fazer as duas coisas. Além disso, existiam linhas telegráficas diretas entre Wall Street e Palm Beach.

9

VIAJEI SEM DESTINO PELO LITORAL DA FLÓRIDA. A pescaria estava boa. Eu não tinha ações. Minha mente estava sossegada. Eu me diverti à beça. Um dia, ao largo de Palm Beach, alguns amigos apareceram em uma lancha. Um deles trouxe consigo um jornal. Fazia dias que eu não folheava um e não sentia a menor vontade. Não estava interessado em nenhuma notícia que um jornal pudesse publicar. Mas dei uma rápida olhada naquele que meu amigo trouxe para o iate e vi que o mercado tivera uma grande recuperação: um rali de mais de 10 pontos.

Eu disse a meus amigos que desembarcaria em terra firme com eles. Altas moderadas de tempos em tempos eram razoáveis. Mas o mercado baixista ainda não tinha acabado, e lá estavam Wall Street ou o público tolo ou desesperados interesses altistas ignorando as condições monetárias e definindo uma alta dos preços além dos limites da razão, ou deixando outra pessoa fazer isso. Era demais para mim. Eu simplesmente precisava dar uma olhada no mercado. Não sabia o que poderia ou não fazer. Mas sabia da necessidade urgente de dar uma espiada no quadro de cotações.

Minha corretora, a Harding Brothers, tinha uma filial em Palm Beach. Quando entrei lá, encontrei muitos caras que eu conhecia. A maioria falava com otimismo, acreditando numa alta. Eram do tipo que negocia com base na fita impressa de cotações e deseja uma ação rápida. Esses traders não se importam em olhar muito à frente porque, com seu estilo de jogo, não precisam disso. Já contei como fiquei conhecido no escritório de Nova York como o "Menino Especulador". É claro que as pessoas sempre exageram os ganhos de um colega e o tamanho do lote que ele movimenta. Os companheiros no escritório tinham ouvido dizer que fiz um massacre e ganhei uma fortuna em Nova York do lado dos ursos baixistas, e agora esperavam que eu especulasse no lado vendido de novo. Eles próprios pensavam que o rali iria muito mais longe, mas sobretudo consideravam que era meu dever combater o movimento de alta.

Fui à Flórida para uma viagem de pescaria. Tinha passado por uma tensão severa e precisava de férias. Mas no momento em que vi até onde tinha ido a recuperação dos preços, já não senti mais a necessidade de descanso. Eu não tinha pensado exatamente no que faria quando pisasse em terra firme. Mas agora sabia que precisava vender ações. Eu estava certo, e tinha que provar isso à minha velha e única maneira: com dinheiro. Vender a lista geral de ações da bolsa seria um procedimento adequado, prudente, lucrativo e até patriótico.

A primeira coisa que vi no quadro de cotações foi que a Anaconda estava a ponto de ultrapassar a marca dos trezentos. Subia aos trancos e barrancos, e aparentemente havia uma agressiva e altista pressão compradora. Segundo minha velha teoria de negociações no mercado, quando uma ação ultrapassa os cem, duzentos ou trezentos pela primeira vez, o preço não para por aí, mas continua subindo um bom tanto, de modo que se a comprar assim que cruza a linha é quase certo que ela lhe dará lucro. Pessoas tímidas não gostam de comprar uma ação em um novo recorde de alta. Mas eu tinha o histórico desses movimentos para me nortear.

A Anaconda era apenas uma ação de 0,25, ou seja, uma ação cujo valor unitário ao par era de 25 dólares. Eram necessárias quatrocentas ações dessas para igualar os lotes usuais de cem ações de outros papéis, cujo valor nominal era de cem dólares. Calculei que, quando ultrapassasse trezentos, deveria continuar em alta e provavelmente chegaria a 340 num piscar de olhos.

Eu estava pessimista e apostando na queda, lembre-se, mas também era um operador que agia conforme a leitura das fitas impressas de cotação. Sabia que se a Anaconda se comportasse do jeito que eu imaginava mostraria movimentos muito rápidos. Tudo o que se move rapidamente sempre me atrai. Aprendi a ser paciente e aguentar firme, mas minha preferência pessoal é por movimentos velozes, e sem dúvida a Anaconda não era nem um pouco preguiçosa. O que motivou minha compra, depois que ela ultrapassou os trezentos, foi o desejo, sempre forte em mim, de confirmar minhas observações.

Naquele exato momento a fita dizia que a compra era mais forte do que a venda e, portanto, a recuperação geral poderia facilmente ir um pouco mais longe. Seria prudente esperar antes de operar vendido. Ainda assim, eu poderia pagar a mim mesmo um salário por esperar. Isso seria feito com um rápido ganho de trinta pontos com a Anaconda. Um urso baixista em todo o mercado e um touro altista nessa ação específica! Então comprei 32 mil ações da Anaconda, ou seja, 8 mil ações inteiras. Era uma investida arriscada, mas eu tinha certeza das minhas premissas e imaginava que o lucro ajudaria a aumentar a margem disponível para operações de venda mais tarde.

No dia seguinte, os fios do telégrafo caíram por causa de uma tempestade no norte ou algo do gênero. Eu estava no escritório da Harding à espera de notícias. A multidão estava batendo papo e imaginando todo tipo de coisa, como os corretores de ações costumam fazer quando não podem negociar. Então recebemos uma cotação, a única naquele dia: Anaconda, 292.

Havia um cara comigo, um corretor que conheci em Nova York. Ele sabia que eu estava comprado em 8 mil ações integrais, e suspeito que ele também tinha algumas, pois quando recebemos aquela cotação certamente teve um ataque de nervos. Ele não tinha como saber se naquele momento a ação tinha caído mais dez pontos ou não. Do jeito que a Anaconda tinha subido, não teria sido nada incomum se caísse vinte pontos. Mas eu disse a ele: "Não se preocupe, John. Amanhã vai ficar tudo bem". Era realmente o que eu pensava. Mas ele olhou para mim e balançou a cabeça. Tinha discernimento. Era desse tipo. Então eu ri, e fiquei esperando no escritório, para o caso de alguma cotação pingar pela máquina. Mas não, senhor. Foi a única que recebemos: Anaconda. Significou para mim uma perda no papel de quase 100 mil dólares. Eu queria ação imediata. Bem, estava conseguindo o que queria.

No dia seguinte, as linhas telegráficas voltaram a funcionar e recebemos as cotações como de praxe. A Anaconda abriu a 298 e subiu para 302,75, mas logo começou a definhar. Além disso, o restante do mercado não estava se comportando da maneira apropriada para um novo rali. Eu me convenci de que se a Anaconda recuasse para 301 eu deveria considerar a coisa toda uma farsa. Num avanço legítimo, o preço deveria ter ido para 310 sem parar. Se, em vez disso, reagisse para baixo, significava que os antecedentes tinham me deixado na mão e eu estava errado — e a única coisa a fazer quando se está errado é estar certo deixando de estar errado. Eu tinha comprado 8 mil ações inteiras, na expectativa de uma alta de trinta ou quarenta pontos. Não seria meu primeiro erro, tampouco o último.

Como era de esperar, a Anaconda caiu de novo, para 301. No momento em que chegou a esse patamar, fui sorrateiramente falar com o operador de telégrafo — eles tinham uma linha direta com o escritório de Nova York — e lhe disse: "Venda todas as minhas Anaconda, 8 mil ações inteiras". Falei em voz baixa, porque não queria que ninguém mais soubesse o que eu estava fazendo.

Ele olhou para mim quase horrorizado. Mas balancei a cabeça e disse: "Tudo o que eu tenho!".

"Certamente o senhor não quis dizer no mercado, não é mesmo?", perguntou-me, e parecia que ia perder alguns milhões de seu próprio dinheiro por conta da execução capenga de um corretor descuidado.

Eu disse apenas: "Venda! Não discuta!".

Os dois irmãos Black, Jim e Ollie, estavam no escritório, mas a uma distância em que não podiam ouvir minha conversa com o operador de telégrafo. Os dois eram grandes traders que vieram originalmente de Chicago, onde ganharam fama como especuladores de trigo; agora investiam pesado na Bolsa de Valores de Nova York. Eram muito ricos e grandes apostadores.

Quando deixei o operador de telégrafo para voltar ao meu assento na frente do quadro de cotações, Oliver Black acenou para mim e sorriu.

"Você vai se arrepender, Larry", disse ele.

Parei e perguntei: "O que você quer dizer?".

"Amanhã você vai comprar de volta."

"Comprar o que de volta?" Eu não dissera nada a ninguém, exceto ao operador de telégrafo.

"Anaconda", disse ele. "Você vai pagar 320. Não foi uma boa jogada, Larry." Sorriu de novo.

Dei uma de inocente: "O que não foi?".

"Vender suas 8 mil da Anaconda no mercado. Na verdade, insistir nisso", disse Ollie Black.

Eu sabia que ele tinha fama de ser muito inteligente e sempre negociava com base em informações privilegiadas. Mas como tomara conhecimento da minha transação com tanta precisão? Era algo que estava além da minha compreensão. Eu tinha certeza de que o escritório não havia me delatado.

"Ollie, como é que você sabe disso?", perguntei a ele.

Ele riu e me disse: "Pelo Charlie Kratzer". Era o operador de telégrafo.

"Mas ele não saiu do lugar", aleguei.

"Não consegui ouvir vocês dois cochichando." Ollie riu. "Mas ouvi cada palavra da mensagem que ele enviou ao escritório de Nova York para você. Aprendi telegrafia anos atrás, depois que tive uma briga feia por causa de um erro numa mensagem. Desde então, quando faço o que você fez agora, dar uma ordem pessoalmente a um operador, me asseguro de que ele envia a mensagem exatamente como instruí. Sei o que o cara envia em meu nome. Você vai se arrepender de ter vendido a Anaconda. Ela vai para quinhentos."

"Não desta vez, Ollie", eu disse.

Ele me encarou e disse: "Você está muito convencido disso".

"Eu, não. A fita", rebati. Não havia nenhuma máquina impressora de cotações lá, portanto não havia fita impressa nenhuma. Mas ele entendeu o que eu queria dizer.

"Já ouvi falar desses caras", disse ele, "que olham para a fita e em vez de enxergar os preços veem uma tabela de horários da estação ferroviária, marcando as chegadas e partidas das ações. Mas eles estavam trancafiados em celas acolchoadas de manicômios, onde não podiam se machucar."

Não respondi, porque nesse momento o menino veio me trazer um memorando. Tinham vendido 5 mil ações a 299,75. Eu sabia que nossas cotações estavam um pouco aquém do mercado. O preço no quadro de cotações em Palm Beach quando dei ao operador a ordem de venda era 301! Era tão sólida a minha certeza de que naquele exato momento o preço pelo qual a ação estava sendo efetivamente vendida na Bolsa de Valores de Nova York era menor que, se alguém tivesse oferecido 296 para tomar das minhas mãos a ação, eu teria aceitado, saltitante de alegria. O que aconteceu mostra que estou certo em jamais negociar nos limites. Suponha que eu tenha limitado meu preço de venda a trezentos. Nunca teria conseguido sair da minha posição. Quando você quiser sair, saia.

Agora, minha ação me custou cerca de trezentos. Eles se livraram de um lote de quinhentas ações — ações inteiras, é claro — a 299,75. O lote seguinte de mil ações eles venderam a 299,625. Em seguida, mais cem a 299,50; outras duzentas a 299,375 e duzentas a 299,25. As últimas saíram a 298,75. O operador do pregão mais esperto da Harding demorou quinze minutos para se livrar daquelas últimas cem ações. Não queriam escancarar a coisa toda.

No momento em que recebi o relatório da venda das minhas últimas ações compradas na expectativa de alta, comecei a fazer o que eu realmente tinha desembarcado para fazer, isto é, vender ações. Simplesmente tinha que fazer isso. Lá estava o mercado, após sua ultrajante recuperação, implorando para ser vendido. Ora, as pessoas estavam começando a apostar em uma nova retomada. Os rumos do mercado, no entanto, me diziam que o rali já havia chegado ao fim. Era seguro vender. Não exigia reflexões.

No dia seguinte, a Anaconda abriu abaixo de 296. Oliver Black, que estava esperando por uma nova alta de recuperação, tinha descido cedo porque queria estar a postos quando a ação ultrapassasse os 320. Não sei em que quantidade de ações ele estava comprado ou se de fato tinha comprado ações. Mas ele não riu ao ver os preços de abertura, nem horas mais tarde, quando o preço da ação desabou ainda mais e recebemos o relatório em Palm Beach apontando que não havia mercado para aquela ação.

Claro que essa era toda a confirmação de que qualquer homem precisava. Meu crescente lucro no papel insistia em me lembrar de que eu estava certo, hora a hora. Naturalmente, vendi mais algumas ações. Tudo! Era um mercado de urso baixista. Estava tudo em queda. O dia seguinte era sexta-feira, aniversário de Washington. Eu não poderia ficar na Flórida e pescar porque tinha lançado um lote de bom tamanho para mim. Era necessário em Nova York. Quem precisava de mim? Eu mesmo! Palm Beach era longe demais, remota demais. Perdia-se muito tempo valioso naquele vaivém de mensagens telegráficas.

Deixei Palm Beach rumo a Nova York. Na segunda-feira tive que ficar em St. Augustine por três horas, esperando o trem. Uma corretora possuía escritório lá, e naturalmente tive que ver como o mercado estava se comportando enquanto eu aguardava. A Anaconda caiu vários pontos desde o último dia de transações. Na verdade, não parou de descer até a grande queda naquele outono.

Cheguei a Nova York e negociei no lado do urso baixista, vendendo por cerca de quatro meses. O mercado teve altas frequentes como antes, e permaneci me alternando entre liquidar minhas posições e colocar ações à venda de novo. Estritamente falando, não fiquei sentado de braços cruzados. Lembre-se, eu tinha perdido até o último centavo dos 300 mil dólares que ganhei com a baixa ocasionada pelo terremoto de São Francisco. Estava certo, mas mesmo assim falido. Agora, joguei pelo seguro ... porque, depois de beijar a lona, um homem gosta de estar por cima, mesmo que não chegue ao topo. A maneira de ganhar dinheiro é alcançar o sucesso. A maneira de ganhar muito dinheiro é estar certo exatamente na hora certa. Neste ramo, um homem tem que pensar tanto na teoria quanto na prática. Um especulador não pode ser apenas um estudioso, tem de ser em igual medida um estudioso e um especulador.

Eu me saí muito bem, embora hoje consiga ver o equívoco tático da minha campanha. Quando o verão chegou, o mercado ficou enfadonho. Estava na cara que nada de estrondoso aconteceria até meados do outono. Todo mundo que eu conhecia tinha ido para a Europa ou estava de viagem marcada para lá. Achei que seria uma boa manobra. Então encerrei minhas posições e saí de cena. Quando viajei para a Europa, estava com um pouco mais de três quartos de 1 milhão de sobra. A meu ver, parecia um bom saldo.

Fui a Aix-les-Bains e me diverti a valer. Fiz por merecer minhas férias. Era bom estar em um lugar como aquele com muito dinheiro, amigos e conhecidos, todos com a intenção de desfrutar de momentos prazerosos. Em Aix não é muito difícil encontrar diversão. Wall Street estava tão distante que nunca ocupava meus pensamentos, e isso é mais do que eu poderia dizer acerca de qualquer resort nos Estados Unidos. Não tinha que ouvir ninguém falar sobre o mercado financeiro. Não precisava fazer transações. Tinha dinheiro suficiente para me manter por um bom tempo. Além disso, quando voltasse, saberia o que fazer para ganhar muito mais do que era capaz de gastar na Europa naquele verão.

Um dia, vi no jornal *Paris Herald* um despacho de Nova York comunicando que a Smelters declarara um dividendo extra. Tinham elevado o preço das ações e todo o mercado reagira com bastante força. Claro que isso mudou tudo para mim em Aix. As notícias simplesmente significavam que as panelinhas de touros altistas* ainda estavam lutando desesperadamente contra as condições — contra o bom senso e contra a honestidade, pois sabiam o que estava por vir e estavam recorrendo a tais esquemas para abrir o mercado a fim de descarregar lotes de ações antes que a tempestade os atingisse. Possivelmente não acreditavam que o perigo fosse tão sério ou estivesse tão próximo quanto eu pensava. Os figurões de Wall Street são tão propensos a agir como sonhadores adeptos da força do pensamento quanto os políticos ou simples otários. Eu mesmo não consigo trabalhar assim. Em um especulador, essa postura é fatal. Talvez um fabricante de títulos mobiliários ou um promotor de negócios em novas empresas possa se dar ao luxo de se entregar a esses surtos de esperança.

---

* No original, *bull cliques*, grupo informal de investidores que visam forçar alta no mercado; já os *bear cliques*, panelinhas de ursos baixistas, são grupos informais que pressionam a baixa das ações por meio de vendas a termo. (N. T.)

De qualquer modo, eu sabia que naquele mercado baixista todas as manipulações de touro altista estavam condenadas de antemão ao fracasso. No instante em que li o despacho, soube que só havia uma coisa a fazer para ficar numa situação confortável, a saber, vender a descoberto ações da Smelters. Ora, os insiders chegaram a me implorar de joelhos para fazer isso, quando elevaram a taxa de dividendos à beira de um pânico financeiro. Era tão enfurecedor quanto as velhas brincadeiras de infância de desafiar os outros. Eles me desafiaram a vender a descoberto aquela ação específica.

Enviei por cabograma algumas ordens de venda na Smelters e aconselhei meus amigos em Nova York a operar vendidos. Quando recebi o relatório dos meus corretores, notei que o preço que eles conseguiram estava seis pontos abaixo das cotações que eu tinha visto no *Paris Herald*. Isso mostra em que pé estava a situação.

Meus planos eram retornar a Paris no final do mês e, cerca de três semanas depois, embarcar no navio rumo a Nova York, mas assim que recebi os cabogramas com os relatórios de meus corretores voltei a Paris. No mesmo dia em que cheguei, liguei para os escritórios dos navios a vapor e descobri que havia uma lancha zarpando para Nova York no dia seguinte. Reservei meu lugar.

Lá estava eu, de volta a Nova York, quase um mês antes do meu plano original, porque era o lugar mais confortável para operar vendido no mercado. Eu tinha bem mais de meio milhão em dinheiro disponível para margens. Meu retorno não se deveu ao fato de eu estar baixista e apostando na queda, mas à minha atitude lógica.

Vendi mais ações. À medida que o dinheiro foi escasseando, as taxas de crédito ficaram mais elevadas e os preços das ações, mais baixos. Eu tinha previsto isso. No começo, minha previsão me quebrou. Mas agora eu tinha razão e estava prosperando. Contudo, a verdadeira alegria estava na consciência de que, como trader, eu estava finalmente na trilha certa. Ainda tinha muito a aprender, mas sabia o que fazer. Sem hesitações, nada de métodos meio corretos. A leitura da fita impressa de cotações era uma parte importante do jogo; começar na hora certa também era fundamental, assim como manter a posição. Mas minha maior descoberta foi que um homem deve estudar as condições gerais, dimensioná-las de modo a ser capaz de antecipar probabilidades. Em suma, aprendi que precisava trabalhar pelo meu dinheiro. Eu não estava mais apostando às cegas nem preocupado em dominar as técnicas do jogo, mas em obter êxito por meio do estudo árduo e do pensamento límpido. Descobri também que ninguém estava imune ao perigo de fazer jogadas de otário. E para cada jogada de otário que um homem faz, recebe um pagamento de otário, pois o tesoureiro está trabalhando e nunca perde o envelope com o cheque de pagamento que cabe a você.

Nosso escritório ganhava muito dinheiro. Minhas próprias operações eram tão bem-sucedidas que começaram a ser comentadas e, lógico, foram bastante superdimensionadas. Atribuíam a mim o crédito por iniciar as quedas de várias ações. Pessoas que eu nem sequer conhecia pelo nome costumavam me parabenizar. Todas pensavam que a coisa mais maravilhosa do mundo era o dinheiro que eu ganhava. Não me diziam uma palavra sobre o momento em que, pela primeira vez, falei com elas sobre tendências de baixa do mercado, e achavam que eu era um urso louco com o resmungo vingativo de um perdedor do mercado de ações. O fato de eu ter previsto os problemas da escassez de dinheiro não significava nada. Para eles, a façanha maravilhosa era o escriturário de meus corretores ter usado um terço de uma gota de tinta para preencher o lado credor do livro-razão sob meu nome.

Amigos costumavam me dizer que em vários escritórios da Harding Brothers circulavam histórias de que o "Menino Especulador" fazia todo tipo de ameaça contra as panelinhas de altistas que tentavam forçar a alta dos preços de várias ações muito depois de ficar claro que o mercado estava fadado a buscar um nível muito mais baixo. Até hoje falam desses meus raids.*

A partir do final de setembro, o mercado monetário enviou — com a potência de megafones — alertas para o mundo inteiro. Contudo, uma

---

* No jargão do mercado financeiro, raids (investidas ou ataques) são grandes volumes de operações compra e de venda, numa tentativa ilegal de manipular o preço de uma ação. Um raid urso descreve vendas em grande escala para forçar pequenos operadores a liquidar, ao passo que um raid touro é um procedimento que força a cobertura de posições curtas. (N. T.)

crença em milagres impediu que as pessoas vendessem o que restava de seus ativos especulativos. Ora, na primeira semana de outubro um corretor me contou uma história que quase me fez sentir vergonha da minha moderação.

O leitor se lembra de que os empréstimos de dinheiro costumavam ser feitos no interior do pregão da bolsa, no Posto de Negociação de Dinheiro. Os corretores que tinham recebido notificação de seus bancos para pagar empréstimos sabiam de forma geral quanto dinheiro teriam que tomar emprestado novamente. E é óbvio que os bancos sabiam sua posição no que dizia respeito aos fundos disponíveis para empréstimos, e os que tinham dinheiro para emprestar o enviavam para a bolsa. Esse dinheiro do banco era administrado por alguns poucos corretores, cujo principal negócio eram os empréstimos a prazo. A taxa de renovação do dia era fixada por volta do meio-dia. Normalmente representava uma média razoável dos empréstimos feitos até aquela hora. A praxe era que os negócios fossem negociados abertamente por lances e ofertas, de modo que todos soubessem o que estava acontecendo. Entre meio-dia e cerca de duas da tarde, normalmente não havia muitos negócios feitos em dinheiro, mas após o prazo de entrega — ou seja, 14h15 — os corretores saberiam exatamente qual seria a posição de seu caixa para aquele dia, e aí poderiam ir para o Posto de Negociação de Dinheiro e emprestar os saldos de que dispunham ou pegar emprestado o que precisassem. Esse negócio também era feito às claras.

Bem, em algum momento no início de outubro, o corretor de quem eu estava falando veio conversar comigo e me disse que os corretores não estavam indo ao Posto de Negociação de Dinheiro quando tinham dinheiro para emprestar. O motivo era que membros de algumas renomadas corretoras estavam de guarda lá, prontos para abocanhar qualquer oferta de dinheiro. Claro que nenhum credor que oferecesse dinheiro publicamente poderia se recusar a emprestar para essas firmas. Eles tinham solvência e os ativos empregados como garantia eram suficientemente bons. Mas o problema era que, uma vez que essas firmas pediam dinheiro emprestado sem prazo definido, não havia perspectiva de que o credor recebesse o dinheiro de volta. Elas simplesmente diziam que não poderiam pagar, e o credor, hesitante, teria que renovar o empréstimo. Portanto, qualquer casa da bolsa de valores que tivesse dinheiro para emprestar a seus colegas costumava despachar seus homens para o pregão, em vez de para o Posto de Negociação de Dinheiro, e lá sussurravam aos bons amigos: "Quer cem?", o que significava "Você deseja pegar emprestados 100 mil dólares?". Em pouco tempo os corretores de dinheiro que atuavam para os bancos adotaram o mesmo plano, e era uma visão desanimadora observar o Posto de Negociação de Dinheiro. Pense nisso!

Ora, ele me disse também que naqueles dias de outubro era uma questão de etiqueta da bolsa de valores o mutuário estipular sua própria taxa de juros. Veja só, as taxas oscilavam entre 100% e 150% ao ano. Suponho que, ao permitir que o tomador fixasse a taxa, o credor, de alguma forma, não se sentisse um usurário. Mas pode apostar que ele recebia tanto dinheiro quanto o resto. O emprestador naturalmente não sonhava em não pagar uma taxa alta. Jogava limpo e pagava tudo o que os outros pagassem. Precisava do dinheiro e estava feliz por recebê-lo.

As coisas foram piorando cada vez mais. Finalmente chegou o terrível dia de acerto de contas para os touros altistas e os otimistas e sonhadores adeptos do pensamento quimérico, além das vastas hordas que, temendo uma pequena dor no começo, agora estavam prestes a sofrer amputação total sem anestésicos. Foi um dia que nunca esquecerei, 24 de outubro de 1907.

Logo no princípio os relatórios do grupo ávido por dinheiro indicaram que os tomadores de empréstimo teriam de pagar tudo o que os credores considerassem adequado. Não haveria dinheiro suficiente para circular. Naquele dia, a turma dos sem grana estava muito maior do que o normal. Quando chegou a hora da entrega naquela tarde, devia haver uma centena de corretores em torno do Posto de Negociação de Dinheiro, cada um na esperança de pegar emprestado o dinheiro de que sua firma precisava com urgência. Sem dinheiro, seriam obrigados a vender as ações que carregavam com as margens — vender a qualquer preço que conseguissem, em um mercado no qual os compradores eram tão escassos quanto o dinheiro —, e naquele exato momento não havia nem um dólar à vista.

O parceiro do meu amigo estava tão baixista quanto eu. Sua firma, portanto, não precisava pedir emprestado, mas meu amigo, o corretor

de que falei, tendo visto os rostos abatidos ao redor do Posto de Negociação de Dinheiro, veio falar comigo. Sabia que eu estava tremendamente vendido em todo o mercado.

Ele disse: "Meu Deus, Larry! Não sei o que vai acontecer. Nunca vi
nada parecido. Isso não pode continuar. Alguma coisa tem que mudar.
Parece que todo mundo está quebrado agora. Não dá para vender ações,
e não há absolutamente nenhum dinheiro".

"Como assim?", perguntei.

O que ele respondeu foi: "Você já ouviu falar do experimento de
sala de aula do camundongo numa redoma de vidro? Eles começam
a bombear o ar para fora da redoma, aí você vê o pobre camundongo
respirar cada vez mais e mais rápido, os flancos do corpo arfando
como foles sobrecarregados, tentando obter oxigênio suficiente do
suprimento cada vez mais escasso no interior da redoma. Você vê o
camundongo sufocar até os olhos dele quase saltarem das órbitas, ar-
quejando, agonizando. Bem, é nisso que penso quando vejo aquela
multidão no Posto de Negociação de Dinheiro! Não há dinheiro em
parte alguma, e não dá para liquidar ações, porque não há ninguém
para comprar. Se você quer saber, Wall Street inteira está quebrada
neste exato momento!".

Aquilo me fez pensar. Previ a catástrofe, mas, admito, não previ o
pior pânico da nossa história. Poderia não ser lucrativo para ninguém,
se fosse muito mais longe.

Por fim ficou claro que não adiantava esperar no Posto de Negociação de Dinheiro. Não haveria dinheiro nenhum. Então foi um deus
nos acuda.

O presidente da bolsa de valores, o sr. R. H. Thomas, ou pelo menos
foi o que ouvi no final do dia, sabendo que todas as corretoras em Wall
Street caminhavam para o desastre certo, saiu em busca de socorro.
Ligou para James Stillman, presidente do National City Bank, o banco
mais rico dos Estados Unidos, que se gabava de nunca emprestar dinheiro a uma taxa superior a 6%.

Stillman ouviu o que o presidente da Bolsa de Valores de Nova York
tinha a dizer. Depois declarou: "Sr. Thomas, vamos ter que falar pessoalmente com o sr. Morgan a respeito disso".

Os dois homens, na esperança de evitar o pânico mais desastroso da nossa história financeira, foram juntos ao escritório de J. P. Morgan & Co. e se reuniram com o sr. Morgan. O sr. Thomas apresentou o caso a ele. No momento em que ele terminou de falar, o sr. Morgan disse: "Voltem para a bolsa e digam a eles que haverá dinheiro para todos".

"Onde?"

"Nos bancos!"

Tão forte era a fé de todos os homens no sr. Morgan naqueles momentos de crise que Thomas não esperou por mais detalhes: correu de volta ao pregão da bolsa para anunciar a suspensão da sentença de morte de seus colegas.

Antes das duas e meia da tarde, J. P. Morgan enviou John T. Atterbury, do Van Emburgh & Atterbury, que era conhecido por ter relações estreitas com o J. P. Morgan & Co., para o meio da multidão ávida por dinheiro. Meu amigo disse que o velho corretor caminhou rapidamente até o Posto de Negociação de Dinheiro. Ergueu a mão como um exortador em um culto de reavivamento religioso. A turba, que a princípio havia se acalmado um pouco graças ao anúncio do presidente Thomas, estava começando a temer que os planos de ajuda tivessem naufragado e que o pior ainda estivesse por vir. Quando olharam para o rosto do sr. Atterbury e o viram levantar a mão, ficaram instantaneamente petrificados.

No silêncio sepulcral que se seguiu, o sr. Atterbury disse: "Estou autorizado a emprestar 10 milhões de dólares. Fiquem calmos! Haverá o suficiente para todos!".

Em seguida, começou. Em vez de dar a cada tomador de empréstimo o nome do credor, simplesmente anotava o nome de quem pedia emprestado e o montante do empréstimo e dizia: "Você será informado do lugar onde seu dinheiro está". Ele se referia ao nome do banco onde mais tarde o emprestador poderia retirar o dinheiro.

Um ou dois dias depois, ouvi dizer que o sr. Morgan simplesmente enviou uma mensagem para os assustados banqueiros de Nova York afirmando que deveriam fornecer o dinheiro de que a bolsa de valores precisava.

"Mas não temos dinheiro. Emprestamos até o último fio de cabelo", protestaram os bancos.

"Vocês têm suas reservas", retrucou J. P.

"Mas já estamos abaixo do limite legal", retrucaram eles.

"Usem! É para isso que servem as reservas!"

E os bancos obedeceram e invadiram as reservas em cerca de 20 milhões de dólares. Isso salvou o mercado de ações. O pânico dos bancos só se instalou na semana seguinte. J. P. Morgan era um homem de verdade. Não existiam homens maiores.

De toda a minha vida como especulador financeiro, esse é o dia de que me lembro com mais nitidez. Foi o dia em que meus ganhos ultrapassaram 1 milhão de dólares. Marcou o bem-sucedido final da minha primeira campanha de negociações deliberadamente planejadas. O que eu tinha previsto acontecera. Acima de todas essas coisas, porém, estava o fato de que um de meus sonhos mais desvairados tinha sido realizado. Fui rei por um dia!

Vou explicar, é claro. Eu costumava quebrar a cabeça tentando determinar a exata razão pela qual não conseguia vencer numa corretora da bolsa de valores nova-iorquina, mesmo depois de estar em Nova York havia um par de anos, o jogo em que havia vencido quando era um garoto de quinze anos numa bucket shop de Boston. Eu sabia que algum dia descobriria o que estava errado e pararia de estar errado. Nesse dia eu não teria apenas a vontade de estar certo, mas o conhecimento para assegurar que eu estava certo. E isso significaria poder.

Por favor, caro leitor, não me entenda mal. Não era um sonho deliberado de grandeza ou um desejo fútil nascido de vaidade arrogante. Era mais uma espécie de sentimento de que o mesmo bom e velho mercado de ações que um dia me causara tanta perplexidade no escritório de Fullerton e na Harding acabaria por comer na minha mão. Eu apenas sentia que esse dia chegaria. E chegou: 24 de outubro de 1907.

A razão pela qual digo isso é a seguinte: naquela manhã, um operador que tinha feito muitos negócios para meus corretores e sabia que eu estava especulando do lado do urso baixista chegou acompanhado de um dos sócios da mais renomada instituição bancária de Wall Street. Meu amigo contou ao banqueiro que eu vinha negociando um volume pesado, o que certamente havia me levado a abusar da minha sorte até o limite. Qual é a utilidade de estar certo a menos que você possa tirar proveito de tudo o que há de bom em estar certo?

Talvez o corretor tenha exagerado para dar a seu relato ares de importância. Talvez eu tivesse mais adeptos do que imaginava. Talvez o banqueiro soubesse muito melhor do que eu qual era a gravidade da situação. De qualquer forma, meu amigo me disse: "Ele ouviu com grande interesse o que lhe contei, sobre o que você disse que o mercado faria quando começassem as vendas de verdade, depois de mais um ou dois empurrões. Quando terminei, ele disse que pode ter algo para eu fazer no final do dia".

Quando as corretoras de valores descobriram que não tinham como conseguir nem sequer um centavo, a preço nenhum, eu soube que a hora havia chegado. Despachei corretores para os vários grupos. Ora, ao mesmo tempo não havia um único lance para a Union Pacific. A preço nenhum! Pense nisso! E com outras ações a mesma coisa. Nenhum dinheiro para segurar as ações e ninguém para comprá-las.

Tive enormes lucros no papel, e a certeza de que tudo o que eu tinha que fazer para esmagar ainda mais os preços era lançar ordens de venda de 10 mil ações da Union Pacific cada e meia dúzia de outras ações, boas pagadoras de dividendos — e o que se seguiria seria simplesmente o inferno. A mim me pareceu que irromperia um pânico de tal intensidade e natureza que o conselho consideraria aconselhável fechar a bolsa, como se fez em agosto de 1914, quando a Guerra Mundial foi deflagrada.

Isso significaria um grande aumento nos lucros no papel. Também poderia significar uma incapacidade de converter esses lucros em dinheiro real. Mas havia outras coisas a se levar em consideração, uma delas que uma queda de maiores proporções retardaria a recuperação que eu estava começando a imaginar, a melhora compensatória depois de toda aquela sangria. Esse tipo de pânico causaria muitos estragos no país de modo geral.

Cheguei à conclusão de que, uma vez que era insensato e desagradável continuar na minha postura de urso apostando numa baixa, era ilógico operar vendido. Então dei uma guinada e comecei a comprar.

Não foi muito tempo depois de meus corretores começarem a comprar para mim — aliás, consegui preços mínimos — que o banqueiro mandou chamar meu amigo.

"Mandei chamar você", disse ele, "porque quero que vá falar imediatamente com seu amigo Livingston e diga a ele que nossa expectativa é que ele não venda mais ações hoje. O mercado já não aguenta mais pressão. Na atual situação, será uma tarefa imensamente difícil evitar um pânico devastador. Apele para o patriotismo dele. Este é um caso em que um homem tem que trabalhar em prol do benefício de todos. Quero saber imediatamente o que ele lhe disser."

Meu amigo veio falar comigo no mesmo instante. Tinha muito tato. Suponho que ele pensasse que, tendo planejado destruir o mercado, eu consideraria seu pedido o equivalente a jogar fora a chance de faturar cerca de 10 milhões de dólares. Sabia que eu estava magoado com alguns dos figurões pela forma como tinham agido, tentando atrair o público com montanhas de ações mesmo sabendo tão bem quanto eu o que estava por vir.

Na verdade, os grandes figurões eram grandes sofredores, e muitas das ações que comprei no fundo do poço estavam em nome de figuras famosas do mundo financeiro. Eu não sabia na época, mas não importava. Tinha praticamente liquidado todas as minhas posições e me pareceu que havia uma chance de comprar ações baratas e ao mesmo tempo ajudar na necessária recuperação dos preços se ninguém fustigasse o mercado.

Então eu disse ao meu amigo: "Volte e diga que concordo com eles e que já compreendia plenamente a gravidade da situação, mesmo antes de mandarem chamar você. Não só não vou vender mais ações hoje como vou entrar e comprar o máximo que puder carregar". Mantive minha palavra. Comprei 100 mil ações naquele dia, no longo prazo, na expectativa de alta. Fiquei nove meses sem vender qualquer outra ação a descoberto.

É por isso que eu disse aos amigos que meu sonho havia se tornado realidade e que eu tinha sido rei por um momento. Naquele dia, por um instante o mercado de ações certamente esteve à mercê de qualquer pessoa que quisesse dar uma surra nele. Não sofro de delírios de grandeza; na verdade você sabe como me sinto ao ser acusado de fazer raids no mercado e sobre a maneira como minhas operações são exageradas pelas fofocas de Wall Street.

Saí em boa forma. Os jornais disseram que Larry Livingston, o "Menino Especulador", ganhou vários milhões. Bem, após o fechamento dos negócios naquele dia, eu valia mais de 1 milhão. Contudo, meus maiores ganhos não foram em dólares, mas intangíveis: eu tinha aprendido o que um homem deve fazer para ganhar muito dinheiro; estava permanentemente fora da classe dos apostadores afeitos ao risco; afinal tinha aprendido a negociar de forma inteligente e estrondosa. Foi um dia inesquecível para mim.

10

O RECONHECIMENTO DE NOSSOS PRÓPRIOS ERROS não nos deve beneficiar mais que o estudo de nossos sucessos. Mas em todos os homens existe uma tendência natural de evitar o castigo. Quando você associa certos erros a uma surra, não anseia por uma segunda dose, e, é óbvio, todos os erros do mercado de ações ferem você em dois pontos sensíveis: sua carteira e sua vaidade. Mas vou contar uma coisa curiosa: um especulador de ações às vezes comete erros e sabe que os está cometendo. Quando os comete, ele se pergunta por que os cometeu; depois de pensar a respeito com frieza, muito tempo depois que a dor da punição passou, pode ser que venha a aprender como foi que os cometeu, e quando e em que ponto específico de suas operações, mas não o porquê. Então ele simplesmente xinga a si mesmo e deixa para lá.

Claro, se um homem for ao mesmo tempo sábio e sortudo, não cometerá o mesmo erro duas vezes. Mas cometerá qualquer um dos 10 mil erros irmãos ou primos do original. A família Erro é tão grande que sempre há um deles por perto quando você quer ver em que tipo de engano pode incorrer na linhagem dos equívocos.

Para contar sobre o primeiro dos meus erros de 1 milhão de dólares, terei que voltar no tempo, à época em que me tornei milionário, logo após a grande queda de outubro de 1907. No que diz respeito às minhas operações, ter 1 milhão significava apenas ter mais reservas. Dinheiro não propicia a um operador mais conforto, porque, rico ou pobre, ele pode cometer erros, e nunca é confortável estar errado. Quando um milionário está certo, seu dinheiro é apenas um de seus vários servos. Perder dinheiro é o menor dos meus problemas. O prejuízo nunca me incomoda depois que aceito a perda. Eu o esqueço da noite para o dia. Mas estar errado — não assumir a perda — prejudica a carteira e a alma. Você se lembra da história de Dickson G. Watts sobre o homem que estava tão nervoso que um amigo lhe perguntou qual era o problema?

"Não consigo dormir", respondeu o nervoso.

"Por que não?", quis saber o amigo.

"Estou carregando tantas ações de algodão que não consigo dormir pensando nisso. Estou esgotado. O que posso fazer?"

"Vá vendendo até chegar ao ponto de conseguir pegar no sono", respondeu o amigo. Por via de regra um homem se adapta às condições tão rapidamente que perde a visão do panorama geral. Não sente tanta diferença, isto é, não se lembra direito de como era não ser um milionário. Ele se lembra apenas de que antes havia coisas que não podia fazer, mas agora pode. Um homem razoavelmente jovem e normal não leva muito tempo para perder o hábito de ser pobre. Esquecer que se era rico demora um pouco mais de tempo. Suponho que a causa disso seja o fato de que o dinheiro cria necessidades ou incentiva sua multiplicação. O que quero dizer é que, depois que um homem ganha dinheiro no mercado de ações, perde muito rapidamente o hábito de não gastar. Mas, depois que perde dinheiro, leva muito tempo para perder o hábito de gastar.

Depois que zerei minhas posições e entrei comprado em outubro de 1907, decidi ir com calma por um tempo. Comprei um iate e planejei fazer um cruzeiro pelas águas do sul. Sou louco por pescaria, e minha expectativa era desfrutar do melhor momento da minha vida. Eu estava ansioso por isso e esperava zarpar a qualquer dia. Mas não fui. O mercado não me deixou.

Sempre negociei tanto com commodities quanto com ações. Comecei a fazer isso ainda muito jovem nas bucket shops. Estudei esses mercados durante anos, embora talvez não com a mesma diligência quanto o mercado de ações. A bem da verdade, prefiro jogar com commodities do que com ações. Não há dúvida sobre sua maior legitimidade, por assim dizer. As commodities compartilham mais da natureza de um empreendimento comercial do que a negociação de ações. Um homem pode lidar com elas como faria com qualquer problema mercantil. Pode ser possível usar argumentos ilusórios a favor ou contra determinada tendência em um mercado de commodities; mas o sucesso será apenas temporário, pois no fim das contas os fatos estão fadados a prevalecer, de modo que um trader obtém dividendos por meio de estudo e observação, como faz em um negócio normal. Ele pode observar e sopesar as condições e sabe tanto sobre isso como qualquer outra pessoa. Não precisa se proteger contra panelinhas internas. Dividendos não são distribuídos ou aumentados de forma inesperada da noite para o dia no mercado de algodão, trigo ou milho. No longo prazo, os preços das commodities são regidos por uma única lei: a lei econômica da oferta e procura. O negócio do trader de commodities é simplesmente obter fatos sobre a demanda e a oferta, presentes e futuras. Ele não se entrega a palpites e adivinhações sobre uma dúzia de coisas, como faz com as ações. Isso sempre me atraiu, o comércio de commodities.

É claro que as mesmas coisas acontecem em todos os mercados especulativos. A mensagem da fita impressa de cotações é a mesma. Isso ficará perfeitamente claro para qualquer pessoa que se dê ao trabalho de pensar. Ela descobrirá, se se perguntar e ponderar sobre as condições, que as respostas surgirão diretamente. Mas as pessoas nunca se dão ao trabalho de formular perguntas, muito menos buscar respostas. O americano médio é do Missouri em todos os lugares e em todos os momentos, exceto quando vai aos escritórios da corretora e olha para a fita impressa de cotações, sejam de ações ou commodities. Entre todos os jogos, o único que realmente exige que a pessoa estude antes de fazer uma jogada é aquele em que ela entra sem suas dúvidas preliminares e preventivas, usualmente inteligentíssimas. Ela arriscará metade de sua fortuna no mercado de ações com menos reflexões do que as que dedica à escolha de um automóvel de preço médio.

Essa questão da leitura da fita impressa de cotações não é tão complicada quanto parece. Claro que você precisa de experiência. Mais importante ainda é ter em mente certos fundamentos. Ler a fita não é prever o futuro. A fita não diz quanto você vai valer na próxima quinta-feira às 13h35. O objetivo de ler a fita é determinar, primeiro, *como* e, a seguir, *quando* negociar, isto é, se é mais sensato comprar do que vender. Funciona exatamente da mesma forma tanto para ações quanto para algodão, trigo, milho ou aveia.

Você observa o mercado, ou seja, o comportamento dos preços conforme registrado pela fita impressa de cotações, com um objetivo: determinar a direção, isto é, a tendência dos preços. Os preços, sabemos, subirão ou descerão de acordo com a resistência que encontrarem. Para fins de oferecer uma explicação simples, diremos que os preços, como tudo o mais, se deslocam ao longo da linha de menor resistência. Farão o que for mais fácil, portanto, subirão se houver menos resistência a um avanço do que a um declínio e vice-versa.

Ninguém deveria quebrar a cabeça tentando entender se um mercado é altista ou baixista depois que começa a se movimentar. A tendência é evidente para quem tem a mente aberta e uma visão razoavelmente clara, pois nunca é sensato da parte do especulador ajustar os fatos às suas teorias. Ele sabe, ou deveria saber, se o mercado está em viés de alta ou de baixa, sabe se deve comprar ou vender. É, portanto, bem na origem do movimento que um homem precisa saber se deve comprar ou vender.

Digamos, por exemplo, que, como costuma fazer nos intervalos entre oscilações, o mercado flutue dentro de uma amplitude de dez pontos: suba até 130 e desça a 120. Pode parecer muito fraco no ponto mais baixo; ou, na subida, após uma elevação de oito ou dez pontos, pode parecer mais forte que tudo. Um homem não deveria ter permissão para negociar com representações. Deveria esperar até a fita impressa de cotações lhe dizer que a hora é propícia. Na verdade, milhões e milhões de dólares foram perdidos por homens que compraram ações porque pareciam baratas ou as venderam porque pareciam caras. O especulador não é um investidor. Seu objetivo não é garantir um retorno estável para seu dinheiro a uma boa taxa de juros, mas lucrar ou com um aumento ou com uma queda no preço de tudo com que possa estar especulando. Portanto, a coisa a determinar é a linha especulativa de menor resistência no momento de negociação; e o que ele deveria esperar é o momento em que essa linha se define, porque esse é o seu sinal para agir.

Ler a fita meramente o habilita a ver que a 130 as vendas estavam mais fortes do que as compras, e que logicamente seguiu-se uma reação de queda no preço. Até o ponto em que o movimento de vendas prevaleceu sobre os movimentos de compra, os estudiosos superficiais da fita podem concluir que o preço da ação não vai parar antes de chegar a 150, e compram. Mas, depois que a queda tem início, seguram ou vendem ações para cobrir a margem, com uma pequena perda, ou operam vendidos e se tornam ursos pessimistas falando em tendência de queda. Mas, a 120, há resistência mais forte ao declínio. As compras prevalecem sobre as vendas, há um rali, e nessa recuperação zeram-se as posições. O público costuma estar tão sujeito às perdas duplas ocasionadas pela volatilidade* que é admirável sua persistência em não aprender a lição.

Mais cedo ou mais tarde, acontece algo que aumenta o poder da força tanto ascendente quanto descendente, e o ponto de maior resistência se move para cima ou para baixo, isto é, a compra em 130 será pela primeira vez mais forte do que a venda, ou a venda a 120 será mais forte do que a compra. O preço romperá a antiga barreira ou limite de movimento e seguirá em frente. Por via de regra, sempre há uma multidão de operadores que estão vendidos a 120 porque o mercado parecia muito fraco ou comprados a 130 porque parecia muito forte, e quando o mercado vai contra eles são forçados, depois de algum tem-

---

* *Whipsawed*, no original. Na gíria do mercado financeiro, whipsaw designa um mercado de volatilidade muito elevada, em que os preços se movem de forma rápida e abrupta, numa analogia com a motosserra, impondo ao operador do mercado financeiro uma perda dupla: ele compra títulos no máximo de seu movimento de alta e, em seguida, quando os preços atingiram seu nível mais baixo por ter vendido a descoberto devido à elevação das cotações, sofre novas perdas porque agora tem de cobrir suas posições. (N. T.)

po, a mudar de ideia, dar uma guinada ou encerrar suas posições. Em todo caso, ajudam a definir com clareza ainda maior a linha de preço de menor resistência. Assim, o trader inteligente que esperou pacientemente para determinar essa linha vai recrutar a ajuda de condições fundamentais de operação e também da força de negociações daquela parte da comunidade que calhou de estar errada e agora deve retificar seus erros. Essas correções tendem a empurrar os preços ao longo da linha de menor resistência.

E, bem aqui e agora, afirmarei que, embora não considere isso uma certeza matemática ou um axioma da especulação, minha experiência sempre demonstrou que os acidentes, ou seja, eventos inesperados ou imprevistos, me ajudaram na minha posição de mercado todas as vezes em que esta foi baseada na minha determinação da linha de menor resistência. Você se lembra daquele episódio da Union Pacific em Saratoga sobre o qual contei? Bem, eu estava comprado porque achei que a linha de menor resistência era ascendente. Deveria ter continuado nessa posição, em vez de deixar meu corretor me dizer que os insiders estavam vendendo ações. Não fazia diferença nenhuma o que se passava na cabeça dos insiders. Era algo que eu não teria como saber. Mas eu podia saber e sabia que a fita impressa de cotações dizia: "Subindo!". E então vieram a inesperada alta da taxa de dividendos e o aumento de trinta pontos na ação. A 164 os preços pareciam altíssimos, mas, como eu já disse antes, as ações nunca são altas demais para comprar ou baixas demais para vender. O preço, por si só, nada tem a ver com o estabelecimento da minha linha de menor resistência.

Você descobrirá na prática que, se negociar conforme indiquei, qualquer notícia importante divulgada entre o fechamento de um mercado e a abertura de outro em geral está em harmonia com a linha de menor resistência. A tendência foi estabelecida antes que a notícia fosse divulgada e nos mercados em alta os itens baixistas são ignorados e as notícias altistas são exageradas e vice-versa. Antes que a guerra estourasse, o mercado estava em condições muito debilitadas. Veio a proclamação da política de submarinos da Alemanha. Eu estava vendido em 150 mil ações, não porque soubesse que aquela notícia estava a caminho, mas porque estava seguindo a linha de menor resistência. O que aconteceu

136

veio de repente, do nada, no que dizia respeito ao meu jogo. Claro que aproveitei a situação e liquidei minha posição naquele dia.

Parece muito fácil dizer que tudo o que você precisa fazer é observar a fita impressa de cotações, estabelecer seus pontos de resistência e estar pronto para negociar em conformidade com a linha de menor resistência, tão logo a tenha determinado. Porém, na prática efetiva, o homem tem que se proteger contra muitas coisas, e acima de tudo contra si mesmo, isto é, contra a natureza humana. É por isso que digo que o homem que tem razão sempre tem duas forças trabalhando a seu favor: condições básicas e os homens que estão errados. Num mercado em viés de alta, os fatores baixistas são ignorados. Essa é a natureza humana, e no entanto os seres humanos ainda declaram seu espanto diante dela. Dirão que a safra de trigo foi para o beleléu por causa do mau tempo em uma ou duas regiões e alguns fazendeiros se arruinaram. Quando a safra inteira é colhida com sucesso e todos os fazendeiros de todas as regiões de cultivo de trigo começam a levar seu produto para os silos, os touros altistas se surpreendem com a pequenez dos prejuízos. Descobrem que apenas ajudaram os ursos que apostavam na baixa dos preços.

Quando um homem faz sua jogada em um mercado de commodities, não pode se permitir definir opiniões. Deve ter uma mente aberta e flexibilidade. Não é aconselhável ignorar a mensagem da fita impressa de cotações, não importa qual seja a sua opinião acerca das condições da colheita ou sobre a provável demanda. Lembro-me de como perdi uma grande jogada apenas por tentar antecipar o sinal de partida. Eu tinha tanta certeza das condições que julguei que não era necessário esperar pela definição da linha de menor resistência. Até pensei que poderia ajudá-la a chegar, porque parecia que precisava apenas de uma pequena assistência.

Eu estava obstinadamente otimista em relação à alta do algodão, cuja ação girava ao redor de doze centavos, subindo e descendo em uma amplitude moderada. Estava em um desses lugares intermediários, e podia ver isso. Sabia que devia esperar. Mas comecei a pensar que, se desse um pequeno empurrão, ultrapassaria o ponto de resistência superior.

Comprei 50 mil fardos. Como era de esperar, subiu. E, como era esperado, tão logo parei de comprar, o algodão parou de subir. Em seguida começou a voltar para onde estava quando comecei a comprar. Saí do mercado e parou de cair. Achei que agora estava muito mais perto do sinal de partida, e logo pensei em iniciá-lo eu mesmo novamente. Foi o que fiz. A mesma coisa aconteceu. Eu jogava para cima apenas para ver cair quando eu parava. Fiz isso quatro ou cinco vezes até finalmente desistir, enojado. Custou-me cerca de 200 mil dólares. Eu estava farto daquilo. Não muito tempo depois, começou a subir e não parou mais até chegar a um preço que significaria uma bolada fabulosa para mim, se eu não estivesse com tanta pressa de começar.

Essa tem sido a experiência de tantos traders, tantas e tantas vezes, que posso formular a seguinte regra: em um mercado restrito, quando os preços são um beco sem saída, mas se movem dentro de uma faixa estreita, não há sentido em tentar antecipar qual será o próximo grande movimento, se para cima ou para baixo. A coisa a fazer é você observar o mercado, ler a fita impressa de cotações para determinar os limites dos preços que não chegam a lugar nenhum e decidir que não vai se interessar até que o preço ultrapasse o limite em qualquer direção. Um especulador deve se preocupar em ganhar dinheiro com o mercado e não em insistir que a fita impressa de cotações deve concordar com ele. Nunca discuta com ela ou peça razões ou explicações. Um mercado de ações post-mortem não paga dividendos.

Não faz muito tempo, eu estava com um grupo de amigos. Eles começaram a falar sobre o mercado do trigo. Alguns eram altistas, outros eram baixistas. Por fim me perguntaram o que eu pensava a respeito. Bem, andei estudando o mercado por algum tempo. Sabia que eles não queriam estatísticas ou análises das condições. Então eu disse: "Se vocês quiserem ganhar algum dinheiro com trigo, posso lhes ensinar o que fazer". Todos disseram que queriam, e eu os instruí: "Se vocês têm certeza de que desejam ganhar dinheiro com o trigo é só observar. Esperar. No momento em que passar de 1,20, comprem, e aí terão uma jogada rápida e das boas!".

"Por que não comprar agora, por 1,14?", um dos amigos do grupo perguntou.

"Porque não sei ainda se vai subir."

"Então por que comprar a 1,20? Parece um preço bem alto."

"Vocês querem jogar às cegas na esperança de conseguir um grande lucro ou desejam especular de forma inteligente e obter um lucro menor, mas muito mais provável?"

Todos responderam que queriam o lucro menor, mas menos falível, então concluí: "Pois façam o que eu lhes digo. Se passar de 1,20, comprem".

Como já contei, eu vinha observando o mercado de trigo havia muito tempo. Durante meses vendeu entre 1,10 e 1,20 sem chegar a lugar nenhum. Bem, senhor, um dia fechou acima de 1,19. Eu me preparei para isso. Como esperava, no dia seguinte abriu a 1,20½, e comprei. Subiu para 1,21, para 1,22, para 1,23, para 1,25 e fui junto, comprando.

Ora, na ocasião eu não teria sido capaz de dizer exatamente o que estava acontecendo. Não recebi nenhuma explicação sobre o comportamento das ações durante o curso das flutuações limitadas. Não saberia dizer se o rompimento do limite aumentaria até 1,20 ou diminuiria até 1,10, embora suspeitasse que seria para cima, porque não havia trigo suficiente no mundo para uma grande queda nos preços.

Na verdade, parece que a Europa vinha comprando discretamente, e muitos traders tinham vendido a descoberto por cerca de 1,19. Devido às compras europeias e outros fatores, uma grande quantidade de trigo foi tirada do mercado, de sorte que por fim o grande movimento começou. O preço ultrapassou a marca de 1,20. Essa era a única referência que eu tinha, e tudo de que eu precisava. Sabia que quando passasse de 1,20 seria porque o movimento ascendente finalmente reuniria força para empurrar o mercado para além do limite e algo tinha que acontecer. Em outras palavras, excedendo-se o valor de 1,20, a linha de menor resistência dos preços do trigo foi estabelecida. A partir daí era uma história diferente.

Eu me lembro de um dia, um feriado em que todos os nossos mercados estavam fechados. Bem, em Winnipeg o trigo abriu a seis centavos o alqueire.* Quando nosso mercado abriu no dia seguinte, também subiu para seis centavos o alqueire. O preço simplesmente acompanhou a linha de menor resistência.

---

* Unidade de medida de volume seco equivalente nos Estados Unidos a 35,2 litros. (N. T.)

O que contei a você, leitor, dá a essência do meu sistema de negociação com base no estudo da fita impressa de cotações. Apenas aprendo como os preços provavelmente vão se movimentar. Verifico minha própria negociação por meio de testes adicionais, para determinar o momento psicológico. Faço isso observando a forma como o preço se comporta depois que eu começo.

É surpreendente a quantidade de traders experientes que parecem incrédulos se digo a eles que, quando compro ações para uma alta, gosto de pagar preços altos e, quando vendo, tenho que vender na baixa ou nada feito. Não seria tão difícil ganhar dinheiro se um trader sempre se restringisse a suas armas especulativas, isto é, esperar pela definição da linha de menor resistência e começar a comprar apenas quando a fita impressa de cotações apontasse para uma alta ou vender apenas quando a fita apontasse para uma queda. Ele deveria acumular seu lote no caminho da subida. Que compre um quinto de seu lote completo. Se isso não mostrar lucro, ele não deve aumentar suas participações, porque, é óbvio, começou errado; ele está temporariamente errado e não há lucro em estar errado em momento nenhum. A mesma fita que indicava ALTA não necessariamente mentiu apenas porque agora está dizendo AINDA NÃO.

No algodão, durante muito tempo obtive muito sucesso em minhas negociações. Eu tinha minha teoria sobre isso e vivia de acordo com ela. Suponha que eu tivesse decidido que meu lote seria de 40 a 50 mil fardos. Bem, eu estudaria a fita impressa de cotações, como já disse, à espera de uma oportunidade, fosse para comprar ou para vender. Suponha que a linha de menor resistência indicasse um movimento de alta. Bem, eu compraria 10 mil fardos. Depois de ter feito essa compra, se o mercado subisse dez pontos acima do meu preço de compra inicial, eu encamparia outros 10 mil fardos. Mesma coisa. A seguir, se eu pudesse obter um lucro de vinte pontos, ou de um dólar por fardo, compraria mais 20 mil. Isso propiciaria minha linha — minha base para as negociações. Mas, se depois de comprar os 10 mil ou 20 mil primeiros fardos o resultado fosse uma perda, eu sairia de cena. Estaria errado. Pode ser que estivesse apenas temporariamente errado. Mas, como já afirmei, não vale a pena começar errado em nada.

O que consegui aferrando-me ao meu sistema foi que sempre tinha um lote de algodão em cada movimento real. No decorrer da acumulação de toda a minha linha, poderia retirar 50 ou 60 mil dólares nessas minhas jogadas de sondagem. Parece um teste muito caro, mas não era. Depois que o movimento real começava, quanto tempo eu levaria para ganhar os 50 mil dólares que eu tinha jogado para ter certeza de que comecei a carregar exatamente na hora certa? Absolutamente nenhum! Sempre vale a pena estar certo na hora certa.

Como acho que também já disse antes, isso descreve o que posso chamar de meu sistema para fazer apostas. É aritmética simples provar que é uma coisa sensata arriscar a aposta graúda apenas quando você ganha, e, quando perde, perder apenas uma pequena aposta exploratória, por assim dizer. Se um homem negocia da maneira que descrevi, sempre estará na posição de ser capaz de lucrar com a aposta graúda.

Os traders profissionais sempre tiveram um ou outro sistema baseado em sua experiência e regido ou por sua atitude com relação à especulação ou por seus desejos. Eu me lembro de ter conhecido em Palm Beach um velho cavalheiro cujo nome não entendi ou não identifiquei de imediato. Sabia que ele estava em Wall Street fazia anos, desde os tempos da Guerra Civil, e alguém me disse que era um velho rabugento muito astuto que passou por tantos booms e pânicos de queda do mercado que estava sempre dizendo que não havia nada de novo sob o sol e muito menos no mercado de ações.

O velho me fez um bocado de perguntas. Quando terminei de lhe contar sobre minha habitual prática de negociação, ele acenou com a cabeça e disse: "Sim! Sim! Você tem razão. A maneira como se formou e a maneira como sua mente funciona tornam seu sistema um bom sistema para você. Para você é fácil praticar o que prega, porque o dinheiro que aposta é a menor de suas preocupações. Lembro-me de Pat Hearne.* Já ouviu falar dele? Bem, era um especulador muito conhecido e tinha uma conta conosco. Sujeito inteligente e atrevido.

---

* Patrick L. Hearne, apostador, desportista e figura do submundo nova-iorquino em meados do século XIX. Juntamente com o colega de jogatina Henry Colton, foi o primeiro a abrir cassinos "de primeira classe" na cidade, durante a década de 1830. (N. T.)

Ganhou dinheiro com ações, e isso fez com que as pessoas lhe pedissem conselhos. Ele nunca dava nenhum. Se pedissem à queima-roupa sua opinião sobre a sensatez de suas ações, ele usava uma de suas máximas favoritas das pistas de corrida de cavalos: 'Você não tem como saber enquanto não apostar!'. Fazia negócios no nosso escritório. Comprava cem unidades de alguma ação ativa e quando subia 1%, se subia, comprava outra centena. Com outro ponto de avanço, mais cem ações, e assim por diante. Costumava dizer que não estava jogando o jogo para ganhar dinheiro para os outros e, portanto, para refrear suas perdas, ele colocava uma ordem de stop-loss um ponto abaixo do preço de sua última compra. Quando o preço continuava subindo, simplesmente subia sua ordem junto. Com 1% de queda, sua posição era encerrada automaticamente. Ele declarava não ver sentido em perder mais de um ponto, quer saísse de sua margem original ou de seus lucros no papel.

"Você sabe, um jogador profissional não está procurando por jogadas de longo prazo com pouca chance de sucesso, mas dinheiro líquido e certo. É claro que os planos gerais são bons quando acertam em cheio. No mercado de ações, Pat não estava atrás de dicas ou jogando para faturar em cima de avanços de vinte pontos por semana, mas de dinheiro garantido e em quantidade suficiente para lhe proporcionar uma boa vida. De todos os milhares de outsiders que conheci em Wall Street, Pat Hearne foi o único que via na especulação com ações apenas um jogo de azar, como faraó ou roleta, mas, mesmo assim, tinha o bom senso de se ater a um método de aposta relativamente sólido.

"Após a morte de Hearne, um de nossos clientes que sempre negociou com Pat e usou seu sistema ganhou mais de 100 mil dólares em Lackawanna. Em seguida passou para algumas outras ações e, como tinha faturado uma boa bolada, julgou que não tinha que seguir o método de Pat. Veio uma queda dos preços, e em vez de estancar suas perdas ele as deixou sangrarem em profusão, como se fossem lucros. Lógico que desapareceu tudo, até o último centavo. Quando finalmente saiu, devia-nos muitos milhares de dólares.

"Ele ficou rondando por lá durante dois ou três anos. Manteve o entusiasmo por muito tempo depois que o dinheiro se foi; não fizemos objeções, contanto que ele se comportasse. Eu me lembro de que ele costumava admitir abertamente que tinha sido um burro de marca maior por não ter adotado o estilo de jogar de Pat Hearne. Bem, um dia ele veio animadíssimo falar comigo e me pediu que o deixasse vender algumas ações a descoberto em nosso escritório. Era um sujeito legal, que em sua época tinha sido um bom cliente, e eu lhe disse que garantiria pessoalmente sua conta para cem ações.

"Ele vendeu a descoberto cem ações da Lake Shore. Foi a ocasião em que Bill Travers arrebentou o mercado, em 1875. Meu amigo Roberts lançou aquela ordem da Lake Shore no momento certo e continuou vendendo na queda, como estava acostumado a fazer nos velhos dias de êxito, antes de abandonar o sistema de Pat Hearne para ouvir sussurros esperançosos.

"Bem, senhor, em quatro dias piramidando com sucesso, a conta de Roberts lhe mostrou um lucro de 15 mil dólares. Observando que ele não tinha colocado uma ordem de stop-loss, falei sobre isso com o homem, que me disse que a queda ainda não havia começado e que não ficaria abalado por qualquer redução de um ponto. Isso foi em agosto. Antes de meados de setembro, ele me pediu emprestados dez dólares para comprar um carrinho de bebê. Era seu quarto filho. Ele não seguia seu próprio sistema comprovado. Esse é o problema com a maioria deles", o velho concluiu, e balançou a cabeça para mim.

Ele estava certo. Às vezes penso que a especulação deve ser uma espécie de negócio não natural, porque acho que o especulador médio arregimentou contra si sua própria natureza. As fraquezas a que todos os homens estão propensos tendem a ser fatais para o sucesso na especulação. Geralmente são as mesmas fraquezas que o tornam simpático para seus companheiros, ou contra as quais ele mesmo se protege naqueles outros arriscados empreendimentos, que nem de longe são tão perigosos como quando ele está negociando ações ou commodities.

Os principais inimigos do especulador são como uma broca que perfura de dentro para fora. Sentir esperança e medo é indissociável da natureza humana. Na especulação, quando o mercado vai contra você, você espera que cada dia seja o último e perde mais do que deveria se não tivesse dado ouvidos à esperança, o mesmo aliado que é um potente fazedor de sucessos para construtores de impérios e pioneiros, grandes e pequenos. E quando o mercado se comporta da maneira como você imaginou, você fica com medo de que o dia seguinte vai sumir com seu lucro, e aí você sai, cedo demais. O medo o impede de ganhar todo o dinheiro que você deveria. O operador de mercado bem-sucedido precisa lutar contra esses dois instintos arraigados. Tem que reverter o que poderíamos chamar de seus impulsos naturais. Em vez de sentir esperança, ele tem que sentir medo; em vez de sentir medo, tem que ser esperançoso. Deve temer que seus prejuízos possam evoluir para uma perda de proporções muito maiores e deve ter a esperança de que seu lucro possa se tornar um grande lucro. É absolutamente errado apostar em ações da maneira como o homem mediano faz.

Estou no jogo especulativo desde os catorze anos. É a única coisa que já fiz na vida. Acho que sei do que estou falando. E a conclusão a que cheguei após quase trinta anos de negociações constantes, tanto com o orçamento apertado quanto com milhões de dólares como esteio, é esta: um homem pode levar a melhor operando com uma ação ou um grupo de ações durante certo tempo, mas nenhum homem é capaz de vencer o mercado de ações! Um homem pode ganhar dinheiro com negócios individuais em algodão ou grãos, mas nenhum homem pode derrotar o mercado de algodão ou o mercado de grãos. É como o jóquei-clube. Um homem pode vencer um páreo, mas não consegue vencer todas as provas do turfe.

Se eu soubesse como tornar essas afirmações mais fortes ou mais enfáticas, certamente faria isso. Não faz nenhuma diferença o que alguém possa argumentar em sentido contrário. Sei que estou certo em dizer que são afirmações incontestáveis.

11

AGORA, VOU VOLTAR A OUTUBRO DE 1907. Comprei um iate e cuidei de todos os preparativos para deixar Nova York e fazer um cruzeiro pelas águas do sul. Sou realmente maluco por pescaria, e aquele era o momento em que eu sairia pescando até dizer chega no meu próprio iate, indo para onde eu bem quisesse, quando tivesse vontade. Tudo pronto. Tinha ganhado uma fortuna em ações, mas no último momento o milho me segurou.

Devo explicar que antes do pânico da escassez de dinheiro que me rendeu meu primeiro milhão eu estava negociando grãos em Chicago. Estava vendido em 10 milhões de alqueires de trigo e 10 milhões de alqueires de milho. Passei um bom tempo estudando os mercados de grãos e estava apostando na queda do milho e do trigo, assim como tinha estado baixista em relação aos preços das ações.

Bem, os dois começaram a cair, mas, enquanto o trigo continuava em declínio, o maior de todos os operadores de Chicago — vou chamá-lo de Stratton — enfiou na cabeça a possibilidade de executar um corner no milho. Depois de faturar uma dinheirama com ações e já estar com tudo pronto para ir para o sul no meu iate, constatei que o trigo me mostrava um lucro considerável, mas, no milho, Stratton havia feito o preço subir, e sofri uma baita perda.

Eu sabia que havia muito mais milho no país do que o preço indicava. A lei da oferta e da procura funcionou como sempre. Mas a demanda vinha principalmente de Stratton, e a oferta não chegava porque havia um grave congestionamento no movimento de milho. Eu me lembro de que costumava rezar por uma onda de frio que congelasse as estradas intransitáveis e permitisse que os agricultores levassem seu milho ao mercado. Mas não tive essa sorte.

Lá estava eu, esperando para sair em minha viagem de pescaria, planejada com tanta alegria, e aquele prejuízo no milho me segurando. Eu não poderia partir com o mercado na situação em que estava. É claro que Stratton mantinha um controle muito rigoroso sobre as posições short em aberto. Ele sabia que eu estava nas mãos dele, e eu sabia disso tão bem quanto Stratton. Mas, como já disse, tinha a esperança de conseguir convencer o clima a entrar em ação e me ajudar. Percebendo que nem o clima nem qualquer outra alma gentil capaz de operar milagres estava prestando atenção a minhas vicissitudes, estudei maneiras de resolver minha dificuldade por meio de meus próprios esforços.

Encerrei minhas posições no trigo com um bom lucro. Mas o problema no milho era infinitamente mais difícil. Se eu pudesse liquidar meus 10 milhões de alqueires aos preços vigentes, instantaneamente e de bom grado teria feito isso, por maior que fosse a perda. Mas, é óbvio, no momento em que eu começasse a comprar milho, Stratton estaria a postos como um espremedor supremo para me aplicar um squeeze — a partir daí, querer fazer pressão para aumentar o preço por minha própria conta e risco, por meio de minhas próprias compras, passou a ser como cortar minha própria garganta com minha própria faca.

Por mais forte que fosse o milho, meu desejo de ir pescar era ainda mais; portanto, cabia a mim encontrar uma saída imediata. Eu tinha que arquitetar uma retirada estratégica. Tinha que comprar de volta os 10 milhões de alqueires em que estava vendido e, ao fazer isso, manteria minhas perdas sob controle, no nível mais baixo possível.

Acontece que, na ocasião, Stratton também estava negociando com aveia e tinha monopólio do mercado. Eu acompanhava de perto todos os mercados de grãos e me mantinha informado por meio de notícias sobre safras e fofocas da bolsa de mercadorias; ouvi dizer que os poderosos interesses da Armour não eram amigáveis, em termos de mercado, em relação a Stratton. Claro que eu sabia que Stratton não me deixaria obter o milho de que eu precisava, exceto se pagasse seu próprio preço, mas no momento em que ouvi os rumores sobre a Armour estar contra Stratton ocorreu-me que poderia pedir ajuda aos operadores de Chicago. A única maneira em que poderiam me ajudar era me vender o milho que Stratton não queria. O resto era fácil.

Primeiro, dei ordens para comprar 500 mil alqueires de milho cada oitavo de centavo abaixo. Depois de lançar essas ordens, despachei a cada uma das quatro corretoras uma ordem para vender simultaneamente 50 mil alqueires de aveia no mercado. De acordo com meus cálculos, isso levaria a uma rápida baixa no preço da aveia. Sabendo como a mente dos traders funcionava, era líquido e certo que instantaneamente pensariam que a Armour estava caçando Stratton. Vendo o ataque aberto na aveia, logicamente concluiriam que a próxima queda seria no milho e começariam a vendê-lo. Se esse corner no milho vingasse, os ganhos seriam fabulosos.

Minhas informações sobre a psicologia dos operadores de Chicago estavam absolutamente corretas. Quando viram a aveia caindo nas vendas dispersas, prontamente embarcaram no milho e o venderam com grande entusiasmo. Consegui comprar 6 milhões de alqueires de milho em dez minutos. No momento em que descobri que a venda de milho deles cessou, simplesmente comprei os outros 4 milhões de alqueires no mercado. Claro que isso fez o preço subir novamente, mas o resultado líquido da minha manobra foi que cobri todo o lote de 10 milhões de alqueires sem passar de meio centavo acima do preço vigente no momento em que comecei a cobrir as vendas dos operadores. Os 200 mil alqueires de aveia que vendi a descoberto para iniciar a venda de milho pelos operadores cobri com uma perda de apenas 3 mil dólares. Foi uma isca de urso baixista bem barata. Os lucros que tive com o trigo compensaram tanto meu déficit no milho que a soma total de minhas perdas em todos os meus negócios de grãos naquela fase foi de apenas 25 mil dólares. Depois o milho subiu 25 centavos por alqueire. Stratton, sem dúvida, me tinha à sua mercê. Se eu tivesse decidido comprar meus 10 milhões de alqueires de milho sem me preocupar em pensar no preço, não há como dizer quanto teria que pagar.

Um homem não pode passar anos fazendo uma coisa sem adquirir em relação a ela uma atitude habitual, bastante diferente daquela do iniciante médio. É o que distingue o profissional do amador. É a maneira como um homem olha para as coisas que o leva a ganhar ou perder dinheiro nos mercados especulativos. O público tem o ponto de vista diletante no que diz respeito a seu próprio esforço. O ego se intromete indevidamente e o pensamento, por conseguinte, não é profundo nem exaustivo. O profissional se preocupa em fazer a coisa certa em vez de ganhar dinheiro, sabendo que o lucro se resolverá por si mesmo se ele cuidar das outras coisas. Um trader começa a jogar o jogo como faz o jogador profissional de bilhar, isto é, olha bem longe à frente e antecipa movimentos em vez de considerar apenas a iminente tacada específica. Chega a ser um instinto jogar pela posição.

Lembro-me de ouvir uma história sobre Addison Cammack que ilustra muito bem o que desejo apontar. A julgar por tudo que tenho ouvido, estou inclinado a pensar que Cammack foi um dos mais capazes operadores que Wall Street já viu. Não era um urso baixista cronicamente pessimista como muitos acreditam, mas sentia o maior apelo de negociar no lado baixista, de utilizar em seu nome os dois grandes fatores humanos: a esperança e o medo. A ele atribui-se ter cunhado o alerta "Não venda ações quando a seiva está subindo pelas árvores!", e os veteranos me contam que seus maiores ganhos foram obtidos no lado do touro altista, então é claro que ele não jogava com preconceitos, mas com condições. De qualquer forma, era um operador consumado. Parece que certa vez — isso foi bem no final de um mercado em alta — Cammack estava vendido e J. Arthur Joseph, o colunista financeiro e contador de histórias, sabia disso. O mercado, no entanto, não só estava forte como ainda subindo, em resposta aos estímulos dos líderes que apostavam na alta e aos relatórios otimistas dos jornais. Sabendo o uso que um trader como Cammack poderia fazer de informações pessimistas sobre o desempenho dos mercados, um dia Joseph correu ao escritório dele com as novidades.

"Sr. Cammack, tenho um grande amigo que é funcionário do setor de transferências no escritório da St. Paul, e ele acabou de me dizer algo que eu acho que o senhor deveria saber."

"O que é?", perguntou Cammack, indiferente.

"O senhor mudou de ideia, não é? Está baixista agora?", perguntou Joseph, para ter certeza. Se Cammack não estivesse interessado, não desperdiçaria munição preciosa.

"Sim. Que informação maravilhosa você tem?"

"Fui ao escritório da St. Paul hoje, como faço duas ou três vezes por semana em minhas peregrinações para coletar notícias, e meu amigo lá me disse: 'O velho está vendendo ações'. Ele se referia a William Rockefeller. 'Está mesmo, Jimmy?', perguntei. Ele respondeu: 'Sim, está vendendo 1500 ações a cada 0,375 ponto de alta. Faz dois ou três dias que estou transferindo lotes'. Não perdi tempo, vim logo contar ao senhor."

Cammack não era de se empolgar facilmente. Além do mais, estava tão acostumado a ver todo tipo de pessoas entrando freneticamente em seu escritório com todo tipo de notícia, fofoca, rumor, dica e mentira que desconfiava de todos. Ele se limitou a dizer: "Tem certeza de que ouviu direito, Joseph?".

"Se tenho certeza? Claro que tenho! Acha que sou surdo?"

"Você põe a mão no fogo por seu homem?"

"Certamente!", declarou Joseph. "Eu o conheço há anos. Ele nunca mentiu para mim. Não faria isso! Não teria motivos! Sei que é absolutamente confiável, e eu apostaria minha vida no que ele me diz. Eu o conheço tão bem quanto conheço qualquer pessoa neste mundo. Muito melhor do que o senhor parece me conhecer, depois de todos estes anos."

"Então tem certeza com relação a ele, hein?" Cammack olhou novamente para Joseph. Por fim disse: "Bem, você deve saber". Ele ligou para seu corretor, W. B. Wheeler. Joseph esperava ouvi-lo dar uma ordem para vender pelo menos 50 mil ações da St. Paul. William Rockefeller estava se desfazendo de suas participações na St. Paul, aproveitando a força do mercado. Quer se tratasse de ações de investimento ou de ativos especulativos era irrelevante. O único fato importante era que o melhor negociador de ações da Standard Oil estava vendendo St. Paul. O que o homem comum teria feito se tivesse recebido a notícia de uma fonte confiável? Nem precisa perguntar.

Mas Cammack, o mais hábil operador baixista de sua época, que naquele momento acreditava numa queda de preços, disse a seu corretor:

"Billy, vá à bolsa e compre 1500 ações da St. Paul a cada 0,375 de alta".
A ação estava na casa dos noventa.

"O senhor não quer dizer 'vender'?", Joseph se apressou a interrompê-lo. Não era nenhum novato em Wall Street, mas estava pensando no mercado do ponto de vista do jornalista e, aliás, do público geral. O preço certamente deveria cair com a notícia de venda interna. E não havia melhor venda interna do que a do sr. William Rockefeller. A Standard Oil saindo e Cammack comprando! Não podia ser!

"Não", respondeu Cammack. "Quero dizer 'comprar'!"

"Não acredita em mim?"

"Sim!"

"Não acredita nas minhas informações?"

"Sim."

"Não está esperando uma queda?"

"Sim."

"Mas então?"

"É por isso que estou comprando. Ouça: mantenha contato com aquele seu amigo confiável. No momento em que a venda em escala* parar, me avise. Imediatamente! Entendeu?"

"Sim", disse Joseph, e foi embora, sem ter certeza de que conseguiria entender os motivos de Cammack em comprar as ações de William Rockefeller. Era o conhecimento de que Cammack estava apostando no mercado em baixa que tornava sua manobra tão difícil de explicar. Contudo, Joseph visitou seu amigo, o funcionário encarregado das transferências, e disse que queria ser avisado assim que o velho parasse de vender. Regularmente, duas vezes por dia, Joseph visitava o amigo para perguntar a respeito.

Um dia, o funcionário das transferências lhe disse: "Do velho não saem mais ações". Joseph agradeceu e correu ao escritório de Cammack para transmitir a informação.

Cammack ouviu com atenção, virou-se para Wheeler e perguntou:

---

* *Sell on scale*, ou venda em escala, é uma fórmula de venda de ações que parecem demasiadamente altas, mas que o investidor espera que subam um pouco mais antes de declinar. (N. T.)

"Billy, que quantidade da St. Paul temos no escritório?". Wheeler pesquisou e relatou que haviam acumulado cerca de 60 mil ações.

O urso baixista Cammack, apostando numa queda dos preços, vinha colocando linhas vendidas em outras ações do agronegócio, bem como em várias outras ações, mesmo antes de começar a comprar St. Paul. Agora estava fortemente vendido no mercado. De pronto, ordenou a Wheeler que vendesse as 60 mil ações da St. Paul nas quais estavam comprados, e muito mais. Usou suas posições compradas da St. Paul como alavanca para reduzir a lista geral e beneficiar grandemente suas operações para um declínio nos preços.

A St. Paul não parou naquele movimento até atingir 44, e Cammack faturou uma bolada. Jogou suas cartas com extrema habilidade e, portanto, lucrou. O aspecto que quero salientar é sua habitual atitude em relação às negociações. Ele não teve que refletir. Instantaneamente, viu o que era muito mais importante para ele do que seu lucro com aquela ação. Viu que, de maneira providencial, tinha recebido uma oportunidade para começar suas grandes operações de venda de urso baixista não apenas no momento propício, mas com um impulso inicial adequado. A dica da St. Paul o fez comprar em vez de vender porque constatou de imediato que isso lhe dava um vasto estoque da melhor munição para sua campanha de urso baixista.

Para voltar a mim. Depois de fechar minhas transações com o trigo e o milho, zarpei para o sul em meu iate. Naveguei pelas águas da Flórida, me divertindo à beça. A pescaria foi ótima. Tudo estava lindo. Eu não tinha nenhuma preocupação no mundo e não estava procurando por nenhuma.

Um dia, desembarquei em Palm Beach. Eu me encontrei com uma porção de amigos de Wall Street e outros mais. Estavam falando sobre o mais pitoresco especulador de algodão da época. Um relatório de Nova York dizia que Percy Thomas havia perdido até o último centavo. Não era uma falência comercial; era apenas o boato da "segunda Waterloo" do mundialmente famoso operador no mercado de algodão.

Sempre senti grande admiração por ele. A primeira vez que ouvi falar dele foi pelos jornais, na época do fiasco da corretora Sheldon & Thomas na bolsa de valores, quando Thomas tentou encurralar em um corner o algodão. Sheldon, que não tinha a visão nem a coragem de seu parceiro, acovardou-se à beira do sucesso. Pelo menos, foi o que Wall Street comentou à época. Em todo caso, em vez de faturar uma bolada, protagonizaram um dos fracassos mais sensacionais em muitos anos. Já me esqueci de quantos milhões. A empresa foi liquidada e Thomas foi trabalhar sozinho. Dedicou-se exclusivamente ao algodão e não demorou muito para se erguer de novo. Pagou com juros tudo o que devia a seus credores — dívidas que ele não era legalmente obrigado a quitar. Ademais, ficou com 1 milhão de dólares de sobra para si mesmo. Seu retorno ao mercado de algodão foi, à sua maneira, tão extraordinário quanto a famosa façanha do Diácono, S. V. White, no mercado de ações, ao pagar 1 milhão de dólares em dívidas no decorrer de um ano. A coragem e o cérebro de Thomas me fizeram admirá-lo imensamente.

Todo mundo em Palm Beach estava falando sobre o colapso dos negócios de Thomas com algodão para entrega em março. Você sabe como as conversas se desenrolam e aumentam de tamanho, a quantidade de informações errôneas, exageros e acréscimos que se ouve. Ora, já vi um boato a meu respeito crescer de tal modo que o sujeito que o iniciou não o reconheceu quando voltou para ele menos de 24 horas depois, inflado com novos e pitorescos detalhes.

A notícia da última desventura de Percy Thomas fez minha mente se deslocar da pescaria para o mercado de algodão. Peguei para ler uma resma de arquivos de jornais financeiros e os li para me atualizar sobre a situação. Quando voltei para Nova York me dediquei a estudar o mercado. Todo mundo estava apostando na queda e todo mundo estava vendendo algodão para entrega em julho. Você sabe como as pessoas são. Suponho que seja o contágio de exemplo que leva um homem a fazer algo porque todos ao seu redor estão fazendo a mesma coisa. Talvez seja alguma fase ou variedade do instinto de rebanho. Em todo caso, na opinião de centenas de operadores, a manobra inteligente e apropriada era vender algodão para entrega em julho — e era a jogada mais segura também! Ninguém poderia chamar essa venda geral de imprudente: a palavra é muito conservadora. Os operadores simplesmente viam um lado do mercado e um grande lucro. Certamente esperavam um colapso nos preços.

Vi tudo isso, é claro, e me ocorreu que os caras que estavam operando com posições vendidas não tinham muito tempo para cobri-las. Quanto mais estudava a situação, maior a clareza com que eu via, até que por fim decidi comprar algodão para entrega em julho. Fui trabalhar e rapidamente comprei 100 mil fardos. Não tive problemas em obter essa quantidade, porque veio de muitos vendedores. Pareceu-me que eu poderia ter oferecido uma recompensa de 1 milhão de dólares pela captura de um único trader, vivo ou morto, que não estivesse vendendo algodão para entrega em julho, e ninguém apareceria para reivindicá-la.

Devo dizer que isso foi no final de maio. Continuei comprando mais e eles continuaram vendendo para mim, até que peguei todos os contratos em free float* e tinha 120 mil fardos. Alguns dias depois de ter comprado o último, começaram a subir. Uma vez iniciada essa alta, o mercado teve a gentileza de continuar muito bem, isto é, subindo de quarenta a cinquenta pontos por dia.

Um sábado — isso foi uns dez dias depois que comecei as operações —, o preço começou a se arrastar para cima. Eu não sabia se ainda havia à venda mais algodão para entrega em julho. Cabia a mim descobrir, então esperei até os últimos dez minutos. Naquela época, eu sabia, era normal para aqueles sujeitos estarem vendidos, e se o mercado fechasse para o dia seriam fisgados com segurança. Então, lancei no mercado quatro ordens diferentes para comprar 5 mil fardos cada, ao mesmo tempo. Isso puxou os preços trinta pontos para cima, e os vendidos a descoberto estavam fazendo de tudo que podiam para se esquivar. O mercado fechou no topo. Tudo o que eu fiz, lembre-se, foi comprar os últimos 20 mil fardos.

O dia seguinte era domingo. Mas, na segunda-feira, Liverpool deveria abrir vinte pontos acima para estar em paridade com a alta em Nova York. Em vez disso, abriu cinquenta pontos mais alto. O que significava que Liverpool havia excedido nosso avanço em 100%. Não tive nada a

---

* Percentual que indica a quantidade de ações que as empresas possuem em livre circulação no mercado. Ao excluir as que estão nas mãos dos donos e controladores, o free float mostra, na prática, quão aberta ao mercado é determinada empresa. (N. T.)

ver com o aumento desse mercado. Isso me mostrou que minhas deduções tinham sido sensatas e que eu estava negociando ao longo da linha de menor resistência. Ao mesmo tempo, eu não estava perdendo de vista o fato de que tinha um enorme lote para descartar. Um mercado pode avançar de maneira acentuada ou subir gradualmente e ainda assim não deter o poder de absorver mais do que determinado montante de vendas.

É claro que os cabogramas de Liverpool levaram nosso próprio mercado à loucura. Mas notei que, quanto mais alto subia, mais escasso o algodão para entrega em julho parecia se tornar. Eu não abria mão do meu. No frigir dos ovos, aquela segunda-feira foi um dia emocionante e não muito alegre para os ursos baixistas. Mas, apesar disso, não consegui detectar nenhum indício de pânico iminente de alta súbita, causando pânico nos ursos baixistas que venderam; não havia indícios de uma debandada cega para liquidar posições. E eu tinha 140 mil fardos para os quais precisava encontrar um mercado.

Na terça-feira pela manhã, fui a pé até meu escritório e encontrei um amigo na entrada do prédio.

"Uma história e tanto no *World* esta manhã", disse ele com um sorriso.

"Que história?", perguntei.

"O quê? Está querendo me dizer que não viu?"

"Eu nunca leio o *World*", aleguei. "Qual é a história?"

"Ora, é sobre você. Diz que encurralou num corner o algodão para entrega em julho."

"Eu não vi isso", respondi e o deixei falando sozinho. Não sei se ele acreditou em mim ou não. Provavelmente pensou que era uma tremenda falta de consideração da minha parte não lhe dizer se era verdade ou não.

Quando entrei no escritório, mandei me trazerem um exemplar do jornal. Como era de esperar, lá estava, na primeira página, em manchetes garrafais:

LARRY LIVINGSTON COLOCA EM "CORNER" ALGODÃO PARA ENTREGA EM JULHO

Claro que eu soube imediatamente que a matéria faria o diabo com o mercado. Se eu tivesse estudado deliberadamente formas e meios de me livrar de meus 140 mil fardos da maneira mais vantajosa, não poderia ter encontrado um plano melhor. Não teria sido possível encontrar um. Naquele exato momento, a matéria estava sendo lida em todo o país, tanto no *World* como em outros jornais que a citavam. Fora transmitida por telégrafo para a Europa. Disso não havia dúvida, a julgar pelos preços de Liverpool. O mercado estava simplesmente enlouquecido. Não era de admirar, diante das notícias.

Claro que eu sabia o que Nova York faria, e o que eu deveria fazer. O mercado aqui abriu às dez da manhã. Dez minutos depois eu já não tinha mais nenhum algodão. Deixei que comprassem cada um dos meus 140 mil fardos. Pela maior parte dos meus lotes recebi o que, como no fim ficou claro, foram os preços mais altos do dia. Os operadores fizeram o mercado para mim. Tudo o que fiz de fato foi ver uma oportunidade enviada pelos céus para me livrar do meu algodão. Eu a agarrei porque não pude evitar. O que mais poderia fazer?

Assim, o problema que, eu bem sabia, exigiria uma dose descomunal de reflexão foi resolvido para mim por acidente. Se o *World* não tivesse publicado aquela matéria, eu nunca teria sido capaz de me livrar dos meus lotes de algodão sem sacrificar a maior parte dos meus lucros no papel. Vender 140 mil fardos de algodão para entregar em julho sem abaixar os preços era um truque além da minha capacidade. Mas a matéria do *World* mudou a história a meu favor.

Por que o *World* publicou aquela matéria, não sei dizer. Nunca soube. Suponho que o jornalista tenha sido avisado por algum amigo do setor do mercado de algodão e pensou que estava publicando um furo. Não o vi, tampouco falei com qualquer pessoa do *World*. Até as nove da manhã daquele dia eu sequer sabia que o texto havia sido publicado; se meu amigo não tivesse chamado minha atenção para o artigo, eu nem ficaria sabendo.

Sem ele, eu não teria contado com um mercado grande o suficiente para descarregar meu algodão. Esse é um dos problemas de negociar em grande escala. Você não consegue escapar de fininho quando especula com cautela. Nem sempre pode vender tudo quando deseja ou quando acha mais sensato. Você tem que cair fora quando puder; quando tem um mercado que vai absorver seu lote inteiro. Deixar de aproveitar a oportunidade de sair pode custar a você milhões de dólares. Não dá para hesitar. Se fizer isso, está perdido. E você também não pode tentar fazer acrobacias como aumentar o preço para os baixistas por meio de compras competitivas, pois, dessa maneira, pode acabar reduzindo a capacidade de absorção. E quero dizer que perceber a oportunidade não é tão fácil quanto parece. Um homem deve viver em estado de permanente alerta, de modo que, quando a oportunidade der as caras, possa agarrá-la.

É claro que nem todo mundo sabia do meu afortunado acidente. Em Wall Street — e, aliás, em qualquer outro lugar —, qualquer acidente que renda muito dinheiro para um homem é visto com suspeita. Quando ele não é lucrativo, nunca é considerado um acidente, mas o resultado lógico de voracidade ou prepotência. Todavia, quando há lucro, chamam de pilhagem e falam sobre como a falta de escrúpulos paga bem, e como o conservadorismo e a decência são nocivos.

Não foram apenas os vendidos mal-intencionados, que padeciam de lancinantes pontadas de dor ocasionadas por sua própria imprudência, que me acusaram de ter planejado de caso pensado o golpe. Outras pessoas pensaram a mesma coisa.

Um dos maiores figurões do algodão em todo o mundo me recebeu um ou dois dias depois e disse: "Essa foi sem sombra de dúvida a jogada mais inteligente que você já fez, Livingston. Eu estava pensando com meus botões quanto você ia perder quando viesse comercializar seu lote. Você sabia que esse mercado não era grande o suficiente para receber mais de 50 ou 60 mil fardos sem uma queda de preços e uma venda generalizada, e comecei a me interessar pelo jeito que você ia dar para se livrar do resto sem perder todos os seus lucros no papel. Não pensei no seu esquema. Muito esperto".

"Não tive nada a ver com isso", assegurei-lhe com toda a sinceridade.

Mas ele apenas repetiu: "Muito engenhoso, meu garoto. Esperto à beça! Não seja tão modesto!".

Foi depois desse negócio que alguns dos jornais se referiram a mim como o "rei do algodão". Mas, como eu disse, a verdade é que eu não tinha direito a essa coroa. Não é necessário dizer que não há dinheiro suficiente nos Estados Unidos para comprar as colunas do *New York World* ou influência pessoal suficiente para garantir a publicação de uma matéria como essa. Ela me deu uma reputação totalmente imerecida naquela ocasião.

Mas não contei essa história para exprimir julgamentos morais sobre os louros da fama que por vezes são colocados de forma injusta na cabeça de traders indignos, tampouco para enfatizar a necessidade de aproveitar a oportunidade, não importa quando ou como ela apareça. Meu objetivo era explicar a vasta notoriedade que ganhei como resultado de meus negócios com o algodão para entrega em julho. Não fosse pelos jornais, eu nunca teria conhecido aquele homem excepcional, Percy Thomas.

12

NÃO MUITO TEMPO DEPOIS DE EU ter liquidado minha transação com o algodão para entrega em julho, com mais sucesso do que esperava, recebi pelo correio uma solicitação de entrevista. A carta era assinada por Percy Thomas. Claro, respondi imediatamente que ficaria feliz em vê-lo em meu escritório a qualquer hora que ele quisesse. No dia seguinte, ele apareceu.

Eu o admirava fazia muito tempo. Seu nome era conhecido onde quer que houvesse homens interessados em cultivar, comprar ou vender algodão. Tanto na Europa como em todo o país, as pessoas citavam para mim as opiniões de Percy Thomas. Lembro-me de que certa vez estava em um resort suíço conversando com um banqueiro do Cairo interessado em cultivar algodão no Egito, em sociedade com o falecido Sir Ernest Cassel. Quando soube que eu era de Nova York, imediatamente me perguntou sobre Percy Thomas, cujos relatórios de mercado ele recebia e lia com infalível regularidade.

Thomas, sempre pensei, tratava de seus negócios com um enfoque científico. Era um verdadeiro especulador, um pensador com a visão de um sonhador e a coragem de um lutador, um homem extraordinariamente bem informado, que conhecia a teoria e a prática das negociações com o algodão. Adorava ouvir e expressar ideias, teorias e abstrações, e ao mesmo tempo havia pouquíssimas coisas sobre o lado prático do mercado de algodão ou da psicologia dos comerciantes de algodão que ele não soubesse, pois operava fazia anos, ganhando e perdendo polpudas somas.

Após a falência de sua antiga corretora da bolsa de valores, a Sheldon & Thomas, ele seguiu em frente sozinho. Voltou dois anos depois, de maneira quase espetacular. Lembro-me de ter lido no *Sun* que a primeira coisa que ele fez quando se recuperou financeiramente foi pagar seus antigos credores até o último centavo, e o passo seguinte foi contratar um especialista para estudar e determinar de que modo deveria investir 1 milhão de dólares. Esse especialista examinou o patrimônio dele, analisou os relatórios de várias empresas e então recomendou a compra de ações da Delaware & Hudson.

Bem, após ter ido à falência, sofrido um prejuízo de milhões e ter voltado com mais milhões, Thomas perdeu todo seu dinheiro como resultado das operações com algodão para entrega em março. Não muito tempo depois, veio falar comigo. Propôs que formássemos uma aliança de trabalho. Quaisquer informações que ele obtivesse, imediatamente me repassaria antes de divulgá-las para o público. Minha parte seria fazer as negociações concretas, para as quais, disse Thomas, eu tinha um pendor especial e ele não.

Essa proposta não me atraiu, por uma série de razões. Com franqueza, aleguei que não me achava capaz de trabalhar em dupla e não estava interessado em tentar aprender a ter um sócio. Mas ele insistiu que seria uma combinação ideal, até que por fim eu disse categoricamente que não queria, de jeito nenhum, ter qualquer coisa a ver com a ideia de influenciar outras pessoas a negociar.

"Se eu me enganar", argumentei, "só eu sofro e pago a conta na hora. Nada de pagamentos que se arrastam por um longo período, nada de aborrecimentos inesperados. Jogo sozinho por escolha própria e porque é a maneira mais esperta e mais barata de negociar. Me dá prazer botar meu cérebro para competir em pé de igualdade com a inteligência de outros traders, homens que nunca vi na vida, com quem nunca falei, a quem nunca aconselhei a comprar ou vender, que nunca tive a expectativa de encontrar e conhecer. Quando ganho dinheiro, ganho apostando em minhas próprias opiniões. Não as vendo nem capitalizo. Se ganhasse dinheiro de qualquer outra forma, na imaginação seria como se não tivesse ganhado. Sua proposta não me interessa porque só estou interessado no jogo quando jogo por minha própria conta e risco e do meu jeito."

Ele disse que lamentava por eu pensar daquela maneira e tentou me convencer de que eu estava errado em rejeitar seu plano. Mas me mantive firme em meus pontos de vista. O resto foi uma conversa agradável. Eu lhe disse que sabia que ele "voltaria" e que consideraria um privilégio se me permitisse lhe prestar alguma ajuda financeira. Mas ele disse que não podia aceitar quaisquer empréstimos de minha parte. Em seguida me perguntou sobre minha transação com o algodão para entrega em julho e eu lhe contei tudo a respeito: como tinha entrado no negócio, quanto algodão comprei e o preço e outros detalhes. Conversamos um pouco mais e depois ele foi embora.

Quando afirmei aqui, pouco tempo atrás, que um especulador enfrenta um exército de inimigos, muitos dos quais atuam de forma infiltrada, eu tinha em mente meus muitos erros. Aprendi que um homem pode ter uma mente original e um hábito vitalício de pensamento independente e ainda assim ser vulnerável a ataques de uma personalidade persuasiva. Sou bastante imune às doenças especulativas mais comuns, como ganância, medo e esperança. Mas, sendo um homem comum, constato que posso errar com grande facilidade.

Eu deveria ter mantido o estado de alerta naquele momento específico porque, não muito antes, tive uma experiência que provou como é fácil um homem ser convencido a fazer algo contrariando seus princípios e até mesmo seus desejos. Aconteceu no escritório da Harding. Eu tinha uma espécie de escritório privativo, uma sala que me deixaram ocupar sozinho, na qual em tese ninguém estava autorizado a entrar durante o horário de expediente do pregão sem meu consentimento. Não queria ser incomodado e, como estava negociando em uma escala muito grande e minha conta era bastante lucrativa, contava com uma proteção muito boa.

Um dia, logo após o fechamento do mercado, ouvi alguém dizer: "Boa tarde, sr. Livingston".

Virei-me e vi um completo desconhecido, um sujeito de cerca de trinta ou 35 anos. Não conseguia entender como ele havia entrado, mas ali estava. Concluí que, por ter algum negócio a tratar comigo, tinha sido autorizado a entrar. Mas eu não disse uma palavra. Apenas olhei para ele, que se apressou em esclarecer: "Vim falar com o senhor sobre Walter Scott". E seguiu em frente.

Era um vendedor de livros. Não tinha maneiras exatamente afáveis ou uma oratória primorosa, tampouco uma aparência especialmente agradável, mas sem dúvida tinha personalidade. Ele falou e pensei ter ouvido. Mas não sei o que ele disse. Acho que jamais soube, nem mesmo na época. Assim que terminou seu monólogo, ele me entregou primeiro sua caneta-tinteiro e, em seguida, um formulário em branco, que assinei. Era um contrato por meio do qual eu adquiria uma coleção de obras de Walter Scott por quinhentos dólares.

No momento em que assinei, caí em mim. Mas ele já estava com o contrato a salvo no bolso. Eu não queria os livros. Não tinha espaço para eles. Não eram de nenhuma utilidade para mim. Eu não tinha ninguém a quem dá-los. Mesmo assim, concordei em comprá-los por quinhentos dólares.

Estou tão acostumado a perder dinheiro que nunca penso primeiro nessa fase dos meus erros. É sempre a jogada em si, o motivo, o porquê. Em primeiro lugar, desejo conhecer minhas limitações e meus hábitos de pensamento. Outra razão é que não desejo cometer o mesmo erro uma segunda vez. Um homem pode perdoar seus erros somente se capitalizá-los em seu lucro posterior.

Bem, tendo cometido um erro que me custou quinhentos dólares, mas ainda sem localizar o problema, simplesmente olhei para o sujeito a fim de avaliá-lo, como um primeiro passo. Macacos me mordam se ele não riu para mim! E foi um sorrisinho compreensivo! Parecia ter lido meus pensamentos. De alguma forma eu sabia que não precisava lhe explicar nada; ele sabia sem que eu lhe dissesse. Por isso, pulei as explicações e as preliminares e perguntei: "Quanto de comissão você vai receber por essa venda de quinhentos dólares?".

Ele prontamente balançou a cabeça e disse: "Não posso fazer isso! Desculpe!".

"Quanto você ganha?", persisti.

"Um terço. Mas não posso!"

"Um terço de quinhentos dólares são 166,66. Vou te dar duzentos dólares em dinheiro se você me devolver o contrato assinado." E, para provar, peguei o dinheiro do meu bolso.

"Eu disse que não posso", repetiu ele.

"Todos os seus clientes fazem a mesma oferta para você?", perguntei.

"Não", respondeu ele.

"Então por que você tinha tanta certeza de que eu faria?"

"É o que seu tipo de pessoa faria. Você é um perdedor de primeira classe, o que o torna um homem de negócios de primeira classe. Fico muito agradecido, mas não posso fazer isso."

"Agora me diga: por que não quer ganhar mais dinheiro do que sua comissão?"

"Não é exatamente isso. Não estou trabalhando apenas pela comissão."

"Por que está trabalhando, então?"

"Pela comissão e pelo recorde", respondeu ele.

"Que recorde?"

"O meu."

"Aonde quer chegar?"

"Você trabalha só por dinheiro?", ele me perguntou.

"Sim", respondi.

"Não." Ele balançou a cabeça. "Não, não é verdade. Se fosse assim, não se divertiria o suficiente. Você certamente não trabalha apenas para adicionar mais alguns dólares à sua conta bancária, e não está em Wall Street por gostar de dinheiro fácil. Você se diverte de algum outro jeito. Bem, comigo é a mesma coisa."

Não argumentei, mas perguntei: "E como você se diverte?".

"Bem, todos nós temos um ponto fraco", confessou ele.

"E qual é o seu?"

"Vaidade", disse ele.

"Você conseguiu me fazer assinar o contrato. Agora eu quero desistir do negócio e estou pagando a você duzentos dólares por dez minutos de trabalho. Não é o suficiente para sua vaidade?"

"Não", respondeu ele. "Veja só, todo o resto do pessoal está trabalhando em Wall Street faz meses e não conseguiu fazer vendas. Alegaram que a culpa era da mercadoria e do território. Então o escritório me enviou aqui para eu provar que a falha está na capacidade deles como vendedores, e não nos livros ou no lugar. Estavam trabalhando com uma comissão de 25%. Eu estava em Cleveland, onde vendi 82 coleções em duas semanas. Estou aqui para vender certo número de coleções não apenas para pessoas que não compraram de outros vendedores, mas para pessoas que os vendedores não conseguiam nem ver. É por isso que me pagam 33%."

"Não consigo entender como é que você me vendeu aquela coleção."

"Ora", disse ele em tom consolador, "vendi uma coleção para J. P. Morgan."

"Não é verdade", comentei.

Ele ficou irritado. Apenas disse: "Honestamente falando, vendi sim!".

"Uma coleção de Walter Scott para J. P. Morgan, que não só tem algumas belas edições, mas provavelmente os manuscritos originais de alguns dos romances também?"

"Bem, aqui está a assinatura dele." Ele prontamente me mostrou um contrato assinado pelo próprio J. P. Morgan. Poderia não ser a assinatura dele, mas na época não me ocorreu duvidar disso. O mesmo vendedor não estava com a minha assinatura no bolso? Tudo o que eu senti foi curiosidade.

Em seguida, perguntei: "Como você passou pelo bibliotecário?".

"Não vi nenhum bibliotecário. Vi o homem em pessoa. No gabinete dele."

"Isso já é demais!", exclamei. Todo mundo sabia que era muito mais difícil entrar no gabinete particular do sr. Morgan de mãos vazias do que na Casa Branca com um pacote fazendo tique-taque de bomba-relógio.

Mas ele declarou: "Eu garanto".

"Mas como entrou no escritório dele?"

"Como foi que entrei no seu?", ele retrucou.

"Não sei. Me diga você", insisti.

"Bem, a maneira como entrei no escritório de Morgan e a maneira como entrei no seu foram as mesmas. Simplesmente falei com o sujeito na porta cujo trabalho era não me deixar entrar. E a forma como consegui convencer Morgan a assinar foi a mesma maneira como pedi para você assinar. Ambos não estavam assinando um contrato para comprar uma coleção de livros. Apenas pegaram a caneta-tinteiro que dei a vocês e fizeram com ela o que pedi que fizessem. Sem diferença. A mesma coisa."

"E essa é realmente a assinatura de Morgan?", indaguei, cerca de três minutos atrasado, com meu ceticismo.

"Claro! Ele aprendeu a escrever o próprio nome quando era menino."

"E é só isso?"

"É só isso", respondeu ele. "Sei exatamente o que estou fazendo. Todo o segredo se resume a isso. Fico muito agradecido. Tenha um bom dia, sr. Livingston." E começou a se dirigir para a porta.

"Espere aí", pedi. "Estou determinado a fazer com que você ganhe duzentos dólares comigo". E entreguei a ele 35 dólares.

O vendedor balançou a cabeça. Depois disse: "Não. Não posso fazer isso. Mas isto aqui eu posso fazer." Ele tirou do bolso o contrato, rasgou-o em dois e me deu os pedaços.

Contei duzentos dólares e coloquei o dinheiro diante dele, que sacudiu a cabeça de novo.

"Não foi isso que você quis dizer?", perguntei.

"Não."

"Então, por que rasgou o contrato?"

"Porque você não choramingou. Reagiu como eu mesmo teria feito se estivesse no seu lugar."

"Mas eu lhe ofereci duzentos dólares por livre e espontânea vontade", aleguei.

"Eu sei, mas dinheiro não é tudo."

Algo em sua voz me fez dizer: "Você está certo, não é. E agora o que realmente quer que eu faça por você?".

"Você é rápido no gatilho, não é?", disse ele. "Quer realmente fazer algo por mim?"

"Sim, quero. Mas se vou ou não fazer depende do que você tem em mente."

"Leve-me com você ao escritório do sr. Ed Harding e lhe peça para me deixar falar com ele por três minutos contados no relógio. Depois me deixe sozinho com ele."

Sacudi a cabeça e disse: "Ele é um bom amigo meu".

"Ele tem cinquenta anos e é corretor da bolsa", disse o vendedor de livros.

Era a mais pura verdade, então eu o levei ao escritório de Ed. Não tive mais notícias desse vendedor de livros. No entanto, algumas semanas depois, à noite, quando eu estava indo para a parte alta da cidade, cruzei com ele em um vagão da linha L, na Sexta Avenida. Ele ergueu o chapéu muito educadamente, e respondi com um meneio da cabeça. Então veio até mim e me perguntou:

"Como vai, sr. Livingston? E como está o sr. Harding?"

"Ele está bem. Por que pergunta?" Senti que ele estava escondendo alguma história.

"Vendi ao sr. Harding 2 mil dólares em livros naquele dia em que me levou ao escritório dele."

"Ele nunca me disse uma palavra a respeito disso."

"Não. Ele não é do tipo que fala dessas coisas."

"De que tipo ele é?"

"Do tipo que nunca comete erros, porque cometer erros é ruim para os negócios. Do tipo que sempre sabe o que quer e ninguém pode lhe dizer o contrário. Do tipo que paga a educação dos meus filhos e mantém minha esposa de bom humor. Você me fez uma boa ação, sr. Livingston. Eu esperava por ela quando abri mão dos duzentos dólares com os quais você estava tão ansioso para me presentear."

"E se o sr. Harding não tivesse comprado livro nenhum?"

"Ah, mas eu sabia que compraria. Descobri que tipo de homem ele é. Uma barbada.".

"Sim. Mas e se não tivesse comprado nenhum livro?", insisti.

"Eu teria voltado a falar com você e vendido algo. Tenha um bom dia, sr. Livingston. Vou ver o prefeito." Ele se levantou quando o metrô parou em Park Place.

"Espero que venda dez coleções para ele", comentei. Sua excelência era um homem da Tammany.*

"Também sou republicano", disse ele, e saiu, sem pressa, a passos vagarosos, confiante de que o trem esperaria. E esperou.

Contei essa história com tantos detalhes porque se tratava de um homem notável que me fez comprar o que eu não queria comprar. Foi o primeiro homem que fez isso comigo. Nunca deveria ter havido um segundo, mas houve. Com algumas coisas nunca se pode contar: a existência de um único vendedor excepcional no mundo ou a imunização completa à influência da personalidade.

Quando Percy Thomas saiu do meu escritório, depois que, em tom agradável, mas categórico, me recusei a firmar uma aliança de trabalho com ele, eu teria jurado que nossos caminhos jamais se cruzariam nos negócios. Eu não tinha certeza se voltaria a vê-lo. No dia seguinte, contudo, ele me escreveu uma carta agradecendo minhas ofertas de ajuda e me convidando para ir vê-lo. Aceitei o convite. Ele escreveu outra vez. Fui visitá-lo.

Acabei convivendo bastante com ele. Para mim, sempre era um prazer escutá-lo, porque ele sabia expressar seu conhecimento de maneira interessante. Creio que é o homem de maior magnetismo pessoal que já conheci.

Conversávamos sobre muitas coisas, pois se tratava de um homem muito versado, com grande bagagem de leituras, extraordinária compreensão acerca de muitos assuntos e um dom excepcional para generalizações interessantes. A sabedoria de seu discurso era impressionante; quanto à plausibilidade, era incomparável. Ouvi muitas pessoas acusarem Percy Thomas de muitas coisas, incluindo falta de sinceridade, mas às vezes me pergunto se sua notável capacidade de parecer plausível não vem do fato de que primeiro ele convence a si mesmo de forma tão cabal que acaba por adquirir um poder de persuasão muito maior para convencer os outros.

---

* Fundada em 1786 e extinta em 1960, a Tammany Hall foi uma influente sociedade política formada por membros do Partido Democrata dos Estados Unidos. Ela dominou o governo municipal da cidade de Nova York entre 1854 e 1934, quando Fiorello LaGuardia, do Partido Republicano, foi eleito prefeito. (N. T.)

É claro que conversávamos longamente sobre questões do mercado. Eu não estava otimista com relação a uma alta do algodão, mas ele estava. Eu não conseguia ver o lado do touro altista em tudo, mas ele conseguia. Ele trazia tantos fatos e números que eu deveria ficar arrebatado, mas não ficava. Eu não poderia contestá-los, porque não era capaz de negar sua autenticidade, mas eles não abalavam minha crença naquilo que eu lia por mim mesmo. Mas ele insistia até eu não ter mais certeza acerca das minhas próprias informações, recolhidas de relatórios, jornais especializados em finanças e notícias diárias. Isso significava que eu não conseguia ver o mercado com meus próprios olhos. Um homem não pode ser convencido a abandonar suas próprias convicções, mas pode ser levado a um estado de incerteza e indecisão, o que é ainda pior, pois significa que já não pode negociar com confiança e conforto.

Não posso dizer que meti os pés pelas mãos exatamente, mas perdi o equilíbrio; ou, em vez disso, parei de articular meu próprio raciocínio. Não consigo contar em pormenores as várias etapas pelas quais cheguei ao estado de espírito que no fim se mostraria tão custoso para mim. Acho que eram suas confiantes garantias acerca da exatidão de seus números, que eram exclusivamente dele, e a minha falta de confiança, que não era exclusivamente minha, mas uma propriedade pública. Ele insistiu na confiabilidade absoluta, que já havia sido provada e comprovada mais de uma vez, de todos os seus 10 mil correspondentes em todo o sul. No final passei a ler as condições como ele próprio as lia, porque estávamos ambos lendo a mesma página do mesmo livro, que ele segurava diante dos meus olhos. Ele tem uma mente lógica. Uma vez que aceitei seus fatos, foi tiro e queda para que minhas próprias conclusões, derivadas de seus fatos, concordassem com as dele.

Quando ele iniciou as conversas comigo sobre a situação do algodão, eu não apenas estava apostando na queda dos preços, mas estava vendido no mercado. Gradualmente, à medida que comecei a aceitar seus fatos e números, passei a temer que estivesse baseando minha posição anterior em desinformação. Claro que eu não poderia me sentir assim e não cobrir minhas posições. E tão logo as cobri, porque Thomas me fez pensar que eu estava errado, simplesmente tive que entrar comprado. É a maneira como minha mente funciona. Nunca fiz outra coisa na minha vida a não ser negociar ações e commodities. Naturalmente acho que, se é errado ser um urso baixista e acreditar na queda do mercado, deve ser certo ser um touro e apostar na alta. E se é certo ser um touro altista é imperativo comprar. Como meu velho amigo de Palm Beach, Pat Hearne, costumava dizer: "Você não tem como saber enquanto não apostar!". Devo provar se estou certo no mercado ou não; e as provas devem ser lidas apenas nos relatórios dos meus corretores no fim do mês.

Comecei a comprar algodão, e num piscar de olhos eu tinha meu lote de costume, cerca de 60 mil fardos. Foi a jogada mais burra da minha carreira. Em vez de me manter de pé ou cair por conta de minhas próprias observações e deduções, eu estava simplesmente jogando o jogo de outro homem. Era bastante adequado que minhas jogadas bobas não terminassem assim. Eu não só comprei quando não tinha motivo nenhum para ser um urso otimista apostando numa alta como não acumulei meu lote de acordo com as sugestões da experiência. Eu não estava negociando do jeito certo. Depois de dar ouvidos aos outros, estava perdido.

O mercado não estava se comportando do jeito que eu queria. Nunca fico com medo ou impaciente quando tenho certeza da minha posição. Mas o mercado não agiu da maneira como deveria ter agido se Thomas estivesse certo. Tendo dado o primeiro passo errado, dei o segundo e o terceiro, e é claro que me embananei todo. Eu me permiti ser persuadido não apenas a não assumir meu prejuízo, mas a puxar o mercado para cima. É um estilo de jogo estranho à minha natureza e contrário a meus princípios e teorias de negociação. Mesmo quando ainda era um menino nas bucket shops, eu sabia das coisas. Mas não era eu mesmo. Eu era outro homem, uma pessoa à la Thomas.

Eu não só estava comprado em algodão, mas também carregava um pesado lote de trigo. O desempenho estava formidável e me rendeu um belo lucro. Meus esforços idiotas para turbinar o algodão aumentaram meu lote em cerca de 150 mil fardos. Posso dizer que nessa época eu não estava me sentindo muito bem. Não digo isso de modo a arranjar uma desculpa para meus erros, mas apenas para declarar um fato pertinente. Lembro que fui para Bayshore em busca de descanso.

Enquanto estava lá, parei para refletir um pouco. Pareceu-me que meus compromissos especulativos eram exagerados. Via de regra não sou tímido, mas comecei a me sentir nervoso, o que me fez tomar a decisão de aliviar meu fardo. Para tanto, eu tinha que abrir mão ou do algodão ou do trigo.

Parece incrível que, conhecendo o jogo tão bem quanto eu, com uma experiência de doze ou catorze anos de especulação em ações e commodities, eu tenha feito a coisa errada. O algodão me mostrou prejuízo, mas continuei com ele. O trigo me mostrou lucro, e eu o vendi. Foi uma jogada idiota, mas tudo o que posso dizer como atenuante é que na verdade não era uma transação minha, mas de Thomas. De todas as asneiras que se podem cometer na especulação, poucas são maiores do que tentar fazer preço médio de um jogo perdido. Meu negócio com o algodão me provou isso no grau máximo um pouco mais tarde. Sempre venda o que mostrar perda e mantenha o que mostrar lucro. Era obviamente a coisa mais sábia a fazer, e eu tinha tamanha noção disso que até agora fico espantado comigo mesmo por ter feito o inverso.

Por fim vendi meu trigo, reduzindo meu lucro deliberadamente. Depois que saí, o preço subiu vinte centavos o alqueire, sem parar. Se eu o tivesse mantido, poderia ter lucrado cerca de 8 milhões de dólares. E, tendo decidido continuar com a proposta perdedora, comprei mais algodão!

Lembro-me com muita nitidez de como, todo santo dia, eu comprava algodão, mais algodão. E por que você acha que eu fazia isso? Para impedir que o preço caísse! Se essa não é uma jogada de superotário, o que é? Simplesmente continuei colocando mais e mais dinheiro, dinheiro que, mais cedo ou mais tarde, perderia. Meus corretores e amigos íntimos não conseguiam entender; e até hoje não entendem. Claro, se o resultado do negócio tivesse sido outro, eu seria considerado uma maravilha da natureza. Mais de uma vez me avisaram para não confiar demais nas brilhantes análises de Percy Thomas. Não dei atenção aos alertas, mas continuei comprando algodão para evitar que o preço caísse. Eu estava comprando até em Liverpool. Acumulei 450 mil fardos antes de perceber o que estava fazendo. E aí já era tarde demais. Por fim, vendi meu lote.

Perdi quase tudo o que havia ganhado com todos os meus outros negócios em ações e commodities. Não fiquei completamente falido, mas me restavam apenas algumas centenas de milhares de dólares, e eu tinha milhões antes de conhecer meu brilhante amigo Percy Thomas. Para mim, violar todas as leis que a experiência me ensinou a observar a fim de prosperar ia além da estupidez.

Aprender que um homem pode fazer jogadas tolas sem qualquer motivo foi uma lição valiosa. Perdi milhões para aprender que outro inimigo perigoso para um trader é sua suscetibilidade às instigações de uma personalidade magnética quando expressas de modo plausível por uma mente brilhante. Sempre me pareceu, no entanto, que eu poderia ter aprendido muito bem minha lição se o custo tivesse sido de apenas 1 milhão. Mas o Destino nem sempre permite que você defina o custo da educação. Ele desfere a pancada educativa e apresenta sua própria conta, sabendo que você tem que pagar, seja qual for o valor. Ao descobrir o asno que eu era, fui capaz de encerrar aquele capítulo específico. Percy Thomas saiu de minha vida.

Lá estava eu, tendo perdido mais de 90% de meu capital, e, como Jim Fisk costumava dizer, na pindaíba — em situação desesperadora. Por menos de um ano fui milionário. Os milhões que ganhei foi usando o cérebro, com a ajuda da sorte. Eu os perdi invertendo o processo. Vendi meus dois iates e passei a levar uma vida menos extravagante.

Mas aquele golpe não foi suficiente. A sorte estava contra mim. Tive que lidar primeiro com a doença e depois enfrentei a necessidade urgente de 200 mil dólares em dinheiro vivo. Alguns meses antes, essa soma teria sido uma bagatela, mas agora significava quase tudo o que restava de minha efêmera fortuna, que fugiu como se tivesse asas. Eu tinha que arranjar dinheiro, e a pergunta era: onde? Não queria ter que tirá-lo do saldo que mantinha com meus corretores, porque, se o fizesse, não teria muita margem para minhas próprias operações; e precisava de facilidades nas negociações mais do que nunca se quisesse reconquistar meus milhões rapidamente. Até onde eu enxergava, restava apenas uma alternativa: tirar o dinheiro do mercado de ações!

Pense nisso! Se você sabe muito sobre o cliente médio da corretora média, vai concordar comigo que a esperança de fazer o mercado de ações pagar sua conta é uma das mais prolíficas fontes de prejuízos em Wall Street. Se você se aferrar à sua determinação, vai perder tudo o que tem, até o último centavo.

Ora, no escritório da Harding, durante um inverno, um bando de caras ambiciosos e exagerados gastou 30 ou 40 mil dólares por um sobretudo, e nenhum deles viveu para usá-lo. Acontece que um destacado operador de pregão, que desde então se tornou mundialmente famoso como um alto executivo do governo, apareceu na bolsa vestindo um sobretudo de pele forrado com pele de lontra. Naquela época, antes que os preços das peles subissem às alturas, o casaco foi avaliado em apenas 10 mil dólares. Bem, um dos camaradas no escritório da Harding, Bob Keown, decidiu comprar um casaco forrado com zibelina russa. Foi às lojas da parte chique da cidade conferir o preço de um. O custo era mais ou menos o mesmo, 10 mil dólares.

"É dinheiro até dizer chega", contestou um dos colegas.

"Ah, justo! É justo!", admitiu Bob Keown, em tom amigável. "Mais ou menos uma semana de salário. A menos que vocês me prometam me dar um de presente, como um símbolo modesto mas sincero da estima que têm pelo homem mais legal do escritório. Posso ouvir o discurso da entrega do presente? Não? Muito bem. Vou deixar que o mercado de ações compre um para mim!"

"Por que você quer um casaco de zibelina?", perguntou Ed Harding.

"Ficaria lindo em um homem da minha altura", respondeu Bob, empertigando-se.

"E como é que vai pagar por ele?", perguntou Jim Murphy, o melhor caçador de dicas do escritório.

"Por meio de um judicioso investimento de caráter temporário, James", respondeu Bob, que sabia que Murphy estava apenas atrás de uma dica.

Como era de esperar, Jimmy perguntou: "Que ações você vai comprar?".

"Errado como sempre, amigo. Não é hora de comprar nada. Minha proposta é vender 5 mil ações da Steel. Deve cair dez pontos, no mínimo. Vou pegar apenas dois pontos e meio líquidos. Isso é conservador, não é?"

"O que você ouviu a respeito disso?", perguntou Murphy, ansioso.

Era um homem alto e magro com cabelo preto e aparência faminta devido ao fato de nunca sair para almoçar por medo de perder alguma coisa na fita impressa de cotações.

"Ouvi dizer que esse casaco cai bem demais, e é o mais elegante que já planejei comprar." Ele se virou para Harding e disse: "Ed, venda 5 mil ações ordinárias da U.S. Steel no mercado. Hoje, querido!".

Bob era um especulador e gostava de dizer coisas engraçadas. Era sua maneira de contar ao mundo que tinha nervos de aço. Vendeu 5 mil ações da Steel, cujo preço imediatamente subiu. Não sendo tão burro quanto parecia ao abrir a boca para falar, Bob interrompeu suas perdas em um ponto e meio e confidenciou ao escritório que o clima de Nova York era agradável demais para casacos de pele, que eram insalubres e ostentosos. Os demais colegas fizeram chacota. Mas não demorou muito para cada um deles comprar algumas ações da Union Pacific a fim de adquirir um casaco. Ele perdeu 1800 dólares e disse que zibelina ficava ótima em mulheres, mas não como forro de uma vestimenta destinada a ser usada por um homem discreto e inteligente.

Depois disso, um após o outro, os companheiros tentaram persuadir o mercado a pagar por esse casaco. Um dia eu disse que compraria o casaco, para evitar que o escritório fosse à falência. Mas todos disseram que não era a coisa mais decente a fazer; que, se eu quisesse o casaco, deveria deixar o mercado me dar. Mas Ed Harding aprovou fortemente minha intenção, e nessa mesma tarde fui ao peleteiro comprá-lo. Descobri que um homem de Chicago o comprara na semana anterior.

Esse foi apenas um caso. Não existe um único homem em Wall Street que não tenha perdido dinheiro tentando fazer o mercado pagar por um automóvel ou uma pulseira, um barco a motor ou uma pintura. Eu poderia construir um enorme hospital com os presentes de aniversário que o sovina do mercado de ações se recusou a pagar. Na verdade, de todos os azares de Wall Street, creio que a determinação a induzir o mercado de ações a agir como uma fada madrinha é o mais movimentado e persistente.

Como todas as autênticas faltas de sorte, essa tem sua razão de ser. O que um homem faz quando decide induzir o mercado de ações a pagar por uma necessidade repentina? Ora, apenas nutre esperanças.

Ele joga e aposta. Portanto, corre riscos muito maiores do que correria se estivesse especulando de forma inteligente, em consonância com opiniões ou crenças que levam a resultados lógicos após um estudo imparcial das condições subjacentes. Para começo de conversa, está atrás de um lucro instantâneo. Não pode se dar ao luxo de ficar esperando. O mercado tem que ser bom para ele imediatamente, se possível. Ele se autoelogia por não estar pedindo mais do que apostar uma quantia em dinheiro igual à de outros apostadores. Como está preparado para agir rápido — digamos, estancar sua perda em dois pontos quando tudo o que ele espera é ganhar dois pontos —, ele encampa a falácia de que está apenas se arriscando numa aposta com 50% de chance de vencer. Ora, conheci homens que perderam milhares de dólares nessas negociações, sobretudo nas compras feitas no auge de um mercado em alta, pouco antes de uma queda moderada. Certamente não é maneira de operar. Bem, aquela culminante asneira da minha carreira como especulador financeiro foi a gota d'água. Acabou comigo. Perdi o pouco que meu negócio de algodão havia me deixado. Fez estragos ainda maiores, pois continuei negociando, e perdendo. Insisti na ideia de que o mercado de ações deve necessariamente gerar dinheiro para mim no fim das contas. Mas o único fim à vista era o fim dos meus recursos. Contraí dívidas, não apenas com meus corretores principais, mas com outras casas que aceitaram fazer negócios comigo sem que eu colocasse uma margem adequada. Não apenas me endividei, mas continuei endividado.

13

LÁ ESTAVA EU, MAIS UMA VEZ FALIDO, o que era ruim, e completamente equivocado em minhas operações, o que era um pouco pior. Eu estava doente, nervoso e chateado, e era incapaz de raciocinar com calma. Ou seja, encontrava-me em um estado de espírito em que nenhum especulador deve se encontrar quando negocia. Estava tudo errado comigo. Na verdade, comecei a pensar que não seria capaz de recuperar meu falecido senso de proporção. Tendo me acostumado a negociar com lotes grandes — digamos, mais de 100 mil ações —, meu receio era não mostrar bom senso ao negociar em pequena escala. Não parecia valer a pena estar certo quando tudo o que eu carregava eram apenas cem ações. Depois do hábito de obter grandes lucros com grandes lotes, eu não tinha certeza se saberia obter lucro em um pequeno lote. Não posso descrever ao leitor como me sentia desarmado.

Quebrado mais uma vez, incapaz de iniciar uma ofensiva vigorosa, endividado e equivocado! Depois de todos aqueles longos anos de sucessos, entremeados por erros que na verdade serviram para pavimentar o caminho para sucessos ainda maiores, eu estava pior agora do que quando começara nas bucket shops. Tinha aprendido muito sobre o jogo da especulação com ações, mas não sobre o jogo das fraquezas humanas. Não existe uma mente que funcione feito uma máquina, de tal modo que se possa confiar que funcionará com a mesma eficiência em todos os momentos. Tinha aprendido que não podia confiar em mim mesmo a ponto de acreditar que permaneceria igualmente imperturbável, sem ser afetado por homens e infortúnios, em todos os momentos.

As perdas de dinheiro nunca me preocuparam, nem um pouco. Mas outros problemas podiam me aborrecer, e aborreciam mesmo. Estudei meu desastre em detalhes e, é claro, não encontrei dificuldade em descobrir com precisão onde tinha cometido uma tolice. Identifiquei a hora e o lugar exatos. Um homem deve conhecer minuciosamente a si mesmo se quiser fazer um bom trabalho atuando no mercado especulativo. Saber do que eu era capaz na linha das asneiras e loucuras foi uma longa etapa educacional. Às vezes penso que nenhum preço é alto demais para um especulador que quer aprender o que o impedirá de se tornar arrogante. Muitos desastres financeiros de homens brilhantes podem ser atribuídos diretamente à prepotência, uma doença custosa em todos os lugares, para todas as pessoas, mas sobretudo para um especulador de Wall Street.

Eu não estava feliz em Nova York, dado como me sentia. Não queria negociar, porque não estava em boa forma. Decidi ir embora e procurar uma forma de ganhar dinheiro em outro lugar. A mudança de cenário poderia me ajudar a me encontrar de novo, pensei. Assim, mais uma vez deixei a cidade, derrotado pelo jogo da especulação. Eu estava pior do que quebrado, já que devia mais de 100 mil dólares, espalhados entre várias corretoras.

Fui para Chicago e lá encontrei uma fonte de renda. Não era muito substancial, o que apenas significava que eu precisaria de um pouco mais de tempo para reconquistar minha fortuna. Uma corretora em que eu havia negociado tinha fé na minha capacidade como trader e estava disposta a provar isso permitindo que eu operasse em seu escritório, em pequena escala.

Comecei de forma muito conservadora. Não sei como poderia ter me saído se tivesse ficado lá. Mas uma das experiências mais marcantes em minha carreira interrompeu de forma abrupta minha estada em Chicago. É uma história quase inacreditável.

Um dia, recebi um telegrama de Lucius Tucker, que eu tinha conhecido quando ele era gerente do escritório de uma corretora da bolsa de valores onde eu às vezes fazia negócios, mas a quem perdera de vista. O telegrama dizia:

Venha para Nova York imediatamente. L. TUCKER.

Eu sabia que ele sabia, por ter sido informado por amigos em comum, que eu estava em apuros; portanto, sem sombra de dúvida, ele tinha uma carta na manga. Ao mesmo tempo, eu não tinha dinheiro para uma viagem desnecessária para Nova York; então, em vez de fazer o que ele me pediu, liguei.

"Recebi seu telegrama", eu disse. "O que significa?"

"Significa que um grande banqueiro de Nova York quer ver você", respondeu ele.

"Quem?", eu quis saber, porque não conseguia imaginar quem poderia ser.

"Digo quando você chegar a Nova York. Se não for assim, nada feito."

"Então ele quer me ver?"

"Quer."

"A respeito do quê?"

"Ele explicará pessoalmente se você lhe der uma chance", disse Lucius.

"Você não pode me escrever?", perguntei.

"Não."

"Então seja mais claro", pedi.

"Não quero."

"Olhe aqui, Lucius, diga-me apenas uma coisa: vai ser uma viagem inútil?"

"Certamente não. Será vantajoso para você se vier."

"Não pode me dar uma ideia?"

"Não. Não seria justo com ele. Além disso, não sei o quanto ele quer fazer por você. Mas siga meu conselho: venha, e venha rápido."

"Tem certeza de que sou eu que ele deseja ver?"

"Ninguém mais além de você. É melhor vir, estou dizendo. Pode me telegrafar para avisar em que trem estará e vou te encontrar na estação."

"Muito bem", eu disse, e desliguei.

Eu não era grande fã de mistérios, mas sabia que Lucius era um amigo e que devia ter um bom motivo para falar do modo como falou. A vida que eu andava levando em Chicago não era tão suntuosa a ponto de partir meu coração ir embora da cidade. No nível em que eu estava fazendo negócios lá, demoraria muito tempo para conseguir dinheiro suficiente para operar na antiga escala.

Voltei para Nova York sem saber o que ia acontecer. Na verdade, mais de uma vez durante a viagem temi que nada fosse acontecer e que eu estava desperdiçando minha passagem de trem e meu tempo. Eu não podia imaginar que estava prestes a ter a experiência mais curiosa da minha vida inteira.

Lucius me encontrou na estação e não perdeu tempo para me dizer que havia entrado em contato comigo a pedido urgente do sr. Daniel Williamson, da conhecida corretora Williamson & Brown, membro da Bolsa de Valores de Nova York. O sr. Williamson instruiu Lucius a me dizer que tinha uma proposta de negócios a fazer, algo que ele estava certo de que eu aceitaria, pois seria muito lucrativo para mim. Lucius jurou que não sabia qual era a proposta. O caráter da firma era uma garantia de que não exigiriam de mim nada que fosse impróprio.

Dan Williamson era o sócio majoritário da firma, fundada por Egbert Williamson na década de 1870. Não havia Brown nenhum, e ninguém com esse sobrenome trabalhava na empresa fazia anos. A corretora tivera grande destaque na época do pai de Dan, que herdara uma fortuna considerável e não buscava muitos negócios externos. Tinham um cliente que valia uma centena de clientes médios: Alvin Marquand, cunhado de Williamson, que além de ser diretor em uma dezena de bancos e empresas fiduciárias presidia o grande sistema ferroviário Chesapeake and Atlantic Railroad. Era a personalidade mais pitoresca no mundo das ferrovias depois de James J. Hill, e o porta-voz e membro dominante do poderoso círculo bancário conhecido como "a gangue de Fort Dawson". Sua fortuna era calculada em algo em torno de 50 milhões a 500 milhões de dólares, a estimativa dependendo do estado do fígado de quem falava. Quando morreu, descobriram que valia 250 milhões de dólares, dinheiro ganhado em Wall Street. Você vê que ele era um baita cliente.

Lucius me disse que tinha acabado de aceitar um cargo na William-son & Brown, que fora criado para ele. Uma espécie de gerente geral de negócios. A empresa estava atrás de um negócio de comissões, e Lucius induziu o sr. Williamson a abrir algumas filiais, uma delas num dos grandes hotéis da parte chique da cidade e a outra em Chicago. Achei que me ofereceriam uma posição em Chicago, possivelmente como gerente de escritório, algo que eu não aceitaria. Não me enfureci com Lucius porque achei melhor esperar até que a oferta fosse feita antes de recusá-la.

Lucius me levou ao gabinete particular do sr. Williamson, apresentou-me ao seu chefe e saiu da sala às pressas, como se quisesse evitar ser chamado como testemunha em um caso em que conhecia ambas as partes. Eu me preparei para ouvir e depois dizer "não".

O sr. Williamson era muito agradável. Um perfeito cavalheiro, de modos polidos e sorriso afável. Pude ver que fazia amigos facilmente e os mantinha. Por que não? Era saudável e, portanto, bem-humorado. Tinha muito dinheiro e, portanto, não poderia ser suspeito de motivações sórdidas. Essas coisas, somadas à sua educação e a seu traquejo social, faziam com que para ele fosse fácil ser não apenas cortês, mas simpático, e não apenas simpático, mas solícito.

Eu não disse uma palavra. Não tinha nada a dizer. Além disso, antes de abrir a boca, sempre deixo o interlocutor acabar de falar. Alguém me disse que o falecido James Stillman, presidente do National City Bank e amigo íntimo de Williamson, adotava como prática ouvir em silêncio, com o rosto impassível, qualquer pessoa que lhe apresentasse uma proposta. Depois que ela acabava de falar, o sr. Stillman continuava a encará-la, como se não tivesse terminado. A pessoa, sentindo-se impelida a dizer algo mais, seguia em frente. Simplesmente olhando e ouvindo, Stillman costumava fazer com que lhe oferecessem condições muito mais vantajosas para o banco do que pretendiam propor de início.

Não fico em silêncio apenas para induzir as pessoas a oferecerem um negócio melhor, mas porque gosto de saber todos os fatos. Ao deixar que um homem diga tudo o que tem a dizer, você é capaz de decidir de imediato. É uma excelente economia de tempo. Evita debates e discussões prolongadas que não levam a lugar nenhum. Quase todas as propostas de negócios que me são apresentadas podem ser resolvidas, no que diz respeito à minha participação neles, por minha aceitação ou recusa. Mas não posso dizer "sim" ou "não" de imediato, a menos que tenha à minha frente a proposta completa.

Dan Williamson falou, e eu escutei. Ele me disse que tinha ouvido muitas coisas sobre minhas operações no mercado de ações e que lamentava que eu tivesse saído do meu campo de atividade para me tornar colhedor de algodão. Ainda assim, era ao meu azar que ele atribuía o prazer da entrevista comigo. A seu ver, o meu forte era o mercado de ações; ele achava que eu tinha nascido para aquilo e não devia me desviar.

"E é por essa razão, sr. Livingston", concluiu ele, em tom simpático, "que desejamos fazer negócios com você."

"Fazer negócios como?", perguntei.

"Queremos ser seus corretores. Minha firma gostaria de cuidar das suas operações com ações."

"Eu gostaria de dar meus negócios a vocês, mas não posso."

"Por que não?"

"Não tenho dinheiro", respondi.

"Dessa parte eu cuido", disse ele, com um sorriso amigável. "Vou fornecer o dinheiro." Ele tirou do bolso um talão de cheques, preencheu uma folha no valor de 25 mil dólares em meu nome e me entregou.

"Para que isso?", perguntei.

"Para você depositar no banco. Vai emitir seus próprios cheques. Quero que faça suas negociações no nosso escritório. Não me importo se você ganhar ou perder. Se esse dinheiro acabar, eu lhe darei outro cheque pessoal. Ou seja, você não precisa ser tão cuidadoso com este aqui. Entendeu?"

Eu sabia que a firma era muito rica e muito próspera para precisar dos negócios de quem quer que fosse, quanto mais dar a um sujeito o dinheiro para colocar como margem. E ele foi muito generoso comigo! Em vez de me dar um crédito junto à corretora, me deu dinheiro de verdade, que só ele sabia de onde vinha, a única restrição sendo que, se eu operasse, deveria fazê-lo por meio de sua firma. E ainda por cima prometera que me daria mais dinheiro se eu perdesse! Mas devia haver alguma razão.

"Qual é a ideia?", perguntei.

"A ideia é simplesmente ter neste escritório um cliente que seja conhecido como um operador ativo de primeira classe. Todo mundo sabe que você opera um lote grande no lado vendedor, razão especial pela qual gosto de você. Você é conhecido como um especulador."

"Ainda não entendi."

"Serei franco, sr. Livingston. Temos dois ou três clientes muito ricos que compram e vendem ações em grande estilo, com espalhafato. Não quero que Wall Street suspeite que estão vendendo ações compradas na expectativa de uma alta a cada vez que vendemos 10 mil ou 20 mil ações quaisquer. Se Wall Street souber que você está negociando em nosso escritório, não saberá se são suas vendas a descoberto ou as ações de longo prazo de outros clientes que estão chegando ao mercado."

Entendi de imediato. Ele queria encobrir as operações de seu cunhado com minha reputação de especulador! Acontece que eu tinha faturado a maior bolada da minha vida no lado baixista e vendedor, um ano e meio antes, e, é claro, os fofoqueiros e os tolos boateiros de Wall Street haviam adquirido o hábito de me culpar por cada declínio nos preços. Até hoje, quando o mercado está muito fraco, dizem que é obra minha.

Não tive que refletir. Vi na mesma hora que Dan Williamson estava me oferecendo uma chance de voltar, e rapidamente. Peguei o cheque, depositei no banco, abri uma conta junto à corretora dele e comecei a negociar. O mercado estava bom e ativo, amplo o suficiente para que um homem não tivesse que se ater a uma ou duas ações específicas. Comecei a temer, como já afirmei ao leitor, ter perdido o pendor para acertar. Mas parecia que não. Em três semanas, com os 25 mil que Dan Williamson me emprestou, obtive um lucro de 112 mil dólares.

Fui até ele e disse: "Vim pagar aqueles 25 mil dólares".

"Não, não!", disse ele, e me dispensou para longe com um aceno, exatamente como se eu tivesse lhe oferecido óleo de rícino. "Não, não, meu garoto. Espere até sua conta chegar a alguma coisa considerável. Não pense nisso ainda. Por enquanto só conseguiu uma ninharia."

Foi aí que cometi o erro do qual mais me arrependi na minha carreira em Wall Street. O engano que foi responsável por longos e tristes anos de sofrimento. Eu deveria ter insistido que ele aceitasse receber de volta seu dinheiro. Eu estava caminhando a passos rápidos para ganhar uma fortuna maior do que o montante que tinha perdido. Durante três semanas ininterruptas, meu lucro médio semanal foi de 150%. A partir daí, minhas operações seguiriam numa escala crescente e em ritmo constante. Todavia, em vez de me livrar de todas as obrigações, deixei que ele fizesse o que queria e não o obriguei a aceitar os 25 mil dólares. É lógico que, como ele não quis aceitar os 25 mil que havia me dado como adiantamento, não me senti muito bem de pegar meu lucro. Fiquei muito agradecido a ele, mas é da minha formação não gostar de dever dinheiro nem favores. Posso pagar dinheiro emprestado com dinheiro, mas favores e gentilezas tenho que retribuir na mesma moeda, e o leitor é esperto o bastante para saber que às vezes essas obrigações morais custam os olhos da cara. Além disso, não existe lei da prescrição.

Deixei o dinheiro intacto e retomei minhas operações. Eu estava me saindo muito bem, recuperando meu equilíbrio, e tinha certeza de que não demoraria muito para voltar a meu fôlego de 1907. Depois, pediria uma única coisa: que o mercado resistisse um pouco, e assim eu mais do que compensaria minhas perdas. Mas ganhar ou não ganhar dinheiro não era algo que me preocupava muito. O que me deixava feliz era o fato de perder o hábito de estar errado, de não ser eu mesmo. Isso me deixou destruído durante meses a fio, mas eu tinha aprendido minha lição.

Mais ou menos nessa época, eu me tornei um urso baixista e comecei a vender a descoberto vários lotes de ações de ferrovias. Entre elas, a Chesapeake & Atlantic. Acho que lancei um lote pequeno, cerca de 8 mil ações.

Certa manhã, quando cheguei ao centro da cidade, Dan Williamson me chamou em seu escritório particular antes da abertura do mercado e me disse: "Larry, não faça nada com a Chesapeake & Atlantic agora. Foi uma jogada ruim sua, vender 8 mil a descoberto. Cobri para você esta manhã em Londres e entrei comprando".

Eu tinha certeza de que a Chesapeake & Atlantic cairia. A fita impressa de cotações me mostrara isso claramente; ademais, eu estava vendido, apostando numa queda geral do mercado, não de forma violenta ou insanamente baixista, mas o suficiente para me sentir confortável com a venda de um lote moderado. Eu disse a Williamson: "Por que você fez isso? Estou vendido no mercado inteiro, e tudo vai cair".

Mas ele se limitou a balançar a cabeça e dizer: "Fiz isso porque por acaso fiquei sabendo algo sobre a Chesapeake & Atlantic que você não tinha como saber. Meu conselho é não vender essa ação a descoberto até que eu lhe diga que é seguro fazer isso".

O que eu poderia fazer? Não era uma dica tola. Era um conselho que vinha do cunhado do presidente do conselho de diretores. Dan não era apenas o amigo mais próximo de Alvin Marquand: também me tratava com gentileza e generosidade. Ele tinha mostrado fé em mim e confiança na minha palavra. Não me restava outra coisa a fazer além de expressar minha gratidão. E foi aí que meus sentimentos novamente sobrepujaram meu discernimento, e cedi. Subordinar meu bom senso aos desejos dele me arruinou. A gratidão é algo que um homem decente não pode abrir mão de sentir, mas ele deve evitar que ela o deixe de mãos completamente atadas. Quando dei por mim, tinha não apenas perdido todo o meu lucro, mas também devia à firma 150 mil dólares. Isso me deixou muito mal, mas Dan me disse para não me preocupar.

"Vou tirar você desse buraco", prometeu ele. "Sei que vou. Mas só posso fazer isso se você deixar. Vai ter que parar de fazer negócios por conta própria. Não posso trabalhar para você e depois deixar que desfaça todo o meu trabalho para seu próprio benefício. Basta sair do mercado e me dar a chance de ganhar algum dinheiro para você. Você vai fazer isso, Larry?"

Mais uma vez, eu pergunto: o que poderia fazer? Pensei em sua gentileza. Não poderia fazer nada que corresse o risco de ser interpretado como ingratidão. Tinha começado a gostar dele. Foi muito simpático e amigável. Lembro que só me dizia palavras de encorajamento. Continuou me garantindo que tudo sairia bem. Um dia, talvez seis meses depois, veio até mim com um sorriso satisfeito e me deu alguns comprovantes de crédito.

"Eu disse que tiraria você do buraco", disse ele, "e tirei." Nesse momento, descobri que ele não apenas eliminara inteiramente a dívida, mas que eu tinha um pequeno saldo de crédito.

Acho que poderia ter resolvido a situação sem muitos problemas, porque o mercado estava bem, mas ele me disse: "Comprei para você 10 mil ações da Southern Atlantic". Era outra ferrovia controlada por seu cunhado, Alvin Marquand, que também regia os destinos da ação no mercado.

Quando um homem faz por você o que Dan Williamson fez por mim, você não pode dizer nada a não ser "Obrigado", não importam quais sejam suas opiniões sobre o mercado. Você pode ter certeza de que está certo, mas como Pat Hearne costumava dizer: "Você não tem como saber enquanto não apostar!". Dan Williamson tinha apostado em mim, com dinheiro dele.

Bem, a Southern Atlantic afundou e permaneceu no fundo do poço, e eu perdi não me lembro que montante das minhas 10 mil ações antes que Dan as vendesse. Eu devia a ele mais do que nunca. Mas você nunca viu um credor melhor ou menos importuno. Nunca ouvi uma reclamação dele. Só palavras encorajadoras e conselhos para que eu não me preocupasse com aquilo. No final, ele cobriu meu prejuízo e compensou minha perda da mesma maneira generosa e misteriosa.

Ele nunca me deu nenhum detalhe. As contas eram todas numeradas. Dan Williamson me dizia apenas: "Cobrimos seus prejuízos na Southern Atlantic com lucros neste outro negócio". Então me explicava como tinha vendido 7500 ações de alguma outra empresa e ganhado um bom dinheiro na operação. Posso dizer sinceramente que eu nunca soube patavina sobre esses meus negócios, até que me disseram que a dívida havia desaparecido.

Depois que isso aconteceu várias vezes, comecei a pensar e passei a ver meu caso de um ângulo diferente. Por fim caiu a ficha. Estava claro que eu vinha sendo usado por Dan Williamson. Chegar a tal conclusão me irritou, mas fiquei ainda mais enfurecido por não ter percebido mais rápido. Assim que repassei mentalmente a história toda, fui falar com Dan Williamson. Disse a ele que estava farto da firma e me demiti da Williamson & Brown. Não discuti com ele nem com qualquer um de seus parceiros. Que bem isso me teria feito? Mas devo admitir que estava aborrecido, comigo mesmo e com a Williamson & Brown.

A perda do dinheiro não me incomodava. Todas as vezes que perdia dinheiro na bolsa de valores, considerava que aprendia algo. A meu ver, se eu perdia dinheiro, ganhava experiência, de modo que o dinheiro era na verdade o pagamento pelo custo da aprendizagem recebida. Um homem precisa de experiência e tem que pagar por ela. Mas nessa minha experiência no escritório de Dan Williamson havia algo de doloroso: a perda de uma grande oportunidade. O dinheiro que um homem perde não é nada, ele pode recuperá-lo, mas oportunidades como tive lá não aparecem todos os dias.

Saiba, caro leitor, que o mercado estava ótimo para se operar. Eu estava certo; quer dizer, eu estava lendo com precisão. A oportunidade de faturar milhões estava lá. Mas permiti que minha gratidão interferisse em meu estilo de jogo. Amarrei minhas próprias mãos. Tive que fazer o que Dan Williamson, em sua bondade, desejava. No fim das contas, foi mais insatisfatório do que fazer negócios com um parente. Um mau negócio!

E esse não foi o pior aspecto do negócio. Depois, praticamente não surgiu oportunidade de ganhar muito dinheiro. O mercado se estabilizou. As coisas foram de mal a pior. Não apenas perdi tudo o que tinha, mas me endividei pesadamente de novo: devia mais dinheiro do que nunca. Foram longos anos de vacas magras, 1911, 1912, 1913 e 1914. Não havia dinheiro a ganhar. As oportunidades simplesmente não estavam lá, e fiquei na penúria.

Não é constrangedor perder quando o prejuízo não é acompanhado por uma visão pungente do que poderia ter sido. Era precisamente nessa ideia que eu não conseguia evitar pensar, e é claro que isso me perturbou ainda mais. Aprendi que os pontos fracos aos quais um especulador está sujeito são quase incontáveis. Para mim era adequado, como homem, agir da maneira como agi no escritório de Dan Williamson, mas era impróprio e imprudente que eu, como especulador, me permitisse ser influenciado por qualquer consideração para agir a despeito do meu próprio discernimento. *Noblesse oblige* — ao pé da letra, "a nobreza obriga" —, mas não no mercado de ações, porque a fita impressa de cotações não é cavalheiresca e não recompensa a lealdade. Entendo que não poderia ter agido de forma diferente. Não poderia me transformar só porque queria negociar no mercado de ações. Mas negócios são negócios sempre, e meu negócio como especulador é sempre respaldar minhas próprias convicções.

Foi uma experiência muito curiosa. Direi ao leitor o que acho que ocorreu. Dan Williamson foi perfeitamente sincero ao me dizer o que disse quando me viu pela primeira vez. Sempre que sua empresa negociava alguns milhares de ações em Wall Street, tirava a precipitada conclusão de que Alvin Marquand estava comprando ou vendendo. Ele era o grande operador do escritório, sem dúvida, e o responsável por todos os grandes negócios da firma; foi um dos melhores e maiores traders que Wall Street já viu. Bem, eu seria usado como cortina de fumaça, especialmente para as vendas de Marquand.

Alvin Marquand adoeceu pouco depois de eu entrar. Sua enfermidade foi precocemente diagnosticada como incurável, e Dan Williamson, é claro, sabia disso muito antes do próprio Marquand. Foi por isso que Dan liquidou minhas posições da Chesapeake & Atlantic. Ele tinha começado a liquidar algumas das participações especulativas de seu cunhado naquelas e em outras ações.

Quando Marquand morreu, o espólio teve que liquidar seus lotes especulativos e semiespeculativos, e naquela época tínhamos entrado em um mercado baixista. Ao me amarrar do jeito que fez, Dan estava ajudando bastante o espólio. Não é para me vangloriar que digo que eu era um trader peso pesado e estava absolutamente certo em minhas opiniões acerca do mercado de ações. Sei que Williamson se lembrava das minhas operações de sucesso no mercado baixista de 1907 e não podia se dar ao luxo de correr o risco de me deixar atuar livre, leve e solto. Ora, se eu tivesse continuado do jeito que estava, teria ganhado tanto dinheiro que, enquanto ele tentasse liquidar parte do espólio de Alvin Marquand, eu estaria negociando centenas de milhares de ações. Como um ativo urso baixista, eu teria causado estragos na casa dos milhões de dólares aos herdeiros de Marquand, pois Alvin deixou apenas um par de centenas de milhões.

Para eles, era muito mais barato me deixar endividado e depois pagar a dívida do que me manter em algum outro escritório operando ativamente do lado do urso baixista. É precisamente o que eu faria, não fosse por meu sentimento de que deveria ser mais decente do que Dan Williamson.

Sempre considerei que essa foi a mais interessante e a mais infeliz de todas as minhas experiências como especulador financeiro. Como lição, custou-me um preço desproporcionalmente alto. Adiou em vários anos o tempo da minha recuperação. Eu era jovem o suficiente para esperar com paciência que meus milhões extraviados voltassem. Mas cinco anos são um tempo longo demais para um homem ser pobre. Seja jovem ou velho, ninguém aprecia esse tipo de coisa. Para mim, era mais fácil ficar sem os iates do que sem um mercado em que pudesse voltar a operar. A maior oportunidade de uma vida inteira estava bem na frente do meu nariz, e perdi a galinha dos ovos de ouro. Eu já não podia simplesmente estender a mão para agarrá-la. Muito astuto, o tal Dan Williamson; mais esperto que ele, impossível; enxergava longe, era engenhoso, ousado. Era um pensador, tinha imaginação, detectava os pontos vulneráveis de qualquer homem e era capaz de tramar a sangue-frio para acertar a pessoa no ponto em que ela fosse mais vulnerável. Ele fazia suas próprias avaliações e logo entendeu como me reduzir a uma figura completamente inofensiva no mercado. Verdade seja dita: ele não me tirou nenhum dinheiro. Pelo contrário, aparentemente era muito generoso nesse quesito. Amava sua irmã, a sra. Marquand, e, no seu entendimento, cumpria sua obrigação para com ela.

14

SEMPRE ME INCOMODOU O FATO DE QUE, depois que deixei o escritório da Williamson & Brown, a fase de ouro do mercado acabou. Entramos em um longo período sem dinheiro: quatro anos de vacas magras. Não havia um centavo a ganhar. Como disse Billy Henriquez certa vez: "Era o tipo de mercado em que nem mesmo um gambá fedorento conseguiria deixar rastro".

Parecia-me que estava encrencado. Talvez fosse o plano da Providência para me castigar, mas a bem da verdade eu não tinha agido com tanta presunção assim para merecer tamanha derrocada. Não cometi qualquer um daqueles pecados especulativos que um trader deve expiar no lado do devedor da conta. Não era culpado de ter cometido uma jogada típica de otário. O que fiz, ou melhor, o que deixei de fazer foi algo pelo qual eu teria recebido elogios e não acusações ao norte da rua 42. Em Wall Street, era absurdo e caro. Mas, de longe, a pior coisa a respeito era a tendência a tornar um homem um pouco menos inclinado a se permitir ter sentimentos humanos no distrito das máquinas de cotações.

Saí da Williamson e tentei a sorte em escritórios de outras corretoras. E em todas elas perdi dinheiro. Foi bem feito para mim, que estava tentando forçar o mercado a me dar o que ele não era obrigado a me dar — a saber, oportunidades de ganhar dinheiro. Não tive nenhum problema em conseguir crédito, porque quem me conhecia tinha fé em mim. Para que o leitor tenha uma ideia de como era forte essa confiança, saiba que, quando finalmente parei de negociar a crédito, devia bem mais de 1 milhão de dólares.

O problema não era que eu tivesse perdido a noção e o controle, mas que durante aqueles quatro anos miseráveis as oportunidades de ganhar dinheiro simplesmente não existiam. Ainda assim, continuei trabalhando firme, tentando amealhar algum capital e conseguindo apenas aumentar meu endividamento. Depois que parei de negociar por conta própria, porque não queria mais dever um tostão a meus amigos, ganhei a vida cuidando de contas para pessoas que acreditavam que eu conhecia o jogo suficientemente bem para levar a melhor, mesmo em um mercado estagnado. Pelos meus serviços, recebia uma porcentagem dos lucros, quando havia algum. Foi assim que vivi. Bem, digamos que foi assim que mantive meu sustento.

Claro, eu nem sempre perdia, mas nunca ganhava o suficiente para me permitir reduzir materialmente o montante que eu devia. Por fim, à medida que as coisas pioraram, pela primeira vez na vida senti indícios de desânimo.

Tudo parecia ter dado errado comigo. Eu não andava por aí lamentando a minha decadência dos milhões e iates para dívidas e uma vida modesta. Não gostei da situação, mas não me enchi de autopiedade. Não me propus a esperar pacientemente que o tempo e a Providência fizessem cessar meus infortúnios. Portanto, me pus a estudar meu problema. Estava claro que a única saída para as minhas agruras era ganhar dinheiro. Para ganhar dinheiro eu precisava apenas operar com sucesso. Já havia feito aquilo antes e tinha que fazer mais uma vez. No passado, em mais de uma ocasião, eu havia convertido um capital apertado em centenas de milhares de dólares. Mais cedo ou mais tarde, o mercado me ofereceria uma oportunidade.

Eu me convenci de que o que estava errado, independentemente do que fosse, estava errado comigo e não com o mercado. Ora, e qual poderia ser meu problema? Fiz a mim mesmo essa pergunta com igual espírito com que sempre estudei as várias fases dos meus problemas como operador. Ponderei com calma e cheguei à conclusão de que meu principal problema advinha de minhas preocupações com o dinheiro que eu devia. Nunca me livrei desse desconforto mental. Devo explicar ao leitor que não se tratava apenas da mera consciência das minhas dívidas. Qualquer homem de negócios contrai dívidas no curso de suas transações regulares. A maior parte dos meus débitos não ia além de dívidas de negócios, resultantes de condições desfavoráveis para mim, nem um pouco piores da situação que um trader sofre, por exemplo, quando passa por incomuns e prolongados períodos de turbulência.

Claro que, conforme o tempo passava e eu não conseguia pagar, comecei a me sentir menos filosófico acerca de minhas dívidas. Vou explicar: devia mais de 1 milhão de dólares, tudo isso em perdas no mercado de ações, lembre-se. Em sua maioria, meus credores eram muito amáveis e não me incomodavam, mas dois deles me atormentavam. Costumavam me seguir pelas ruas. Toda vez que eu ganhava algum dinheiro, ficavam feito sarna em cima de mim, querendo saber tudo a respeito e insistindo em receber imediatamente o quinhão que lhes cabia. Um deles, a quem eu devia oitocentos dólares, ameaçou me processar, confiscar minha mobília e mais. Não consigo entender por que ele achava que eu estava escondendo ativos, a menos que fosse por eu não ter a aparência de um mendigo prestes a morrer de fome.

Ao estudar o problema, vi que não era um caso que clamava pela leitura da fita impressa de cotações, mas pela leitura de mim mesmo. Friamente, cheguei à conclusão de que nunca seria capaz de realizar qualquer coisa útil enquanto estivesse preocupado, e ficou claro em igual medida que, enquanto devesse dinheiro, eu viveria preocupado. Quer dizer, enquanto qualquer credor tivesse o poder de me irritar ou de interferir no meu retorno insistindo em ser pago antes que eu conseguisse reunir um capital decente. Isso tudo era uma verdade tão evidente que eu disse a mim mesmo: "Devo entrar em processo de falência". O que mais poderia aliviar minha mente?

Parece fácil e sensato, não é? Mas posso assegurar ao leitor que foi mais que desagradável. Odiei fazer isso. Odiei me colocar em posição de ser mal interpretado ou julgado de forma equivocada. Eu mesmo nunca dei muita bola para o dinheiro. Nunca dediquei ao dinheiro uma quantidade de pensamento suficiente para considerar que valia a pena mentir por ele. Mas sabia que nem todo mundo pensava assim. É óbvio que também sabia que, se me recuperasse, pagaria todo mundo, pois minha obrigação permanecia. Contudo, a menos que eu pudesse trabalhar à moda antiga, nunca seria capaz de pagar aquele milhão.

Criei coragem e fui ver meus credores. Foi uma coisa extremamente difícil de fazer, pois a maioria deles eram amigos pessoais ou velhos conhecidos.

Expliquei a situação com toda a franqueza a cada um: "Não tomei essa atitude porque não desejo pagar a você o que devo, mas porque, para fazer justiça a mim e a você, tenho que me colocar em uma posição propícia para ganhar dinheiro. Tenho pensado nessa solução há mais de dois anos sem parar, mas simplesmente não tive coragem de vir aqui e dizer com todas as letras a você. Teria sido infinitamente melhor para todos nós se eu tivesse feito isso antes. A coisa toda se resume ao seguinte: sem dúvida, não posso voltar a ser o que eu era enquanto estiver atormentado ou transtornado por essas dívidas. Decidi fazer agora o que deveria ter feito um ano atrás. Não tenho outra razão além da que acabei de lhe dar".

O que o primeiro credor disse foi, para todos os efeitos, o que todos disseram. Ele falou em nome de sua firma: "Livingston, nós entendemos. Compreendemos perfeitamente sua posição. Vou lhe dizer o que faremos: vamos conceder a você uma quitação. Peça ao seu advogado para preparar aí um documento qualquer que desejar e assinaremos".

Isso foi, em essência, o que todos os meus grandes credores disseram. Agora o leitor conhece um dos lados de Wall Street. Não era apenas gentileza ou espírito esportivo. Foi também uma decisão muito inteligente, pois claramente se tratava de um bom negócio. Valorizei tanto a boa vontade quanto o bom senso para os negócios.

A quitação que esses credores me deram me desobrigou de pagar um montante total de dívidas no valor de mais de 1 milhão de dólares. Mas havia os dois credores menores, que não quiseram assinar. Um deles era o homem a quem eu devia oitocentos dólares e a respeito de quem já falei. Eu devia também 60 mil dólares a uma corretora que entrou em falência, e os credores dela, que nunca me viram mais gordo, viviam no meu pé dia e noite. Mesmo se estivessem dispostos a seguir o exemplo dado por meus credores maiores, não creio que a justiça teria deixado. Em todo caso, meu plano de falência era de apenas cerca de 100 mil dólares, quando, como eu disse, devia muito mais de 1 milhão.

Foi extremamente desagradável ver a história estampada nos jornais. Sempre paguei minhas dívidas integralmente, e a nova experiência foi mortificante para mim. Eu sabia que, se continuasse vivo, mais cedo ou mais tarde pagaria a todo mundo, mas quem leu a matéria no jornal não sabia. Depois que o jornal publicou o artigo, fiquei com vergonha de sair na rua. Mas isso tudo passou logo, e não sou capaz de descrever a intensidade da minha sensação de alívio por saber que não seria mais atormentado por pessoas que não entendiam que um homem deve empenhar toda a sua capacidade mental em seu negócio se deseja ter algum sucesso na especulação com ações.

Agora que minha mente estava livre para trabalhar nas operações com alguma perspectiva de sucesso, sem o flagelo das dívidas, o passo seguinte era conseguir juntar algum capital. A bolsa de valores ficou fechada de 31 de julho a meados de dezembro de 1914, e Wall Street estava em ruínas. Durante um bom tempo não houve nenhuma transação. Eu devia dinheiro a todos os meus amigos. Não poderia pedir a eles que me ajudassem novamente apenas porque foram tão agradáveis e amigáveis comigo, ainda mais sabendo que ninguém estava em posição de fazer muito pelos outros.

Foi uma tarefa dificílima conseguir amealhar um montante decente de dinheiro, pois com o fechamento da bolsa de valores não havia nada que eu pudesse pedir a qualquer corretor para fazer por mim. Tentei em alguns lugares. De nada adiantou.

Por fim, fui falar com Dan Williamson. Isso foi em fevereiro de 1915. Disse a ele que havia me livrado do pesadelo mental da dívida e estava pronto para negociar como antigamente. O leitor há de se lembrar de que, quando ele precisou de mim, me ofereceu 25 mil dólares sem que eu pedisse.

Agora que eu precisava dele, Williamson disse: "Quando você encontrar algo que parece bom e quiser comprar quinhentas ações, vá em frente e dará tudo certo".

Agradeci e fui embora. Ele me impedira de ganhar muito dinheiro, e o escritório havia faturado uma bolada em comissões graças às minhas operações. Admito que fiquei um pouco zangado ao pensar que a Williamson & Brown não me deu um montante decente. Eu pretendia, de início, negociar de forma conservadora. Isso tornaria minha recuperação financeira mais fácil e rápida se eu pudesse começar com um lote um pouco melhor do que quinhentas ações. Mas, de qualquer forma, eu me dei conta de que, no pé em que estavam as coisas, era minha chance de voltar.

Saí do escritório de Dan Williamson e estudei a situação em geral e meu problema específico. O mercado estava altista. Isso estava claro para mim e para milhares de traders. Mas meu capital consistia em apenas uma oferta para carregar quinhentas ações. Ou seja, eu não tinha margem de manobra, tamanha era minha limitação. Não poderia me dar ao luxo de sofrer nem mesmo o mais ligeiro revés no início. Tinha que aumentar meu montante já na primeira jogada. A minha compra inicial de quinhentas ações tinha que ser lucrativa. Eu precisava ganhar dinheiro de verdade. Sabia que, a menos que tivesse capital suficiente para minhas operações, não seria capaz de usar o bom senso. Sem margens adequadas, seria impossível assumir a postura fria e impassível em relação ao jogo que vem da capacidade de suportar algumas perdas menores, como as muitas em que incorri enquanto testava o mercado antes de fazer a aposta graúda.

Acho que agora me encontrava no período mais decisivo da minha carreira de especulador. Se falhasse, não havia como dizer onde ou quando poderia reunir outro montante para outra tentativa, se é que teria outra chance. Estava claro como a água que eu tinha que esperar pelo momento psicológico exato.

Não cheguei nem perto da Williamson & Brown. Quero dizer, de caso pensado mantive distância deles por seis longas semanas de constante leitura da fita impressa de cotações. Tive medo de que, se fosse ao escritório, sabendo que poderia comprar quinhentas ações, corria o risco de sucumbir à tentação de negociar no momento errado ou com a ação errada. Além de estudar as condições básicas, lembrar-se dos precedentes do mercado e ter em mente a psicologia do público externo, bem como as limitações de seus corretores, um trader deve conhecer a si mesmo e refrear suas próprias fraquezas. Não há necessidade de sentir raiva por ser humano. Acabei por tomar consciência de que saber ler a mim mesmo é tão necessário quanto saber ler a fita impressa de cotações. Estudei e avaliei minhas próprias reações a determinados impulsos ou às inevitáveis tentações de um mercado aquecido, com o mesmo estado de ânimo e espírito com que considerava as condições das safras ou analisava relatórios de ganhos.

Então, dia após dia, sem um tostão furado no bolso e ansioso para retomar as negociações, eu me sentava diante de um quadro de cotações no escritório de outra corretora, onde não podia comprar nem vender uma mísera ação que fosse, e estudava o mercado, sem deixar passar uma única transação na fita impressa de cotações, aguardando que o momento psicológico acionasse a campainha com o aviso de "em frente e a todo vapor".

Em razão de condições conhecidas em todo o mundo, a ação que a meu ver teria a maior alta naqueles dias críticos do início de 1915 eram da siderúrgica Bethlehem Steel. Eu estava praticamente certo de que iam subir, mas, para confirmar que ganharia na minha primeira jogada — e eu tinha que ganhar —, decidi esperar até que ultrapassasse o valor nominal.

Acho que já disse ao leitor que, de acordo com minha experiência, sempre que uma ação passa de cem ou duzentos ou trezentos pela primeira vez quase sempre continua subindo mais trinta ou cinquenta pontos e ultrapassando trezentos mais rapidamente do que depois de cem ou duzentos. Uma das minhas primeiras grandes proezas foi com a Anaconda, que comprei quando ultrapassou duzentos e vendi um dia depois a 260. Essa prática de comprar uma ação logo depois de cruzar o valor nominal remontava a meus dias de bucket shops. É um bom e velho princípio de operação.

Você pode imaginar como eu estava ansioso para voltar a negociar na minha antiga escala. Estava tão ávido para começar que não conseguia pensar em mais nada, mas segurei a onda. Vi a Bethlehem Steel subir, dia após dia, cada vez mais alto, como eu tinha certeza de que aconteceria, e ainda assim refreei meu impulso de correr até o escritório da Williamson & Brown e comprar quinhentas ações. Sabia que tinha que acertar na mosca já na minha operação inicial, ou o mais perto possível.

Cada ponto que a ação subia significava quinhentos dólares que eu tinha não ganhado. Os primeiros dez pontos de avanço significavam que eu teria conseguido piramidar e, em vez de quinhentas ações, agora poderia estar carregando mil ações, que me renderiam mil dólares por ponto. Mas aguardei, e, em vez de dar ouvidos às minhas esperanças ruidosas ou às minhas crenças clamorosas, dei atenção apenas à equilibrada voz da minha experiência e ao conselho do senso comum. Uma vez que eu conseguisse uma aposta decente, poderia me dar ao luxo de me arriscar. Tão logo eu reunisse um montante decente, mesmo que pequeno, eu poderia me dar ao luxo de correr riscos. No entanto, sem capital, correr riscos, mesmo que riscos mínimos, era um luxo que estava além do meu alcance. Seis semanas de paciência — mas, no final, uma vitória do bom senso sobre a ganância e a esperança!

Comecei a vacilar e suar sangue quando a ação subiu para noventa. Pense no que não ganhei por não ter comprado quando acreditei com tanto otimismo na alta. Bem, quando chegou a 98 eu disse a mim mesmo: "A Bethlehem vai passar de cem, quando isso acontecer, o teto vai explodir!". A fita dizia claramente a mesma coisa. Na verdade, gritava isso com um megafone. Estou dizendo, vi cem na fita impressa de cotações quando a máquina estava imprimindo apenas 98. Eu sabia que não era a voz da minha esperança nem a visão do meu desejo, mas a afirmação do meu instinto de leitura de fita de cotações. Então eu disse a mim mesmo: "Mal posso esperar até que passe dos cem. Tenho que comprar agora. É tão bom quanto ultrapassar o valor nominal".

Corri para o escritório da Williamson & Brown e dei uma ordem de compra para quinhentas ações da Bethlehem Steel. Nesse momento o mercado estava em 98. Comprei quinhentas ações de 98 para 99. Depois disso, disparou, e naquela noite fechou, creio, em 114 ou 115. Comprei mais quinhentas ações.

No dia seguinte a Bethlehem Steel foi a 145 e peguei minha bolada. Mas fiz por merecer. As seis semanas de espera pelo momento certo foram as mais árduas e cansativas que já vivi. Mas a espera compensou, pois agora eu tinha capital suficiente para negociar com lotes de tamanho razoável. Nunca teria chegado a lugar nenhum com apenas quinhentas ações.

É muito importante começar bem, seja qual for o empreendimento, e me dei muito bem depois do meu negócio com a Bethlehem, tão bem que você, leitor, não teria acreditado que era o mesmo homem negociando. Na verdade, eu não era o mesmo homem, pois se tinha estado errado e em maus lençóis agora estava tranquilo e certo. Não havia credores para me incomodar, tampouco escassez de fundos para interferir no meu raciocínio ou na minha capacidade de ouvir a verdadeira voz da experiência, portanto eu ia de vento em popa.

De súbito, quando eu estava em céu de brigadeiro rumo a uma fortuna líquida e certa, tivemos a queda causada pelo *Lusitânia*.* De tempos em tempos, um homem recebe um murro desses no peito, provavelmente para que se lembre do triste fato de que nenhum ser humano pode estar certo com tanta regularidade no mercado a ponto de se colocar fora do alcance de acidentes não lucrativos. Ouvi pessoas dizerem que nenhum especulador profissional precisava ter sido duramente atingido pela notícia do torpedeamento do *Lusitânia*, e disseram ainda que sabiam disso muito antes de Wall Street saber. Eu não era esperto o suficiente para escapar por meio de informações antecipadas, e tudo o que posso dizer é que, por causa do que perdi com a baixa ocasionada pelo naufrágio do *Lusitânia* e um ou dois outros reveses que não fui esperto o suficiente para prever, no final de 1915 me vi com um saldo de cerca de 140 mil dólares junto a meus corretores. Na verdade, foi todo o dinheiro que ganhei, apesar de estar certo no mercado, de forma consistente, durante a maior parte do ano.

---

* O famoso navio de passageiros inglês zarpou de Nova York para a Inglaterra no dia 1º de maio de 1915 e foi afundado em 7 de maio por um submarino alemão, próximo a Liverpool. Era a Primeira Guerra Mundial, e dizia-se que transportava documentos secretos e munição para os ingleses. O afundamento do navio, com a morte de 1200 passageiros americanos, causou comoção na imprensa e na opinião pública a favor da entrada dos Estados Unidos na guerra, o que se deu menos de dois anos depois. (N. T.)

REMINISCÊNCIAS DE UM OPERADOR DA BOLSA

Eu me saí muito melhor no ano seguinte. Estava com um bocado de sorte. Era um altista desvairado em um mercado em alta desenfreada. As coisas estavam favoráveis para mim, de modo que não havia nada a fazer a não ser ganhar dinheiro. Isso me fez lembrar de um ditado do falecido H. H. Rogers, um dos figurões da Standard Oil Company, no sentido de que havia ocasiões em que era inevitável um homem ganhar dinheiro, tanto quanto era inevitável ele molhar as roupas se saísse numa tempestade sem guarda-chuva. Era o mercado em viés de alta mais claramente definido que já tivemos. Estava evidente aos olhos de todos que as compras pelos Aliados de todos os tipos de suprimentos faziam dos Estados Unidos a nação mais próspera do mundo. Dispúnhamos de todas as coisas que ninguém mais tinha à venda e estávamos rapidamente recebendo todo o dinheiro do mundo. Quero dizer que o ouro do vasto mundo estava sendo despejado aos borbotões neste país. A inflação era inevitável, e, é lógico, isso significava um aumento nos preços.

Tudo isso era tão evidente desde o início que pouca ou nenhuma manipulação para a alta foi necessária, razão pela qual o trabalho preliminar foi muito menor do que em outros mercados altistas. E a explosão de prosperidade ocasionada pela guerra não só foi mais naturalmente desenvolvida do que todas as outras, mas gerou lucros inauditos para o público em geral. Ou seja, os ganhos do mercado de ações durante 1915 tiveram distribuição mais ampla e sem precedentes do que em qualquer outro boom na história de Wall Street. O fato de que o público não transformou todos os seus lucros no papel em dinheiro vivo tampouco manteve por muito tempo os lucros que realmente obteve, era apenas a história se repetindo. Em nenhum outro lugar a história se entrega a repetições de maneira tão frequente ou tão uniforme como em Wall Street. Quando se leem relatos contemporâneos desses períodos de boom de prosperidade ou pânico de queda, o que impressiona com mais veemência é o pequeno grau em que a especulação com ações ou os especuladores de ações de hoje diferem dos de outrora. O jogo não muda, tampouco a natureza humana.

Acompanhei a subida em 1916. Estava tão otimista quanto qualquer um, mas é claro que mantive os olhos abertos. Como todo mundo, sabia

196

que a alta teria fim e estava alerta para os sinais. Eu não tinha interesse especial em adivinhar de que canto viria a dica, por isso não me concentrava apenas num ponto. Eu não estava, e nunca senti que estivesse, indissoluvelmente casado com um ou outro lado do mercado. A meu ver, o fato de um mercado em alta contribuir para engordar minha conta bancária ou de um mercado em baixa ser especialmente generoso comigo não era razão suficiente para eu optar por ficar do lado do touro altista ou do lado do urso baixista depois de ter recebido o aviso para pular fora. Um homem não jura lealdade eterna ao touro nem ao urso. Sua preocupação é estar certo.

E há outra coisa a lembrar: um mercado não culmina em um grandioso clarão de glória. Tampouco acaba com uma súbita inversão de tendência. Um mercado pode deixar de ser altista muito antes que os preços em geral comecem a cair, e costuma fazer isso. Meu tão esperado aviso chegou quando percebi que, uma após a outra, aquelas ações que haviam sido líderes do mercado caíram vários pontos do topo e, pela primeira vez em muitos meses, não voltaram. A vida útil delas, evidentemente, chegara ao fim, e estava claro que eu precisava de uma mudança em minhas táticas de negociação.

Era bastante simples. Logicamente, em um mercado em alta a tendência dos preços é, de modo cabal e definitivo, subir. Portanto, sempre que uma ação vai contra a tendência geral, tem-se motivos legítimos para supor que há algum problema com ela. Isso é suficiente para que o trader experiente perceba que algo está errado. Ele não deve esperar que a fita impressa de cotações banque o professor ou palestrante. Seu trabalho é ouvi-la dizer "Caia fora!" em vez de aguardar que envie uma petição legal para aprovação.

Como eu disse antes, constatei que as ações que haviam sido as líderes do maravilhoso avanço pararam de avançar. Caíram seis ou sete pontos e lá ficaram. Ao mesmo tempo, o restante do mercado continuou avançando sob novos carros-chefes. Como nada de errado acontecera com as próprias empresas, a razão tinha que ser buscada em outro lugar. Essas ações tinham seguido ao sabor das correntes durante meses a fio. Quando pararam de fazê-lo, embora a maré alta ainda estivesse forte, isso significava que para elas o mercado altista havia acabado. Para o resto da lista, a tendência ainda era de alta, sem sombra de dúvida.

Não havia necessidade de ficar desnorteado e descambar para a inatividade, pois na realidade não havia contracorrentes. Na ocasião, não me tornei pessimista no mercado, porque a fita impressa de cotações não me dizia para fazer isso. O fim do mercado altista não tinha vindo, embora estivesse por perto. Enquanto se esperava sua chegada iminente, ainda havia dinheiro a ganhar. Sendo esse o caso, apenas apostei na queda das ações que haviam parado de avançar, e, como o restante do mercado tinha um poder de subida por trás, tanto comprei como vendi.

Vendi as ações que deixaram de encabeçar a alta. Lancei um lote de vendas de 5 mil ações de cada, em seguida entrei comprando as novas ações que lideravam a alta. As ações que vendi não renderam muito, mas as que comprei continuaram subindo. Quando estas por sua vez finalmente pararam de avançar, liquidei minha posição e operei vendido — 5 mil ações de cada. Àquela altura eu estava mais baixista do que altista, porque obviamente a próxima bolada a se ganhar estava no lado da baixa. Embora tivesse certeza de que o mercado baixista havia começado antes do término da alta do mercado, eu sabia que ainda não era hora de ser um urso vendedor tresloucado. Não havia sentido em ser mais realista que o rei, especialmente tão cedo. A fita impressa de cotações disse apenas que as brigadas de patrulhamento do exército principal de ursos baixistas vendedores passaram em disparada. Era hora de ficar a postos.

Continuei comprando e vendendo até que, depois de cerca de um mês de operações, eu tinha um lote de 60 mil ações — 5 mil cada, em uma dúzia de ações diferentes, que meses antes tinham sido as favoritas do público porque encabeçaram o grande mercado em alta. Não era um lote muito pesado, mas o leitor não pode se esquecer de que o mercado não estava definitivamente em baixa.

Até que um dia o mercado inteiro enfraqueceu bastante e os preços de todas as ações começaram a cair. Quando obtive um lucro de pelo menos quatro pontos em cada uma das doze ações em que estava vendido, soube que estava certo. A fita me disse que agora era seguro ser baixista e vender, então prontamente dobrei minhas apostas de vendas a descoberto.

Eu tinha minha posição. Estava vendido em ações em um mercado que agora era claramente baixista. Não havia necessidade de forçar a barra. O mercado estava fadado a se comportar como eu queria, e, sabendo disso, eu podia me dar ao luxo de esperar. Depois que dobrei as apostas de vendas a descoberto, passei um bom tempo sem fazer qualquer outra operação. Cerca de sete semanas após colocar à venda meu lote completo, ocorreu o famoso "vazamento", e as ações tiveram uma queda feia. Dizia-se que alguém recebera notícias antecipadas de Washington de que o presidente Wilson* emitiria uma mensagem que levaria a pomba da paz de volta à Europa, e muito rapidamente. Claro, o boom de prosperidade foi iniciado e mantido pela Guerra Mundial, e a paz era um elemento baixista. Quando um dos operadores mais espertos do pregão foi acusado de lucrar por meio de informações antecipadas, simplesmente alegou que havia vendido ações não com base em alguma notícia, mas porque considerou que o mercado em alta estava maduro demais. Eu mesmo havia dobrado meu lote de vendas a descoberto sete semanas antes.

Com a notícia, o mercado teve uma queda vertiginosa e eu, naturalmente, liquidei minhas posições. Era a única jogada possível. Quando acontece algo com que você não contava ao fazer seus planos, é preciso aproveitar a oportunidade que um destino gentil lhe oferece. Para começo de conversa, numa baixa como aquela, tem-se um grande mercado, o qual você pode virar de ponta-cabeça, e essa é a hora de converter seu lucro no papel em dinheiro de verdade. Mesmo em um mercado baixista, nem sempre o sujeito consegue cobrir 120 mil ações sem que isso empurre o preço lá para cima. Ele precisa esperar que o mercado lhe permita comprar essa grande quantidade sem prejudicar seu lucro segundo consta no papel.

Gostaria de salientar que eu não estava contando com essa queda específica nesse momento específico por esse motivo específico. Mas,

---

* Thomas Woodrow Wilson (1856-1924) foi o 28º presidente dos Estados Unidos, entre 1913 e 1921. (N. T.)

como disse antes, minha experiência de trinta anos como especulador financeiro é de que tais acidentes se dão geralmente ao longo da linha de menor resistência na qual baseio minha posição no mercado. Outra coisa a ter em mente é: nunca tente vender no topo. Não é sensato. Venda depois de uma queda se não houver rali.

Lucrei cerca de 3 milhões de dólares em 1916 por estar comprado enquanto durou o mercado altista e, em seguida, vendendo quando o mercado baixista começou. Como afirmei antes, um homem não precisa permanecer casado com um dos lados do mercado até que a morte os separe.

Naquele inverno, fui para o sul, para Palm Beach, como costumo fazer nas férias, porque gosto muito de pescar em águas salgadas. Estava vendido em ações e trigo, e ambos os lotes me mostraram um lucro considerável. Não tinha motivos para me aborrecer, e estava me divertindo a valer. Claro que, a menos que eu vá para a Europa, não consigo realmente perder todo o contato com os mercados de ações ou commodities. Por exemplo, nas montanhas Adirondack tenho uma ligação direta da minha casa com o escritório da minha corretora.

Em Palm Beach, eu costumava ir regularmente à filial da minha corretora. Percebi que o algodão, no qual eu não tinha participação nenhuma, estava forte e em alta. Mais ou menos nessa época — isso foi em 1917 —, ouvi muita coisa sobre os esforços que o presidente Wilson estava fazendo para firmar a paz. Informes chegavam de Washington, na forma de despachos de imprensa e conselhos privados para amigos em Palm Beach. Essa é a razão pela qual um dia tive a noção de que o curso dos vários mercados refletia a confiança no sucesso de Wilson. Com a paz supostamente próxima, as ações e o trigo deveriam cair e o algodão, subir. Eu estava em boa posição no que dizia respeito a ações e trigo, mas durante muito tempo nada fiz com relação ao algodão.

Às 14h20 daquela tarde, eu não tinha um único fardo, mas às 14h25 minha convicção de que a paz era iminente me fez comprar 15 mil fardos como pontapé inicial. Eu me propus a seguir meu antigo sistema de negociação — isto é, comprar meu lote completo —, que já descrevi para o leitor.

Na mesma tarde, após o fechamento do mercado, recebemos a notícia da "guerra irrestrita". Não havia nada a fazer, exceto esperar a abertura do mercado no dia seguinte. Eu me lembro de que no Gridley's, naquela noite, um dos maiores capitães da indústria do país estava vendendo qualquer quantidade da United States Steel a cinco pontos abaixo do preço de fechamento da tarde. Lá estavam vários milionários de Pittsburgh, perto de nós o suficiente para ouvirem tudo. Ninguém aceitou a oferta do grande homem. Sabiam que haveria uma redução gigantesca na abertura.

Como era de esperar, na manhã seguinte os mercados de ações e commodities estavam em alvoroço, o que o leitor pode imaginar. Algumas ações abriram oito pontos abaixo do valor do fechamento da noite anterior. Para mim, isso significava uma oportunidade enviada pelos céus para cobrir com lucro todas as minhas vendas. Como eu já disse, em um mercado baixista é sempre sensato liquidar suas posições se de repente o completo desânimo der as caras. Se você opera um lote de bom tamanho, essa é a única maneira de transformar um grande lucro no papel em dinheiro real rapidamente e sem reduções lamentáveis. Por exemplo, eu estava vendido em 50 mil ações apenas da United States Steel. Claro que estava vendido em outras ações, e quando vi que o mercado estava propício para liquidar foi o que fiz. Meus lucros totalizaram cerca de 1,5 milhão de dólares. Não era uma oportunidade a se desprezar.

O algodão, do qual eu tinha 15 mil fardos, comprados na última meia hora do pregão da tarde anterior, abriu quinhentos pontos abaixo. Uma queda e tanto! Significou uma perda da noite para o dia de 375 mil dólares. Embora estivesse perfeitamente claro que a única jogada esperta em relação às ações e ao trigo era liquidar as posições na baixa, eu não tinha tanta certeza sobre o que deveria fazer em relação ao algodão. Havia várias coisas a levar em consideração, e, apesar de eu sempre assumir meu prejuízo no momento em que me convenço de que estou errado, não gostei de sofrer uma perda naquela manhã. Então me lembrei de que tinha ido para o sul a fim de me divertir pescando, em vez de ficar perplexo com os rumos do mercado de algodão. Além do mais, tinha obtido lucros tão grandes com o trigo e em ações que decidi bancar minhas perdas com o algodão. Calculo que meu lucro foi um pouco superior a 1 milhão em vez de mais de 1,5 milhão. Era tudo uma questão da contabilidade das transações, como os promotores de negócios estão inclinados a dizer quando você faz muitas perguntas.

Se eu não tivesse comprado aquele algodão pouco antes do fechamento do mercado no dia anterior, teria economizado aqueles 400 mil dólares. Isso mostra a rapidez com que um homem pode perder muito dinheiro com um lote moderado. Minha posição principal estava absolutamente correta, e fui beneficiado por um acidente de natureza diametralmente oposta às considerações que me levaram a assumir a posição que assumi acerca das ações e do trigo. Observe que a linha especulativa de menor resistência mais uma vez demonstrou seu valor para um trader. Os preços se comportaram como eu esperava, não obstante o inesperado fator de mercado introduzido pela nota alemã. Se as coisas tivessem acontecido como imaginei, eu estaria 100% correto em todos os meus três lotes, pois com a paz as ações e o trigo teriam caído e o algodão teria ido às alturas. Eu ganharia uma bolada em todos os três. Independentemente de paz ou guerra, estava certo em minha posição no mercado de ações e no trigo, e é por isso que o evento imprevisto ajudou. No algodão, baseei meu jogo em algo que pode acontecer fora do mercado, isto é, apostei no sucesso do sr. Wilson em suas negociações de paz. Foram os líderes militares alemães que me fizeram perder a aposta do algodão.

Quando voltei para Nova York no início de 1917, paguei tudo o que eu devia, que era mais de 1 milhão de dólares. Foi um enorme prazer saldar minhas dívidas. Poderia ter quitado meus débitos alguns meses antes, mas não o fiz por um motivo muito simples. Estava negociando intensamente e com muito sucesso, e precisava de todo o capital que tinha. Devia a mim mesmo, bem como aos homens que eu considerava meus credores, aproveitar ao máximo os maravilhosos mercados que tivemos em 1915 e 1916. Eu sabia que ganharia muito dinheiro e não me preocupei por deixá-los esperar alguns meses a mais para receber um dinheiro que muitos deles nem sequer esperavam reaver. Eu não queria pagar minhas obrigações em pequenas parcelas a conta-gotas ou a um credor de cada vez, mas na íntegra e para todos de uma tacada só. Então, enquanto o mercado estava fazendo tudo o que podia para mim, continuei negociando em uma escala tão grande quanto meus recursos permitiam.

Eu queria pagar juros, mas todos os credores que assinaram documentos de quitação recusaram-se terminantemente a aceitar. O homem a quem paguei por último foi aquele a quem eu devia oitocentos dólares, que transformara minha vida em um fardo e me aborrecera tanto a ponto de eu desistir de operar. Eu o deixei no fim da fila e fiz questão de esperar até que ele soubesse que já tinha pagado todos os outros. Só depois disso ele recebeu seu dinheiro. Eu queria ensiná-lo a mostrar consideração da próxima vez que alguém lhe devesse algumas centenas de dólares.

E foi assim que voltei.

Depois de pagar minhas dívidas na íntegra, coloquei uma boa quantia em anuidades.* Decidi que nunca mais passaria necessidade nem ficaria numa situação desconfortável e sem vintém. Claro que, depois que me casei, coloquei algum dinheiro em um trust para minha esposa. E, depois que nasceu meu menino, também coloquei algum dinheiro em um trust para ele.

Fiz isso não apenas por medo de que o mercado de ações pudesse tirar de mim o meu dinheiro, mas porque eu sabia que um homem gasta cada centavo que lhe cai nas mãos. Assim, minha esposa e meu filho ficariam a salvo de mim.

Muitos homens que conheço fizeram a mesma coisa, mas persuadiram a esposa a lhes devolver o dinheiro quando precisaram e perderam tudo. Dei um jeito para que, não importando o que eu ou minha esposa desejássemos, os fundos continuem intactos. Os fundos estão absolutamente a salvo de todo e qualquer ataque de qualquer um de nós, a salvo de minhas necessidades de mercado, a salvo até mesmo do amor de uma esposa devotada. Não vou correr riscos!

---

* Títulos que proporcionam um montante de juros fixos anuais e de duração perpétua, isto é, não têm prazo de vencimento. (N. T.)

15

ENTRE OS PERIGOS DA ESPECULAÇÃO, o acontecimento inesperado
— eu poderia até dizer inesperável — ocupa lugar de destaque. Existem
certos riscos que são justificáveis, que o mais prudente dos homens tem
motivos para correr, riscos que ele tem que assumir se quiser ser mais
do que um molusco mercantil. Riscos normais de negócios não são piores do que os riscos que um homem corre quando sai na rua ou quando
embarca em uma viagem de trem. Quando perco dinheiro por conta
de um acontecimento que ninguém poderia prever, não penso nisso
de forma vingativa, porque a meu ver não difere de uma tempestade
que resolve desabar em um momento inconveniente. A própria vida é,
do berço ao túmulo, uma aposta, e sou capaz de suportar de maneira
inabalável o que acontece comigo porque não tenho o dom da clarivi-
dência. Mas houve momentos em minha carreira de especulador em
que estava certo e joguei limpo, no entanto fui enganado e roubado pela
sórdida má-fé e pela falta de espírito esportivo de oponentes desleais.

Contra as falcatruas cometidas por salafrários, covardes e grupelhos,
um raciocínio rápido ou um homem de negócios dotado de perspicácia
pode se proteger. Nunca enfrentei a desonestidade absoluta, exceto
em uma ou duas bucket shops, porque mesmo lá a honestidade era a

melhor diretriz política; o dinheiro graúdo estava em ser honesto, e não em dar calote. Nunca achei um bom negócio jogar qualquer jogo, em qualquer lugar que fosse, no qual era necessário ficar de olho no outro sujeito porque ele provavelmente trapacearia se não estivesse sendo vigiado. Mas, contra o caloteiro choramingão, o homem decente é impotente. Jogo limpo é jogo limpo. Eu poderia relatar uma dúzia de exemplos em que fui vítima de minha própria crença na qualidade sagrada da promessa solene ou da inviolabilidade de um acordo de cavalheiros. Não farei isso porque não teria utilidade nenhuma.

Escritores de ficção, clérigos e mulheres gostam de aludir ao pregão da bolsa de valores como um campo de batalha de trapaceiros e aos negócios diários de Wall Street como uma luta. É bastante dramático, mas totalmente enganoso. Não acho que meus negócios sejam conflitos e competições. Nunca luto com indivíduos ou grupos especulativos. Só tenho uma opinião divergente — a saber, em minha leitura das condições básicas. O que os dramaturgos chamam de "batalhas dos negócios" nada tem de lutas entre seres humanos. São apenas testes de visão de negócios. Tento me ater aos fatos e apenas aos fatos, e nortear minhas ações de acordo com isso. É a receita de Bernard M. Baruch* para o sucesso no acúmulo de riqueza. Às vezes não vejo os fatos — todos os fatos — com clareza suficiente ou suficientemente cedo; ou então não raciocino de maneira lógica. Sempre que alguma dessas coisas acontece, perco. Estou errado. E estar errado sempre me custa dinheiro.

Nenhum homem sensato se opõe a pagar por seus erros. No que diz respeito à prática de cometer erros, não há credores preferenciais, exceções e muito menos isenções. Mas me oponho a perder dinheiro quando estou certo. Não me refiro aos negócios que me custaram dinheiro devido a súbitas mudanças nas regras de alguma operação específica. Tenho em mente certos riscos de especulação que de tempos em tempos fazem um homem se lembrar de que nenhum lucro deve ser considerado seguro até que seja depositado em sua conta no banco.

---

* Bernard Mannes Baruch (1870-1965), financista e estadista americano. (N. T.)

REMINISCÊNCIAS DE UM OPERADOR DA BOLSA

Depois que a Grande Guerra eclodiu na Europa, teve início a alta nos preços das commodities, o que era de esperar. Foi tão fácil prever isso quanto prever a inflação de guerra. Claro que o aumento geral continuou enquanto a guerra se prolongava. Como o leitor deve lembrar, em 1915 eu estava ocupado "voltando". O boom de ações estava lá e era meu dever utilizá-lo. Minha jogada mais segura, mais fácil e mais rápida foi no mercado de ações, e tive sorte, como o leitor já sabe.

Em julho de 1917, não só pude pagar todas as minhas dívidas como fiquei com algum dinheiro de sobra. Aquilo significava que agora eu tinha tempo, dinheiro e inclinação para cogitar a negociação com commodities, bem como as operações com ações. Por muitos anos adotei como prática habitual o estudo de todos os mercados. O avanço dos preços das commodities acima dos níveis pré-guerra variou de 100% a 400%. Houve apenas uma exceção: o café. Claro que havia uma razão para isso: a deflagração da guerra implicou o fechamento dos mercados europeus, e enormes carregamentos foram enviados para este país, que era o maior dos mercados. Isso levou, com o tempo, a um enorme excedente de café verde – também conhecido como café cru — aqui, o que, por sua vez, manteve o preço baixo. Ora, quando comecei a examinar suas possibilidades especulativas, o café estava sendo vendido abaixo dos preços do pré-guerra. Se as razões para essa anomalia eram claras, não menos claro era que a operação ativa e cada vez mais eficiente dos submarinos alemães e austríacos devia significar uma redução terrível no número de navios disponíveis para fins comerciais. Com o passar do tempo, isso por sua vez deveria levar à diminuição das importações de café. Com recebimentos reduzidos e consumo inalterado, os estoques excedentes seriam absorvidos, e quando isso acontecesse o preço do café deveria fazer o que os preços de todas as outras mercadorias haviam feito, ou seja, subir muito.

Não era preciso ser um Sherlock Holmes para avaliar a situação. Não sei dizer por que motivo nem todo mundo comprou café. Quando decidi comprar, não considerei que era uma especulação. Era muito mais um investimento. Eu sabia que levaria tempo para ganhar dinheiro, mas sabia também que estava fadado a render um bom lucro. Por causa disso, era uma operação de investimento conservadora — a ação de um banqueiro, em vez da jogada de um apostador.

206

Comecei minhas operações de compra no inverno de 1917. Adquiri um bocado de café. O mercado, porém, não fez nada digno de nota. Continuou inativo, e, quanto ao preço, não subiu como eu tinha esperado. O resultado foi que simplesmente carreguei meu lote sem propósito por nove longos meses. Aí meus contratos expiraram e vendi todas as minhas opções. Tomei um baita prejuízo com esse negócio e, ainda assim, tinha certeza de que meus pontos de vista eram sólidos. Eu estava claramente errado na questão do tempo, mas tinha a convicção de que o café subiria como todas as commodities haviam subido, de modo que, pouco depois de ter vendido meu lote, comecei a comprar novamente. Comprei uma quantidade de café três vezes maior do que aquela que carreguei, sem lucro, durante nove meses decepcionantes. Claro que comprei opções diferidas,* pelo máximo de tempo que pude.

Eu não estava tão errado agora. Assim que adquiri meu lote triplicado, o mercado começou a subir. Por toda parte as pessoas pareciam ter percebido subitamente o que estava prestes a acontecer no mercado do café. Comecei a ter a impressão de que meu investimento me daria um retorno a uma taxa de juros muito boa.

Os vendedores dos contratos que fiz eram torrefadores, principalmente de nomes e afiliações alemãs, que compravam o café no Brasil e tinham a confiante expectativa de trazê-lo para este país. Mas não havia navios para transportá-lo, e em pouco tempo eles se viram na incômoda posição de ter um estoque inesgotável de café lá embaixo e estar pesadamente vendidos a descoberto comigo aqui. Por favor, tenha em mente que fiquei otimista em relação à alta do café e saí comprando quando o preço estava praticamente em um nível pré-guerra, e não se esqueça de que depois que comprei o café carreguei-o durante quase um ano inteiro e então sofri uma grande perda. O castigo por estar errado é perder dinheiro. A recompensa por estar certo é ganhar dinheiro. Estando evidentemente certo e carregando um grande lote, minha expectativa de faturar uma bolada era justificável. Não seria necessário um aumento considerável para tornar meu lucro satisfatório para mim,

---

* Ações diferidas são as que pagarão dividendos somente em determinada data ou quando certas condições forem concretizadas. (N. T.)

pois eu estava carregando várias centenas de milhares de sacas. Não gosto de falar sobre minhas operações em termos de números, porque às vezes parecem bastante formidáveis, e as pessoas podem pensar que estou me gabando. A bem da verdade, faço minhas negociações de acordo com meus recursos e sempre reservo a mim mesmo uma ampla margem de segurança. Neste caso, fui bastante conservador. A razão pela qual comprei opções com tanto desembaraço foi porque não conseguia ver de que maneira eu poderia perder. As condições estavam a meu favor. Fizeram-me esperar um ano inteiro, mas agora eu seria recompensado por minha espera e por estar certo. Eu podia antever a rápida chegada do lucro. Nisso não havia nenhuma esperteza. Eu simplesmente não era cego.

Lucro certeiro, de milhões! Mas que nunca chegou até mim. Não, não foi desviado por uma mudança repentina nas condições. O mercado não passou por uma abrupta reversão de condições. O café não jorrou no país. O que aconteceu? O inesperado! O que nunca tinha acontecido na experiência de ninguém; o que, portanto, não me dava motivos para me precaver. Adicionei um novo elemento à longa lista de riscos de especulação que tenho que manter sempre diante de mim. Simplesmente os camaradas que me venderam o café, vendidos a descoberto, sabiam o que estava reservado para eles, e em seus esforços para se livrar da enrascada em que se meteram idealizaram uma nova maneira de dar o calote. Correram para Washington em busca de ajuda e conseguiram.

É possível que o leitor se lembre de que o governo desenvolveu vários planos de prevenção contra lucros antiéticos em artigos de primeira necessidade. O leitor sabe como a maioria deles funcionava. Bem, os filantropos vendidos a descoberto em café apareceram perante o Comitê de Fixação de Preços do Conselho das Indústrias de Guerra — acho que era essa a designação oficial — e fizeram um patriótico apelo a esse órgão para que protegesse o café da manhã estadunidense. Afirmaram que um especulador profissional, um tal de Lawrence Livingston, havia encurralado, ou estava prestes a encurralar num corner, o café. Se os planos especulativos dele não fossem reduzidos a pó, ele tiraria proveito das condições criadas pela guerra, e o povo americano seria forçado a pagar preços exorbitantes pelo cafezinho diário. Para os patriotas que me venderam cargas de café para as quais não conseguiram encontrar navios, era impensável que 100 milhões de americanos, mais ou menos, devessem prestar homenagem aos especuladores inescrupulosos. Eles representavam o comércio de café, não os apostadores do café, e estavam dispostos a ajudar o governo a refrear a sanha, atual e futura, dos especuladores ávidos por lucros antiéticos.

Ora, tenho horror a choramingões, e não pretendo insinuar que o Comitê de Fixação de Preços não estava fazendo o melhor que podia, com toda honestidade, para coibir a especulação e o desperdício. Mas isso não precisa me impedir de expressar a opinião de que o Comitê não poderia ter se aprofundado tanto no problema específico do mercado do café. Fixaram-se um preço máximo para o café verde e um limite de tempo para o fechamento de todos os contratos existentes. Essa decisão significava, é claro, que a bolsa do café teria que encerrar as operações. Só me restava uma coisa a fazer, e fiz: vender todos os meus contratos. Esses lucros de milhões, que eu dera como favas contadas e que acabariam no meu bolso como qualquer outra bolada que eu já havia ganhado não se materializaram — um completo fiasco. Como qualquer pessoa, eu era e sou ferrenhamente avesso a qualquer aproveitador que especula com os gêneros de primeira necessidade, mas, na ocasião em que o Comitê de Fixação de Preços tomou suas decisões acerca do café, todas as outras commodities estavam sendo vendidas a 250% ou 400% acima dos preços do pré-guerra, ao passo que o café verde estava abaixo da média predominante durante alguns anos antes da guerra. Não consigo ver se fazia alguma diferença saber quem segurou o café. O preço estava fadado a subir, e a razão para isso não eram as operações de especuladores inescrupulosos, mas a escassez dos excedentes da safra, cuja responsabilidade recaía sobre a diminuição das importações, que, por sua vez, foram afetadas exclusivamente pela terrível destruição dos navios do mundo pela ação de submarinos alemães. O Comitê não esperou o café começar: pisou nos freios.

No que diz respeito a uma questão de política e de conveniência, foi um erro forçar a bolsa do café a fechar naquele momento. Se o Comitê tivesse deixado o café em paz, o preço sem dúvida teria subido, pelos motivos que já expliquei, o que nada tinha a ver com um suposto corner. Mas o preço alto — que não precisava ser exorbitante — teria sido um incentivo para atrair suprimentos para esse mercado. Ouvi o sr. Bernard M. Baruch dizer que o Conselho das Indústrias de Guerra levou em consideração esse fator — firmar contratos de seguro para os suprimentos — na fixação de preços, e por essa razão algumas das reclamações sobre o alto limite de certas commodities eram injustas. Quando a bolsa do café retomou os negócios, mais tarde, o café foi vendido a 26 centavos. O povo americano pagou esse preço por causa dos pequenos estoques em oferta, e a oferta era pequena porque o preço tinha sido fixado muito baixo, por sugestão de filantropos vendidos a descoberto, de modo a possibilitar o pagamento dos elevados fretes marítimos e, assim, garantir a continuidade das importações.

Sempre achei que meus negócios com o café eram as mais legítimas de todas as minhas transações com commodities. Eu considerava mais um investimento do que uma especulação. Passei mais de um ano envolvido nessas operações. Se houve alguma jogada, foi feita pelos patrióticos torrefadores com nomes e ancestrais alemães. Eles tinham café no Brasil e o venderam para mim em Nova York. O Comitê de Fixação de Preços fixou o preço da única commodity que não havia aumentado. Protegeu o público contra a especulação antes que ela começasse, mas não contra os inevitáveis preços mais altos que se seguiram. E não somente isso: mesmo quando o café verde custava cerca de nove centavos a libra, o café torrado subiu com todo o resto. Apenas os torrefadores se beneficiaram. Se o preço do café verde tivesse subido dois ou três centavos por libra, significaria vários milhões para mim. E não teria custado ao público tanto quanto na última alta.

Em especulação, autópsias são uma perda de tempo. Não levam a lugar nenhum. Mas esse negócio em especial tem certo valor educacional. Foi tão agradável quanto qualquer outro em que já entrei. A ascensão era tão certa, tão lógica, que imaginei que simplesmente não poderia deixar de ganhar vários milhões de dólares. Mas não ganhei.

Em duas outras ocasiões, sofri com a ação de comitês de câmbio tomando decisões que mudaram as regras de negociação sem aviso. Contudo, nesses casos, minha própria posição, embora tecnicamente correta, não era tão boa do ponto de vista comercial, a exemplo das minhas transações com o café. Em operações especulativas, nunca é possível ter 100% de certeza. Foi a experiência que acabei de contar que me fez adicionar o inesperável ao inesperado na minha lista de perigos.

Depois do episódio do café, obtive tanto sucesso em outras commodities e no lado vendido do mercado de ações que comecei a ser alvo de fofocas. Os profissionais de Wall Street e os colunistas de jornais adquiriram o hábito de atribuir a mim e a meus supostos raids de manipulação a culpa pelas inevitáveis quedas de preços. Vez por outra minhas vendas eram chamadas de antipatrióticas, estivesse eu realmente vendendo ou não. O motivo para exagerar a magnitude e o efeito de minhas operações era, suponho, a necessidade de satisfazer a insaciável demanda da opinião pública por razões para cada movimento dos preços.

Como já disse mil vezes, nenhuma manipulação é capaz de derrubar ações e mantê-las lá embaixo. Não há mistério nenhum nisso. O motivo é claro para todos os que se derem ao trabalho de pensar no assunto por meio minuto. Suponha que um operador da bolsa tenha atacado uma ação, isto é, empurrado o preço abaixo de seu valor real. O que aconteceria, inevitavelmente? Ora, esse manipulador ia se ver de imediato diante do melhor tipo de compra interna com base em informações privilegiadas. As pessoas que sabem o valor de uma ação sempre a comprarão quando estiver sendo vendida por uma pechincha. Se os insiders não puderem comprar, será porque as condições gerais contrariam o livre comando de seus próprios recursos, e tais condições não são condições de alta. Quando as pessoas falam sobre raids de manipulação, a inferência é que os ataques são injustificados, quase criminosos. Mas vender uma ação abaixo do preço até que alcance um patamar muito inferior a seu valor é um negócio muito perigoso. É bom ter em mente que uma ação atacada que não consegue se recuperar não figura entre as prediletas das compras internas, e onde há um raid de manipulação — isto é, venda a descoberto injustificada — costuma haver compra interna com base em informações privilegiadas; quando isso acontece, o preço não permanece baixo. Devo dizer que em 99% dos casos os chamados raids de manipulação são declínios legítimos, às vezes acelerados, mas não fundamentalmente causados pelas operações de um trader profissional, por maior que seja o lote que ele possa movimentar.

A teoria de que os declínios repentinos ou quebras acentuadas específicas são em sua maioria resultado das operações de algum manipulador provavelmente foi inventada como uma maneira fácil de fornecer razões aos especuladores que, sendo apenas jogadores às cegas, acreditarão em qualquer coisa que lhes for dita em vez de pensar um pouco. A desculpa do raid de manipulação como explicação para as perdas, que desafortunados especuladores tantas vezes recebem de corretores e fofoqueiros financeiros, é na verdade uma dica às avessas. A diferença está no seguinte: uma dica baixista é um conselho distinto e positivo para vender a descoberto. Mas a dica invertida, ou seja, a explicação que não explica, serve apenas para impedir a pessoa de vender a descoberto com sabedoria. A tendência natural quando uma ação sofre uma queda drástica é vendê-la. Há uma razão — uma razão desconhecida, mas uma boa razão; portanto, caia fora. Mas não é aconselhável sair quando a queda é o resultado de um ataque de manipulação de um operador, porque, no momento em que ele para, o preço deve se recuperar. Dicas invertidas!

16

DICAS! COMO AS PESSOAS DESEJAM DICAS! Anseiam não apenas por recebê-las, mas também por repassá-las adiante. Há ganância envolvida, e vaidade. É muito divertido, às vezes, observar pessoas inteligentes à procura de dicas. E quem dá as dicas não precisa hesitar quanto à qualidade delas, pois quem busca dicas não está atrás de boas dicas, mas de qualquer dica. Se os palpites derem bons resultados, ótimo! Se não, melhor sorte da próxima vez. Estou pensando no cliente comum da corretora comum. Existe um tipo de promotor de negócios ou manipulador que acredita nas dicas no começo, no meio e no fim, de cabo a rabo. Considera que um bom fluxo de dicas é uma espécie de obra publicitária sublime, a mais formidável peça mercadológica do mundo, pois, já que a pessoa que procura dicas e a pessoa que dá dicas são invariavelmente repassadores de dicas, transmitir dicas se torna uma espécie de publicidade em cadeia infinita. O palpiteiro-promotor de negócios trabalha sob a ilusão de que nenhum ser humano que respira é capaz de resistir a uma dica comunicada da forma adequada. Ele estuda a arte de distribuí-las artisticamente.

Recebo centenas de dicas todo dia de todo tipo de pessoa. Contarei uma história sobre a Borneo Tin. Você se lembra de quando a ação foi lançada? Foi no auge do boom do mercado. O pool dos promotores de negócios tinha seguido o conselho de um banqueiro muito inteligente e decidido lançar a nova empresa no mercado aberto de supetão, em vez de deixar que um consórcio de subscrição gastasse o tempo que fosse necessário para cuidar dela. Foi uma boa recomendação. O único erro dos membros do pool foi fruto da inexperiência. Eles não sabiam o que o mercado de ações era capaz de fazer durante um boom desenfreado, e ao mesmo tempo não eram liberais de uma forma inteligente. Concordavam com a necessidade de redefinir o preço de venda para poder comercializar a ação, mas começaram a negociação em um valor no qual os traders e os pioneiros especulativos não poderiam comprar sem receios.

O justo seria os promotores de negócios manterem sua posição, mas no selvagem mercado de touro altista sua voracidade acabou por ser um asqueroso conservadorismo. O público estava comprando qualquer coisa que fosse recomendada da forma adequada. Ninguém desejava investimentos. A demanda era por dinheiro fácil, pelo lucro garantido da especulação. O ouro jorrava no país por meio das enormes compras de material de guerra. Disseram-me que os promotores de negócios, enquanto faziam seus planos para lançar ações da Borneo, definiriam o aumento do preço de abertura em três diferentes ocasiões antes que sua primeira transação fosse oficialmente registrada para o benefício do público.

Procuraram-me para entrar no pool. Analisei cuidadosamente a proposta, mas não aceitei porque, se há alguma manobra do mercado a ser feita, gosto de fazê-la eu mesmo. Negocio apenas com base em minhas próprias informações e sigo meus próprios métodos. Quando a Borneo Tin foi lançada, sabendo quais eram os recursos do pool e o que planejava fazer, e sabendo também do que o público era capaz, comprei 10 mil ações durante a primeira hora do primeiro dia. A estreia da Borneo no mercado foi bem-sucedida, pelo menos até aquele momento. Na verdade, os promotores de negócios consideraram a demanda tão ativa que decidiram que seria um erro perder tantas ações tão rapidamente. Descobriram que eu tinha adquirido minhas 10 mil ações quase ao mesmo tempo que descobriram que provavelmente conseguiriam vender todas as ações contanto que definissem o preço em 25 ou trinta pontos acima. Por conseguinte, concluíram que o lucro em minhas 10 mil ações abocanharia um grande naco dos milhões que eles já davam como dinheiro depositado em sua conta bancária. Então interromperam suas operações altistas e tentaram me tirar de cena. Mas eu simplesmente me segurei firme e esperei. Desistiram de mim por me considerar um mau negócio, porque não queriam que o mercado escapasse de seu controle, e em seguida começaram a aumentar o preço, sem perder mais nenhuma ação até onde isso era evitável.

Viram que os preços de outras ações tiveram uma disparada desvairada e começaram a pensar em bilhões. Bem, quando a Borneo Tin chegou a dez, deixei que comprassem minhas 10 mil ações. Isso conteve a alta, e os administradores do pool desaceleraram seu processo de elevação dos preços. No rali geral seguinte, tentaram mais uma vez criar um mercado ativo para a ação e descartaram alguns lotes dela, mas a comercialização das ações provou ser bastante dispendiosa. Por fim empurraram o preço para cima em 150. Mas a exuberância do mercado altista se foi de vez, por isso o pool foi compelido a negociar toda e qualquer ação que podia no caminho de queda, com aquelas pessoas que amam comprar depois de uma boa redução nos preços, sob a falácia de que uma ação que uma vez foi vendida a 150 devia ser barata a 130 e uma pechincha imperdível a vinte. Além disso, o pool passou a dica primeiro para os operadores de pregão, que muitas vezes são capazes de fazer um mercado temporário, depois para as corretoras. Tudo ajudava, e o pool estava usando todos os dispositivos conhecidos. O problema era que o tempo para apostar na alta das ações já havia passado. Os otários haviam mordido outras iscas. O grupo da Borneo não viu ou não quis ver isso.

Eu estava em Palm Beach com minha esposa. Um dia, ganhei algum dinheiro no Gridley's e quando cheguei em casa dei à sra. Livingston uma nota de quinhentos dólares. Foi uma coincidência curiosa, mas naquela mesma noite ela conheceu em um jantar o presidente da Borneo Tin Company, um certo sr. Wisenstein, que se tornou o administrador do pool de ações. Só algum tempo depois soubemos que esse Wisenstein fez uma manobra deliberada para se sentar ao lado dela no jantar.

Ele se propôs a ser especialmente simpático com minha esposa e manter uma conversa muito agradável. No final, disse a ela, em tom confidencial: "Sra. Livingston, vou fazer algo que nunca fiz antes. Fico muito contente de fazer isso, porque a senhora sabe exatamente o que significa".

Ele parou e fitou, ansioso, a sra. Livingston, para se certificar de que não era apenas esperta, mas discreta. Ela leu tudo isso no rosto dele, com todas as letras. Mas se limitou a dizer: "Sim".

"Sim, sra. Livingston. Foi um grande prazer conhecer a senhora e seu marido, e quero provar que digo isso com sinceridade, porque espero vê-los com frequência. Tenho certeza de que não preciso avisá-la de que o que vou dizer é estritamente confidencial!" Em seguida, sussurrou: "Se a senhora comprar algumas ações da Borneo, vai ganhar muito dinheiro".

"Acha mesmo?", perguntou ela.

"Pouco antes de sair do hotel", disse ele, "recebi alguns cabogramas com notícias de que o público só vai ficar sabendo daqui a vários dias, pelo menos. Vou comprar o máximo de ações que puder. Se a senhora conseguir algumas na abertura amanhã, estará comprando ao mesmo tempo e pelo mesmo preço que eu. Dou-lhe minha palavra de que a Borneo Tin certamente vai avançar. A senhora é a única pessoa para quem contei isso. Absolutamente a única!"

Ela agradeceu e disse que não entendia patavina de especulações em ações. Mas Wisenstein garantiu que ela não precisava saber mais do que ele a havia instruído. Para se certificar de que ela o ouvira corretamente, Wisenstein repetiu seu conselho: "Tudo o que a senhora precisa fazer é comprar a quantidade da Borneo Tin que desejar. Posso lhe dar minha palavra de honra de que, se fizer isso, não perderá um centavo. Nunca na vida eu disse a uma mulher, ou a um homem, aliás, para comprar qualquer coisa. Mas tenho certeza de que essas ações não vão parar até chegar pelo menos a duzentos, e gostaria que a senhora ganhasse algum dinheiro. Não posso comprar todas as ações eu mesmo, como sabe, e se alguém além de mim vai se beneficiar com a alta prefiro que seja a senhora a uma pessoa desconhecida. Muito mais! Eu lhe contei em sigilo porque sei que a senhora não vai falar a respeito disso com ninguém. Acredite na minha palavra, sra. Livingston, e compre Borneo Tin!".

Wisenstein foi muito franco e conseguiu impressioná-la tanto que ela começou a pensar que havia encontrado um excelente uso para os quinhentos dólares que eu lhe dera naquela tarde. Aquele dinheiro não tinha me custado esforço nenhum e não estava incluído na mesada dela. Em outras palavras, era dinheiro fácil de perder se a sorte estivesse contra minha esposa. Mas ele disse que era tiro e queda, que daria lucro. Para ela, seria agradável ganhar dinheiro por conta própria... e me contar tudo depois.

Bem, na manhã seguinte, antes da abertura do mercado, ela foi ao escritório da Harding e disse ao gerente: "Sr. Haley, quero comprar algumas ações, mas não quero que seja na minha conta normal, porque não quero que meu marido saiba qualquer coisa a respeito disso até que eu ganhe algum dinheiro. Pode cuidar disso para mim?".

Haley, o gerente, disse: "Ah, sim. Podemos abrir uma conta especial. Qual é a ação e que quantidade a senhora deseja comprar?".

Ela deu a ele os quinhentos dólares e disse: "Ouça, por favor. Não desejo perder mais do que este montante aqui. Se ele se for, não quero dever nada ao senhor. E lembre: não quero que o sr. Livingston saiba de nada a respeito. Compre para mim o máximo de ações da Borneo Tin que este dinheiro puder, na abertura".

Haley pegou o dinheiro, asseverou que nunca diria uma palavra a quem quer que fosse e comprou para ela cem ações na abertura. Acho que no momento em que ela as adquiriu a ação estava em 108. A ação teve um dia muito ativo e fechou com um avanço de três pontos. A sra. Livingston ficou encantada com sua façanha, tanto que mal conseguiu se conter e não me contar tudo a respeito.

Acontece que eu estava ficando cada vez mais pessimista com relação ao mercado, apostando numa queda geral. A atividade incomum da Borneo Tin chamou minha atenção. Não achava que fosse a hora certa para qualquer ação avançar, muito menos uma daquele tipo. Eu tinha decidido começar minhas operações de urso baixista naquele mesmo dia, e comecei vendendo cerca de 10 mil ações da Borneo. Se não tivesse feito isso, acho que a ação teria subido cinco ou seis pontos em vez de três.

No dia seguinte, vendi 2 mil ações na abertura e 2 mil ações pouco antes do fechamento, e a ação caiu para 102.

Haley, o gerente da filial da Harding Brothers em Palm Beach, estava esperando a sra. Livingston aparecer por lá na terceira manhã. Ela geralmente passava por volta das onze horas para ver como as coisas estavam e se eu estava fazendo alguma coisa.

Haley puxou-a de lado e disse: "Sra. Livingston, se quiser que eu carregue aquela centena de ações da Borneo Tin para a senhora, terá que me dar mais margem".

"Não tenho mais", alegou ela.

"Posso transferir para sua conta normal", disse ele.

"Não, porque assim L. L. ficaria sabendo."

"Mas a conta já mostra um prejuízo de..."

"Mas eu disse claramente que não queria perder mais do que quinhentos dólares. Nem isso eu queria perder", ela o interrompeu.

"Eu sei, sra. Livingston, mas eu não queria vender as ações sem antes consultá-la, e agora, a menos que a senhora me autorize a segurá-la, vou ter que liquidar a posição."

"Mas a ação teve um desempenho tão bom no dia em que a comprei que não acreditei que ela se comportaria dessa maneira tão cedo. O senhor achou?"

"Não, não achei", respondeu Haley. Os funcionários dos escritórios das corretoras têm que ser diplomáticos.

"O que há de errado com ela, sr. Haley?"

Haley sabia, mas não podia contar a ela sem me entregar, e as operações dos clientes são sagradas. Por isso ele respondeu apenas: "Não ouvi nada de especial sobre isso, de uma forma ou de outra. Lá vai ela! Em movimento de queda!". Ele apontou para o quadro de cotações.

A sra. Livingston olhou para a ação que despencava e gritou: "Ah, sr. Haley! Eu não queria perder meus quinhentos dólares! O que devo fazer?".

"Não sei, sra. Livingston, mas se eu fosse a senhora perguntaria ao sr. Livingston."

"Ah, não! Ele não quer que eu especule por conta própria. Já me disse isso. Ele pode comprar ou vender ações para mim, se eu pedir, mas nunca fiz qualquer operação da qual ele não soubesse. Eu não ousaria contar."

218

"Vai ficar tudo bem", disse Haley, com a voz suave. "Ele é um trader maravilhoso e saberá exatamente o que fazer." Vendo minha mulher balançar violentamente a cabeça, ele acrescentou em tom diabólico: "Ou então a senhora coloca mil ou 2 mil dólares para cuidar da sua Borneo".

A alternativa fez com que a sra. Livingston tomasse a decisão naquele momento. Zanzou pelo escritório, mas, à medida que o mercado ficava cada vez mais fraco, veio até onde eu me sentava para olhar para o quadro de cotações e me disse que queria falar comigo. Entramos no escritório privativo, e ela me contou toda a história. Eu disse apenas: "Sua garotinha tola, tire as mãos desse negócio".

Ela prometeu que faria isso, então devolvi a ela quinhentos dólares e ela foi embora feliz da vida. Naquele momento, a ação estava em seu valor nominal.

Vi o que aconteceu. Wisenstein era uma pessoa astuta. Imaginou que a sra. Livingston me contaria o que dissera a ela e que eu estudaria a ação. Sabia que a atividade do mercado sempre me atraiu e que eu era conhecido por movimentar lotes de tamanho considerável. Suponho que pensou que eu compraria 10 ou 20 mil ações.

Foi uma das dicas planejadas da maneira mais inteligente e transmitida da forma mais artística de que já tive notícia. Mas deu errado. Tinha que dar. Para começo de conversa, minha mulher tinha recebido naquele mesmo dia quinhentos dólares imerecidos, portanto seu estado de espírito estava muito mais arrojado que o habitual. Ela queria ganhar algum dinheiro por conta própria e dramatizou a tentação de forma tão atraente a ponto de torná-la irresistível. Sabia o que eu pensava em relação à especulação com ações praticada por pessoas que não entendiam do riscado e não se atreveu a mencionar o assunto para mim. Wisenstein não avaliou direito a psicologia feminina.

Ele também estava redondamente enganado em seu palpite sobre o tipo de trader que eu era. Nunca aceito dicas e estava pessimista, apostando numa queda geral do mercado. As táticas que ele pensou que seriam eficazes para me induzir a comprar ações da Borneo — ou seja, a atividade e o aumento de três pontos — foram precisamente a razão que me fez escolher a Borneo como ponto de partida quando decidi vender no mercado inteiro.

Depois de ouvir a história da sra. Livingston, fiquei mais ansioso do que nunca para vender a Borneo. Todas as manhãs na abertura e todas as tardes pouco antes do fechamento eu deixava que ele comprasse algumas ações regularmente, até que vi uma chance de converter minhas vendas a descoberto em um lucro considerável.

Sempre me pareceu o cúmulo da imbecilidade negociar ações com base em dicas. Acho que não sou do tipo que acredita em dicas. Às vezes tenho a impressão de que os que aceitam dicas são como bêbados. Existem alguns que não conseguem resistir ao desejo e sempre aguardam, ansiosos, aquela dose que consideram indispensável para sua felicidade. É tão fácil abrir os ouvidos e deixar a dica entrar. Ouvir exatamente o que fazer para ser feliz, de tal maneira que você seja capaz de obedecer facilmente, é o que há de mais próximo da felicidade, um primeiro e longo passo em direção à realização do desejo do seu coração. É, em igual medida, a ganância ofuscada pela ânsia e a esperança enfaixada pela relutância em pensar minimamente.

E não é apenas entre o público leigo que encontramos inveterados seguidores de dicas. O trader profissional no pregão da Bolsa de Valores de Nova York é igual. Tenho a plena convicção de que muitos deles nutrem noções errôneas sobre mim, porque nunca dou dicas a ninguém. Se eu dissesse ao homem comum: "Venda 5 mil ações da Steel!", ele faria isso na hora. Mas se contar a ele que estou bastante pessimista e apostando na baixa de todo o mercado e lhe apresentar detalhadamente minhas razões, ele terá dificuldade para me ouvir, e depois vai me fuzilar com os olhos por fazê-lo perder seu tempo expressando minhas opiniões sobre as condições gerais em vez de lhe dar um palpite direto e específico, como fazem os verdadeiros samaritanos do tipo que existe aos montes em Wall Street, o tipo que adora colocar milhões nos bolsos de amigos, conhecidos e desconhecidos.

A crença em milagres, tão prezada por todos os homens, nasce do imoderado apego à esperança. Há pessoas que de tempos em tempos passam por um surto de esperança, e todos nós conhecemos o crônico embriagado de esperança que se apresenta diante de nós como um otimista exemplar. Quem segue dicas não é outra coisa além disso.

Tenho um conhecido, membro da Bolsa de Valores de Nova York, que era um daqueles que pensavam que eu era um sujeito ganancioso, egoísta e desalmado porque nunca dava dicas nem incluía os amigos nas jogadas. Um dia — isso foi há alguns anos —, ele estava conversando com um jornalista que por acaso mencionou que recebera de fonte segura a informação de que a G. O. H. ia subir. Na mesma hora meu amigo corretor comprou mil ações e viu o preço cair tão rapidamente que levou um prejuízo de 3500 dólares antes de conseguir estancar a sangria. Encontrou o jornalista um ou dois dias depois, quando ainda estava furioso.

"Que bela dica você me deu", reclamou.

"Que dica foi essa?", perguntou o repórter, que nem lembrava.

"Sobre a G. O. H. Você disse que obteve de uma boa fonte."

"E obtive. Quem me disse foi um diretor da empresa que é membro do comitê de finanças."

"Quem foi?", perguntou o corretor, em tom de afronta.

"Se você quer saber", respondeu o jornalista, "foi seu próprio sogro, o sr. Westlake."

"Por que diabos você não me disse que se referia a ele?!", gritou o corretor. "Você me custou 3500 dólares!" Ele não acreditava em dicas de parentes. Quanto mais distante a fonte, mais puro o palpite.

O velho Westlake era um banqueiro rico, um bem-sucedido promotor de negócios. Um dia, ele encontrou por acaso John W. Gates, que lhe perguntou o que ele sabia. "Se você for usar, posso te dar uma dica. Se não for usar, pouparei meu fôlego", respondeu o velho Westlake, cheio de azedume.

"É claro que vou usar", prometeu Gates, animado.

"Venda a Reading! São uns 25 pontos garantidos, talvez mais. Mas 25 absolutamente certos", disse Westlake, com voz imponente.

"Estou muito agradecido a você", disse Gates "Aposto 1 milhão". Ele trocou um caloroso aperto de mãos com Westlake e partiu na direção do escritório de seu corretor.

Westlake se especializou na Reading. Sabia tudo sobre a empresa e era muito ligado aos insiders, de sorte que o mercado de ações era um livro aberto para ele, e todos sabiam disso. Agora, estava aconselhando o especulador do Oeste a operar vendido.

Bem, a Reading nunca parou de subir. Chegou a algo como cem pontos em algumas semanas. Um dia, o velho Westlake deu de cara com John W. na rua, mas fingiu que não o tinha visto e saiu andando. John W. Gates o alcançou, abriu um largo sorriso e estendeu a mão. Atordoado, o velho Westlake a apertou.

"Quero agradecer pela dica que você me deu sobre a Reading", disse Gates.

"Não dei dica nenhuma", disse Westlake, franzindo a testa.

"Claro que deu. E foi uma dica danada de boa. Ganhei 60 mil dólares."

"Ganhou 60 mil dólares?"

"Opa! Não lembra? Você me disse para vender a Reading, aí fui lá e comprei! Sempre ganhei dinheiro apostando contra suas dicas, Westlake", disse John W. Gates, todo contente. "Sempre!"

O velho Westlake olhou para o sujeito grosseiro do Oeste e, no mesmo instante, comentou com admiração: "Gates, que homem rico eu seria se tivesse a sua inteligência!".

Outro dia conheci pessoalmente o sr. W. A. Rogers, o famoso cartunista, cujos desenhos de Wall Street os corretores tanto admiram. Seus desenhos, publicados diariamente no jornal *New York Herald*, por anos deram prazer a milhares de pessoas. Bem, ele me contou uma história. Foi um pouco antes de entrarmos em guerra com a Espanha. Ele estava passando uma noite com um amigo corretor. Ao sair, pegou seu chapéu-coco no gancho, ou o que achou que fosse seu chapéu, porque era parecido e coube perfeitamente em sua cabeça.

Naquela época, Wall Street não pensava nem falava em outra coisa além de guerra com a Espanha. Haveria uma guerra ou não? Se houvesse guerra o mercado cairia, não tanto por nossas próprias vendas, mas pela pressão dos detentores europeus das nossas ações. Se houvesse paz, seria fácil comprar ações, já que havia ocorrido consideráveis declínios provocados pelo espalhafato sensacionalista da imprensa marrom. O sr. Rogers me contou o resto da história da seguinte maneira:

"Meu amigo, o corretor, em cuja casa eu estivera na noite anterior, passou o dia seguinte na bolsa em um angustiado debate mental sobre em que lado do mercado deveria apostar. Pesou os prós e contras, mas era impossível distinguir o que era rumor e o que era fato. Não havia notícias autênticas para orientá-lo. Em dado momento, concluía que a guerra era inevitável; em seguida, quase se convencia de que era totalmente improvável. Sua perplexidade deve ter causado um aumento em sua temperatura, pois ele tirou o chapéu-coco para limpar a testa febril. Não conseguia decidir se o melhor seria comprar ou vender.

"Por acaso, ele olhou para dentro do chapéu. Lá, em letras douradas, leu a palavra GUERRA. Era a sugestão de que precisava. Foi ou não foi uma dica da Providência divina por meio do meu chapéu? Então ele vendeu uma batelada de ações, a guerra foi devidamente declarada, ele liquidou a posição na baixa e faturou uma bolada." Em seguida, W. A. Rogers arrematou: "Nunca peguei de volta aquele chapéu!".

Mas a principal história de dicas da minha coleção diz respeito a um dos membros mais populares da Bolsa de Valores de Nova York, J. T. Hood. Um dia, outro operador de pregão, Bert Walker, lhe disse que tinha feito um grande favor a um figurão da diretoria da Atlantic & Southern. Em troca, o agradecido insider lhe sugeriu comprar todas as ações da A&S que pudesse carregar. Os diretores iam fazer algo que jogaria a ação para cima em pelo menos 25 pontos. Nem todos os diretores estavam na jogada, mas a maioria certamente votaria conforme o desejado.

Bert Walker concluiu que a taxa de dividendos seria aumentada. Ele contou a seu amigo Hood e cada um comprou alguns milhares de ações da A&S. A ação estava muito fraca antes e depois de comprarem, mas Hood disse que aquilo era obviamente intencional para facilitar a acumulação pela panelinha interna de diretores, encabeçada pelo grato amigo de Bert.

Na quinta-feira seguinte, após o fechamento do mercado, os diretores da Atlantic & Southern se reuniram e aprovaram o dividendo. A ação caiu seis pontos nos primeiros seis minutos de negociação na manhã de sexta-feira.

Bert Walker ficou chateado. Foi visitar o agradecido diretor, que demonstrou arrependimento. Alegou que tinha se esquecido de qual ação recomendara que Walker comprasse, por isso não ligou para ele para lhe contar sobre uma mudança nos planos da facção dominante no conselho. Sentindo remorso e ansioso para se redimir, o diretor deu outra dica a Bert. Gentilmente, explicou que alguns de seus colegas queriam uma ação barata e tomaram uma decisão à revelia dele, que teve que ceder para ganhar os votos dos diretores. Mas, agora que todos tinham acumulado seus lotes completos, não havia nada para impedir o avanço. Comprar A &s era lucro garantido, mamão com açúcar.

Bert não apenas o perdoou, mas trocou um afetuoso aperto de mãos com o grande financista. Naturalmente, ele se apressou em encontrar seu amigo e vítima, Hood, para lhe comunicar as boas-novas. Fariam uma farra de lucros. Receberam a dica de que a ação teria uma alta antes e compraram. Agora a ação estava quinze pontos abaixo, o que implicava uma barbada. Eles compraram 5 mil ações em conta conjunta.

Como se alguém tivesse acionado uma campainha para dar a partida, a ação sofreu uma violenta queda, numa manobra que, estava na cara, era uma venda interna. Dois especialistas confirmaram alegremente a suspeita. Hood vendeu suas 5 mil ações. Quando terminou, Bert Walker disse a ele: "Se aquele trouxa desgraçado não tivesse ido para a Flórida anteontem eu acabaria com ele. Sim, eu o deixaria em pandarecos. Mas você vem comigo".

"Para onde?", perguntou Hood.

"Para o posto telegráfico. Quero mandar para aquele cafajeste um telegrama que ele nunca vai esquecer. Vamos."

Hood continuou. Bert abriu o caminho para o posto do telégrafo. Lá ele se empolgou e, deixando-se levar por seus sentimentos, tendo sofrido um baita prejuízo nas 5 mil ações, compôs uma obra-prima da vituperação. Bert leu o telegrama para Hood e concluiu: "Isto vai chegar muito perto de lhe mostrar o que penso a respeito dele".

Estava prestes a deslizar o papel em direção ao funcionário que aguardava no balcão quando Hood disse: "Espere aí, Bert!".

"Qual é o problema?"

"Eu não enviaria isso aí", aconselhou Hood com seriedade.

"Por que não?", retrucou Bert.

"Ele vai soltar fogo pelas ventas."

"É isso que queremos, não é?", disse Bert, fitando Hood com expressão de surpresa.

Mas Hood balançou a cabeça em sinal de desaprovação e disse com toda a seriedade: "Se você enviar esse telegrama, nunca mais vamos receber outra dica dele!".

Um trader profissional realmente disse isso. Ora, de que adianta falar sobre otários que seguem as dicas que recebem? Homens aceitam palpites não porque são uns bundas-moles atoleimados, mas porque gostam daqueles coquetéis de esperança de que falei. A receita do velho barão Rothschild para enriquecer se aplica com força maior do que nunca à especulação. Alguém perguntou a ele se ganhar dinheiro na Bolsa de Valores de Paris não era muito difícil, e ele respondeu que, pelo contrário, achava que era muito fácil.

"Isso porque o senhor é muito rico", rebateu o entrevistador.

"De jeito nenhum. Encontrei uma maneira fácil e me aferro a ela. Simplesmente não posso deixar de ganhar dinheiro. Contarei meu segredo se você desejar. É o seguinte: nunca compro na baixa e sempre vendo muito cedo."

Investidores são uma espécie diferente. A maioria tem forte interesse em ações e estatísticas de rendimentos e todo tipo de dado matemático, como se isso significasse fatos e certezas. Em regra, o fator humano é minimizado. Pouquíssimas pessoas gostam de comprar em um negócio de um homem só. Mas o investidor mais esperto que já conheci foi um homem que começou como o Alemão da Pensilvânia e abriu caminho até chegar a Wall Street e participar de um bocado de transações com Russell Sage.

Ele foi um grande investigador, um infatigável missouriano. Acreditava em fazer suas próprias perguntas e em ver com os próprios olhos. Para ele, de nada adiantava se colocar no lugar dos outros e enxergar as coisas do ponto de vista alheio. Isso foi há muitos anos. Parece que tinha algumas ações da Atchison. Não demorou muito para começar a ouvir informes inquietantes sobre a empresa e sua gestão. Informaram-lhe que o sr. Reinhart, o presidente, em vez de ser a maravilha que diziam ser, na realidade era um administrador dos mais extravagantes, cuja imprudência estava empurrando a empresa ladeira abaixo. No inevitável dia do acerto de contas, a coisa ia ficar feia e o preço a pagar seria alto.

Era precisamente o tipo de notícia que funcionava como um sopro de vida para o Alemão da Pensilvânia. Ele correu para Boston a fim de entrevistar o sr. Reinhart. Primeiro repetiu as acusações que tinha ouvido e depois perguntou ao presidente da Ferrovia Atchison, Topeka & Santa Fe sobre sua veracidade.

O sr. Reinhart não apenas negou enfaticamente as acusações como passou a provar com números que seus detratores eram mentirosos maldosos. O Alemão da Pensilvânia lhe pediu informações exatas e o presidente as deu, mostrando-lhe o que a empresa estava fazendo e qual era sua situação financeira, centavo por centavo.

O Alemão da Pensilvânia agradeceu ao presidente Reinhart, voltou para Nova York e prontamente vendeu todas as suas participações na Atchison. Mais ou menos uma semana depois, usou seus fundos ociosos para comprar um grande lote da Delaware, Lackawanna e Western.

Anos depois, estávamos conversando sobre opções de trocas bem--sucedidas e ele citou seu próprio caso e explicou o que o levou a fazer aquilo.

"Veja bem", disse ele, "percebi que o presidente Reinhart, quando anotou os números, tirou folhas de papel de carta de um escaninho em sua escrivaninha de mogno. Era um papel timbrado refinado, de linho pesado, com o nome e endereço da empresa lindamente gravados em duas cores. Não apenas muito caro, mas pior: desnecessariamente caro. Ele rabiscava alguns números numa folha para me mostrar exatamente quanto a empresa estava faturando em certas divisões ou para provar como estavam cortando despesas ou reduzindo custos operacionais, depois amassava a folha do caro papel e a jogava no cesto de lixo. Em seguida, querendo me impressionar com a economia que estavam in-troduzindo, pegava uma nova folha do belo papel com os cabeçalhos gravados em duas cores. Rabiscava algumas cifras e pronto! Direto para o cesto de lixo! Mais dinheiro desperdiçado sem pestanejar. Pareceu-me que, se o presidente era esse tipo de homem, dificilmente insistiria em ter ou em remunerar assistentes que não fossem perdulários. Portanto, decidi acreditar nas pessoas que me disseram que a gestão era extra-vagante em vez de aceitar a versão do presidente, e vendi as ações da Atchison que eu tinha.

"Acontece que tive a oportunidade de ir aos escritórios da Delaware,

Lackawanna e Western alguns dias depois. O velho Sam Sloan era o presidente. Seu escritório era o mais próximo da entrada, e sua porta estava aberta. Sempre aberta. Naquele tempo ninguém poderia entrar nos escritórios gerais da DL&W e não ver o presidente da empresa sentado à sua mesa de trabalho. Qualquer homem poderia entrar e fazer negócios com ele imediatamente, se tivesse algum negócio a fazer. Os jornalistas financeiros costumavam me dizer que com o velho Sam Sloan nunca precisavam fazer rodeios. Eles perguntavam e obtinham um 'sim' ou 'não' direto, pouco importando quais pudessem ser as urgências em termos do mercado de ações dos outros diretores.

"Quando entrei, vi que o velho estava ocupado. No começo pensei que estava só abrindo a correspondência, mas depois que entrei e cheguei perto da escrivaninha entendi do que se tratava. Mais tarde soube que era um costume diário. Depois que a correspondência era separada e aberta, em vez de jogar fora os envelopes vazios, ele os recolhia e levava para seu escritório. Nos momentos de folga, abria todo o entorno do envelope. Isso lhe dava dois pedaços de papel, cada qual com um lado em branco. Ele os empilhava, depois os distribuía pelo escritório para serem usados como blocos de rascunho para rabiscar números, como Reinhart havia feito em seu papel timbrado chique. Sem desperdício de envelopes vazios e sem desperdício dos momentos de tempo ocioso do presidente. Tudo era utilizado.

"Ocorreu-me que, se aquele era o tipo de homem que a DL &W tinha como presidente, a empresa era administrada de forma econômica em todos os departamentos. O presidente cuidava disso! Claro que eu sabia que a empresa estava pagando dividendos regulares e tinha um bom patrimônio. Comprei todas as ações da DL& W que pude. Desde aquela época o capital dobrou e quadruplicou. Meus dividendos anuais equivalem ao meu investimento original. Ainda tenho minhas ações da DL&W. E a Atchison caiu nas mãos de um liquidante alguns meses depois que vi o presidente jogando no cesto de lixo folhas e folhas de papel timbrado de linho para me provar com números que não era extravagante."

A beleza dessa história é que ela é verdadeira. Nenhuma outra ação que o Alemão da Pensilvânia poderia ter comprado mostrou ser um investimento tão bom quanto a DL &W.

17

UM DE MEUS AMIGOS MAIS PRÓXIMOS adora contar histórias sobre o que ele chama de meus "pressentimentos". Sempre atribui a mim poderes que desafiam a análise racional. Declara que sigo cegamente certos impulsos misteriosos e, assim, saio do mercado de ações na hora exata. Seu relato predileto é sobre um gato preto que me disse, à mesa do café da manhã, para vender um punhado de ações que eu carregava. Ele insiste que depois que recebi a mensagem do bichano fiquei mal-humorado e nervoso até vender todas as ações em que estava comprado. Consegui praticamente os preços máximos do movimento, o que, é claro, fortaleceu a teoria do meu obstinado amigo sobre minhas intuições.

Eu tinha ido a Washington para tentar convencer alguns congressistas de que não era sensato nos taxar até a morte, e não estava prestando muita atenção ao mercado de ações. Minha decisão de esgotar meu lote veio de repente, daí a história do meu amigo.

Admito que vez por outra sou tomado por irresistíveis impulsos para fazer certas coisas no mercado. Não importa se estou comprado ou vendido em ações. Tenho que sair. Enquanto não faço isso, fico desconfortável. De minha parte, acho que o que acontece é que vejo muitos sinais de alerta. Talvez nenhum seja suficientemente claro ou poderoso

228

para me propiciar uma razão positiva e definitiva para fazer o que de repente sinto vontade de fazer. Provavelmente é isso que chamam de "sensibilidade à máquina impressora de cotações", que, dizem os velhos traders, James R. Keene desenvolveu com tanto apuro, além de outros operadores antes dele. Normalmente, confesso, o aviso acaba por ser não apenas confiável, mas por ter precisão cronométrica. Nesse caso específico, por exemplo, não houve pressentimento nenhum. O gato preto não teve nada a ver com a história. O que meu amigo conta a todo mundo sobre eu ter ficado tão mal-humorado naquela manhã suponho que possa ser explicado por minha decepção, se é que de fato eu estava rabugento. Eu sabia que não estava convencendo o congressista com quem conversei, e o comitê não concordava com meu ponto de vista acerca da tributação de Wall Street. Eu não estava tentando sonegar ou impedir a cobrança de impostos sobre transações com ações, e sim sugerir um imposto que eu, na condição de experiente especulador financeiro, julgava não ser injusto ou pouco inteligente. Não queria que o Tio Sam matasse a galinha que era capaz de botar tantos ovos de ouro. Possivelmente minha falta de êxito não apenas me irritou, mas me deixou pessimista com relação ao futuro de um mercado taxado de forma injusta. Mas contarei ao leitor exatamente o que aconteceu.

No início da alta do mercado, tive uma boa impressão sobre as perspectivas dos negócios tanto no mercado de aço como no de cobre e, consequentemente, entrei comprando ações de ambos os grupos. Em seguida comecei a acumular algumas delas. Comecei comprando 5 mil ações da Utah Copper e parei porque não se comportaram direito. Ou seja, não se comportaram como deveriam ter se comportado a ponto de me fazer sentir que fui esperto ao comprá-las. Acho que o preço estava em torno de 1,14. Também comecei a comprar U.S. Steel pelo mesmo valor. Comprei ao todo 20 mil ações no primeiro dia, porque tiveram bom desempenho. Segui o método que descrevi antes.

Como a Steel continuou se comportando bem, continuei a acumular ações até carregar um total de 72 mil delas. Mas minhas participações da Utah Copper consistiam em minha compra inicial. Nunca fiquei acima das 5 mil ações. O comportamento delas não me encorajou a comprar mais.

Todo mundo sabe o que aconteceu. Houve um grande movimento de alta. Eu sabia que o mercado ia subir. As condições gerais eram favoráveis. Mesmo depois que as ações tiveram um tremendo aumento e meus lucros no papel não podiam ser desprezados, a fita impressa de cotações não parava de anunciar, com alarde: "Ainda não! Ainda não!". Quando cheguei a Washington, a fita ainda me dizia isso. Claro, eu não tinha intenção de aumentar meu lote naquele dia, embora estivesse otimista com a expectativa de alta. Ao mesmo tempo, o mercado estava evidentemente se comportando como eu esperava, e durante o dia inteiro não surgiu a oportunidade de me sentar diante de um quadro de cotações na expectativa de a qualquer momento receber uma dica para cair fora. Antes que soasse o toque de clarim para bater em retirada — a menos que ocorresse uma catástrofe totalmente inesperada, é claro —, o mercado hesitaria ou me prepararia para uma reversão da situação especulativa. Essa é a razão pela qual fui, alegre e despreocupado, falar com meus congressistas sobre negócios.

Ao mesmo tempo, os preços continuavam subindo, o que significava que o fim do mercado altista se aproximava. Eu não saberia fixar uma data para o término. Determinar isso era algo que estava muito além do meu poder. Mas nem preciso dizer que estava alerta para o aviso. Sempre estou, de qualquer maneira. No meu caso, tornou-se uma questão de hábito de negócios.

Não posso jurar, mas suspeito que, um dia antes de vender, ver os preços altos me fez pensar na magnitude do meu lucro do papel, bem como do lote que eu carregava e, mais tarde, dos meus inúteis esforços para induzir nossos legisladores a tratar Wall Street de forma justa e inteligente. Provavelmente foi dessa maneira e nesse momento que a semente foi plantada dentro de mim. A mente subconsciente trabalhou nisso a noite toda. Pela manhã, refleti sobre o mercado e comecei a pensar com meus botões de que maneira se comportaria naquele dia. Quando cheguei ao escritório, vi não só que os preços ainda estavam altos e que eu tinha um lucro satisfatório, mas que havia um grande mercado com tremendo poder de absorção. Nele, eu seria capaz de vender qualquer quantidade de ações; e, é claro, quando um homem está carregando seu lote inteiro de ações, deve ficar alerta para agarrar a oportunidade de transformar seu lucro no papel em dinheiro de verdade. Deve tentar perder o mínimo de lucro possível na troca.* A experiência me ensinou que um homem sempre pode encontrar uma oportunidade de tornar reais seus lucros, e que essa oportunidade geralmente vem no final do movimento. Não se trata nem de leitura da fita nem de palpite ou pressentimento.

Logicamente, quando naquela manhã encontrei um mercado em que eu poderia vender todas as minhas ações sem nenhum problema, fiz isso. Quando se está vendendo, vender cinquenta ações não é mais sensato nem mais ousado do que vender 50 mil; contudo, cinquenta ações que se pode vender no mercado mais estagnado sem derrubar o preço e 50 mil ações de uma única empresa são propostas diferentes. Eu tinha 72 mil ações da U.S. Steel. Pode não parecer um lote colossal, mas não é sempre que se pode vender uma quantidade tão grande sem perder uma parte considerável do lucro, que no papel parece tão bom — constatar essa perda dói tanto que é como se você tivesse o dinheiro bem guardado e seguro no banco.

Tive um lucro total de cerca de 1,5 milhão e o agarrei enquanto o momento era propício. Mas não foi essa a principal razão para eu pensar que tinha feito a coisa certa ao vender na ocasião em que vendi. O mercado provou isso, o que foi uma fonte de satisfação para mim. A coisa se deu assim: consegui vender com êxito todo o meu lote de 72 mil ações da U.S. Steel, cuja média de preço ficou apenas um ponto do topo do dia e do movimento. Provei que eu estava milimetricamente certo. Mas quando, na mesma hora do mesmo dia, fui vender meu lote da Utah Copper, o preço caiu cinco pontos. Por favor, lembre-se de que comecei a comprar as duas ações ao mesmo tempo e de que agi com sabedoria ao aumentar minha carteira de U.S. Steel de 20 mil para 72 mil ações, e de que fui igualmente inteligente por não aumentar meu lote original de 5 mil ações da Utah. Se não vendi antes minhas ações da Utah Copper foi porque estava apostando na alta nas negociações

---

* No original, *swapping*, que dá ao trader o direito de trocar o indexador, as datas de vencimento ou o câmbio de determinado ativo em uma data específica, com a intenção de se proteger das oscilações de preço. (N. T.)

com o cobre e o mercado era de alta nas ações, e não julguei que a Utah me prejudicaria muito, mesmo se não me rendesse uma bolada. Mas, quanto a palpites, não tinha nenhum.

O treinamento de um corretor da bolsa é como um curso de medicina. O médico tem que passar longos anos aprendendo anatomia, fisiologia, farmacognosia e dezenas de temas correlatos. Ele aprende a teoria e em seguida passa a devotar sua vida à prática. Observa e classifica todos os tipos de fenômenos patológicos. Aprende a diagnosticar. Se seu diagnóstico estiver correto, e isso depende da precisão de sua observação, deve se sair muito bem em seu prognóstico, sempre tendo em mente, é claro, que a falibilidade humana e o imprevisto total o impedirão de acertar o alvo 100% das vezes. Então, à medida que ganha experiência, ele aprende não apenas a fazer a coisa certa, mas a fazer a coisa certa instantaneamente, de modo que muitas pessoas vão achar que se trata de instinto. Na verdade, não envolve automatismo. Ele diagnostica cada caso de acordo com suas observações de casos similares durante um período de muitos anos; e, naturalmente, depois de diagnosticar, só pode tratar a enfermidade da maneira como a experiência lhe ensinou que é o tratamento adequado. Uma pessoa pode transmitir conhecimento, isto é, seu próprio conjunto de fatos catalogados, mas não sua experiência. Um homem pode saber o que fazer e perder dinheiro se não fizer o que sabe com extrema rapidez.

Observação, experiência, memória e matemática — é nesses elementos que o trader de sucesso deve confiar. Uma observação meticulosa não basta, ele tem que se lembrar sempre do que observou. Não pode apostar no irracional ou no inesperado, por mais fortes que sejam suas convicções pessoais sobre a irracionalidade do homem ou por mais que tenha a certeza de que o imprevisto acontece amiúde. Ele deve apostar sempre nas probabilidades — isto é, tentar antecipá-las. Anos de prática no jogo, de estudo constante e de treino contínuo da memória habilitam o trader a agir no instante em que o inesperado acontece, bem como quando ocorre o esperado.

Um homem pode ter grande habilidade matemática e um singular poder de minuciosa observação, e ainda assim falhar em suas especulações, a menos que tenha também experiência e memória. Assim, da mesma maneira que o médico acompanha os avanços da ciência, o trader inteligente nunca para de estudar as condições gerais e de se manter em dia com as inovações em todas as áreas que possam afetar ou influenciar o andamento dos vários mercados. Depois de anos no jogo, manter-se atualizado e bem informado torna-se um hábito. Ele atua quase no piloto automático. Adquire a inestimável atitude profissional que lhe permite vencer no jogo — às vezes! Nunca é demais salientar essa diferença entre o trader profissional e o trader amador ou ocasional. Acho, por exemplo, que a memória e a matemática me ajudam muito. Wall Street ganha dinheiro em bases matemáticas. Quero dizer, ganha dinheiro lidando com fatos e números.

Quando eu disse que um trader deve se manter atualizado e que deve ter uma atitude puramente profissional em relação a todos os mercados e todos os desdobramentos, pretendia apenas enfatizar de novo que os palpites e a misteriosa "sensibilidade à máquina impressora de cotações" não têm muito a ver com sucesso. Obviamente, muitas vezes acontece de um trader experiente agir com tanta rapidez que não tem tempo de apresentar todas as suas razões com antecedência. No entanto, são razões ainda assim boas e suficientes, porque se baseiam em fatos compilados por ele em seus anos de trabalho, reflexão e observação das coisas do ângulo do profissional, para quem tudo o que cai na rede é peixe. Permita-me ilustrar o que quero dizer quando me refiro a uma atitude profissional.

Sempre acompanho os mercados de commodities. É um hábito de anos. Como o leitor sabe, os relatórios do governo indicavam uma safra de inverno de trigo quase idêntica à do ano anterior e uma safra de primavera de trigo maior do que a de 1921. A condição era muito melhor e provavelmente teríamos uma colheita mais cedo do que o normal. Quando tive acesso aos números acerca das condições e vi o que poderíamos esperar em relação ao rendimento — matemática —, também pensei imediatamente na greve dos mineiros de carvão e na greve dos ferroviários. Não pude deixar de pensar neles porque minha mente sempre considera todos os acontecimentos que exercem impacto sobre os mercados. De imediato me ocorreu que a greve que já havia afetado os fretes em todos os lugares afetaria de forma adversa os preços do trigo. Imaginei o seguinte cenário: deveria haver um considerável atraso na movimentação do trigo de inverno para o mercado em decorrência da paralisação do sistema de transporte em função da greve, e, quando essa situação melhorasse, a safra de trigo da primavera estaria pronta para ser deslocada. Isso significava que, quando as ferrovias estivessem em condições para transportar grandes quantidades de trigo, as duas safras seriam levadas juntas — o trigo de inverno atrasado e o trigo do início da primavera —, o que significaria uma vasta quantidade do cereal despejada no mercado de uma tacada só. Sendo esses os fatos do caso — as probabilidades óbvias —, os traders, que saberiam o que sei e pensariam como eu, não apostariam na alta do trigo por algum tempo. Não teriam vontade de comprar trigo a menos que o preço caísse para valores que fizessem da compra de trigo um bom investimento. Sem poder de compra no mercado, o preço cairia. Raciocinando à minha maneira, eu descobriria se estava certo ou não. Como o velho Pat Hearne costumava comentar: "Você não tem como saber enquanto não apostar!". Entre estar baixista e vender, não existe necessidade de perder tempo.

A experiência me ensinou que a forma como um mercado se comporta é um excelente guia de conduta para um operador. É como medir a temperatura e o pulso de um paciente ou observar a cor dos globos oculares e o revestimento da língua.

Ora, normalmente um homem deveria ser capaz de comprar ou vender 1 milhão de alqueires de trigo dentro de uma faixa de 0,25 de centavo, ou seja, 0,0025 de dólares. Nesse dia, quando vendi os 250 mil alqueires para testar o mercado quanto ao momento mais propício, o preço caiu 0,25 de centavo. Então, uma vez que a reação de queda não me disse de forma definitiva tudo o que eu queria saber, vendi outros 250 mil alqueires. Notei que saíram a conta-gotas, ou seja, a compra era feita em lotes de 10 mil ou 15 mil alqueires em vez de ser efetuada em duas ou três transações, o que teria sido a maneira normal. Além da compra homeopática, o preço baixou 1,25 centavo na minha venda. Ora, não preciso desperdiçar tempo salientando que o modo como o mercado absorveu meu trigo e o desproporcional declínio nas minhas vendas me indicaram que não havia poder de compra ali. Sendo este

234

o caso, qual era a única coisa a fazer? Claro, vender muito mais. Vez por outra, seguir os ditames da experiência pode acabar enganando a pessoa. Todavia, não os seguir invariavelmente é burrice. Então vendi 2 milhões de alqueires, e o preço caiu um pouco mais. Poucos dias depois, o comportamento do mercado praticamente me obrigou a vender 2 milhões de alqueires adicionais, e o preço diminuiu ainda mais. Alguns dias depois, o trigo começou a sofrer uma violenta queda de seis centavos por alqueire. E não parou por aí. Continuou caindo, com ralis de curta duração.

Ora, não segui pressentimento algum. Ninguém me deu uma dica. Era minha atitude mental costumeira ou profissional em relação aos mercados de commodities que me dava lucro, e tal atitude resultava de anos no ramo. Estudo porque meu negócio é fazer operações. No momento em que a fita impressa de cotações me dizia que eu estava no caminho certo, meu dever de ofício era aumentar minha linha. O que eu fazia. Fim de papo.

Constatei que nesse jogo a experiência tende a ser um firme e constante pagador de dividendos, e que a observação fornece as melhores dicas de todas. Às vezes, o comportamento de determinada ação é tudo de que a pessoa precisa. A pessoa observa. Assim, a experiência mostra como lucrar com as variações do usual, isto é, do provável. Por exemplo, sabemos que nem todas as ações se movimentam juntas numa mesma direção, mas todas as ações de um grupo subirão em um mercado em alta e cairão em um mercado em baixa. Este é um lugar-comum da especulação. É a mais básica de todas as dicas que o especulador dá a si mesmo, e as corretoras têm plena ciência disso e repassam a sugestão a todo e qualquer cliente que não tenha pensado nela por si só. Estou falando do conselho de fazer transações com as ações que ficaram para trás de outras ações do mesmo grupo. Assim, se as ações da U.S. Steel subirem, logicamente presumimos que é apenas uma questão de tempo até que a Crucible ou a Republic ou a Bethlehem sigam o exemplo. As condições de negociação e os clientes em potencial devem trabalhar da mesma forma com todas as ações de um grupo, e a prosperidade deve ser compartilhada por todos. Com base na teoria, corroborada incontáveis vezes pela experiência, de que todo mundo tem seu dia de sorte, o público vai comprar A. B. Steel porque não avançou, ao passo que a C. D. Steel e a X. Y. Steel subiram.

Nunca compro uma ação, mesmo em um mercado em alta, se ela não se comportar como deve nesse tipo de mercado. Em algumas ocasiões já comprei ações durante um incontestável mercado altista e descobri que outras ações do mesmo grupo não estavam se comportando de forma altista e vendi todo o meu lote. Por quê? A experiência me diz que não é inteligente resistir contra o que posso chamar de tendência de grupo manifesta. Não posso jogar com base apenas em certezas. Devo contar com as probabilidades — e antecipá-las. Certa vez um corretor das antigas me disse: "Se estou andando ao longo de uma ferrovia e vejo um trem vindo na minha direção a cem quilômetros por hora, continuo andando nos trilhos? Dou um passo para o lado. E não me dou um tapinha nas costas para me parabenizar por ser sábio e prudente".

No ano passado, depois que o movimento de alta geral estava bem encaminhado, percebi que certa ação em determinado grupo não estava acompanhando o restante do grupo, embora o grupo, com essa exceção, seguisse a mesma toada do restante do mercado. Eu estava comprado em uma boa quantidade da Blackwood Motors. Todos sabiam que a empresa ia de vento em popa, fazendo negócios de grande porte. O preço estava subindo de um a três pontos por dia, e o público vinha chegando cada vez mais. Isso naturalmente centrou as atenções sobre o grupo, e todas as ações das várias empresas da indústria de automóveis começaram a subir. Uma delas, no entanto, a Chester, mantinha-se persistentemente para trás. De tão defasada em relação às outras, não demorou muito para as pessoas começarem a comentar. O baixo preço da Chester e sua apatia contrastavam com o vigor e a atividade da Blackwood e outras ações de empresas automobilísticas; o público logicamente deu ouvidos a palpiteiros, informantes e sabichões e começou a comprar Chester com base na teoria de que em pouco tempo subiria com as demais do grupo.

Em vez de subir com essa moderada compra pública, na realidade a Chester desabou. Francamente, não teria sido tão trabalhoso jogá-la para cima naquele mercado em alta, levando-se em conta que a Blackwood, uma ação do mesmo grupo, foi uma das sensacionais líderes a encabeçar o avanço geral, e não ouvíamos falar de outra coisa além da maravilhosa melhora na demanda por automóveis de todos os tipos e recorde de produção.

Dessa maneira, ficou claro que a panelinha interna da Chester não estava fazendo nenhuma das coisas que as panelinhas invariavelmente fazem em um mercado em alta. Podia haver duas razões para explicar essa falha em fazer o mais normal. Talvez os insiders não tenham puxado a Chester para cima porque desejavam acumular mais ações antes de aumentar o preço. Mas essa era uma teoria insustentável se analisarmos o volume e a natureza da negociação da Chester. A outra razão é que não a colocaram para cima porque temiam adquirir ações, se assim tentassem.

Se os homens que deveriam querer uma ação não a queriam, por que eu deveria querer? Concluí que, por mais prósperas que pudessem ser as outras empresas automotivas, era uma moleza vender Chester a descoberto. A experiência me ensinou a ter cuidado com a compra de ações que se recusam a seguir a líder do grupo.

Facilmente constatei que não só havia compra interna com base em informações privilegiadas, mas na verdade havia também venda interna com base em informações privilegiadas; existiam outros avisos sintomáticos contra a compra de ações da Chester, apesar de eu exigir somente seu inconstante comportamento de mercado. Mais uma vez, foi a fita impressa de cotações que me deu a dica, em função da qual vendi a Chester a descoberto. Um dia não muito tempo depois, a ação teve uma violenta baixa. Mais tarde soubemos — oficialmente, por assim dizer — que de fato os insiders a estavam vendendo, sabendo muito bem que a empresa estava meio capenga. O motivo, como de praxe, foi divulgado após a queda. Mas o aviso veio antes dela. Não fico atento às quedas de preço. Fico atento aos avisos. Eu não sabia qual era o problema com a Chester, tampouco segui um pressentimento. Apenas sabia que algo estava errado.

Ainda outro dia tivemos o que os jornais chamam de "movimento sensacional" da mineradora de ouro Guiana Gold. Depois de ser vendida na Curb a cinquenta ou perto disso, foi listada na Bolsa de Valores de Nova York. Começou lá por volta de 35, foi caindo e por fim desabou a vinte.

Ora, eu nunca teria chamado essa redução de sensacional, porque era algo totalmente esperado. Qualquer um que perguntasse poderia ter aprendido o histórico da empresa. Uma infinidade de gente sabia disso. O que me contaram foi o seguinte: formou-se uma associação que consistia em meia dúzia de capitalistas extremamente conhecidos e uma importante instituição bancária. Um dos membros era o chefe da perfuradora de petróleo Belle Isle Exploration Company, que pagou à Guiana um adiantamento de mais de 10 milhões em dinheiro vivo e recebeu em troca títulos e 250 mil ações de um total de 1 milhão de ações da Guiana Gold Mining Company. As ações eram baseadas em dividendos e foram muito bem divulgadas. O pessoal da Belle Isle viu com bons olhos a perspectiva de ganhar dinheiro e ofereceu suas 250 mil ações aos banqueiros, que tomaram providências para tentar comercializar essas ações e algumas de suas próprias participações também. Pensaram em confiar a manipulação do mercado a um profissional cuja remuneração seria o equivalente a um terço dos lucros da venda de 250 mil ações acima de 36. Creio que o acordo foi redigido e estava pronto para ser assinado, mas no último minuto os banqueiros decidiram realizar o marketing por conta própria e economizar a comissão. Em seguida organizaram um pool interno. Os banqueiros tinham a opção de compra das 250 mil ações da Belle Isle a 36. Puxaram o preço para 41. Ou seja, insiders pagaram a seus próprios colegas banqueiros um lucro de cinco pontos para começar. Não sei se sabiam disso ou não.

É perfeitamente claro que para os banqueiros a operação tinha todo o aspecto de uma barbada. Entramos em um mercado altista e as ações do grupo a que pertencia a Guiana Gold figuravam entre as líderes de mercado. A empresa estava obtendo grandes lucros e pagando dividendos regulares. Isso, juntamente com o elevado caráter dos patrocinadores, fez o público ver a Guiana quase como uma ação de investimento. Disseram-me que cerca de 400 mil ações foram vendidas ao público lá em cima, a 47.

O grupo do ouro era muito forte. Mas em pouco tempo a Guiana começou a fraquejar. Caiu dez pontos. Tudo bem se o pool estivesse comercializando ações, mas logo Wall Street começou a ouvir que as coisas não eram totalmente satisfatórias e a propriedade não estava confirmando as altas expectativas dos promotores de negócios. Então, é claro, a razão para o declínio ficou clara. Antes que ela ficasse conhecida, recebi o aviso e tomei medidas para testar o mercado de Guiana. A ação estava se comportando de maneira muito semelhante à da Chester Motors. Vendi a Guiana. O preço abaixou. Vendi mais. O preço caiu ainda mais. A ação estava repetindo o desempenho de Chester e de uma dúzia de outras ações de cuja história clínica eu lembrava. A fita impressa de cotações me disse claramente que havia algo errado, algo que impedia os insiders de comprarem — insiders que sabiam exatamente por que não devem comprar suas próprias ações em um mercado altista. Por outro lado, os outsiders, sem acesso a informações privilegiadas, agora estavam comprando, porque, tendo sido vendida a 45 ou mais, a ação parecia barata a 35 ou menos. Os dividendos ainda estavam sendo pagos. A ação era uma pechincha.

Então veio a notícia. Chegou até mim, como costuma acontecer com as notícias importantes do mercado, antes de chegar ao público. Mas a confirmação dos informes de descoberta de rochas estéreis em vez de minérios ricos apenas me forneceu o motivo para a venda interna anterior. Eu mesmo não vendia com base em notícias. Tinha vendido muito antes, com base no comportamento das ações. A minha preocupação com isso não era filosófica. Sou um operador, e portanto esperei um sinal: compra interna com base em informações privilegiadas. Não havia nenhuma. Eu não precisava saber por que razão os insiders não valorizavam o suficiente suas próprias ações para comprá-las em declínio. Bastava que seus planos de mercado claramente não incluíssem manipulação adicional para o aumento. Isso tornou bem mais fácil vender a ação a descoberto. O público comprou quase meio milhão de ações, e a única mudança de propriedade possível foi de um bando de outsiders ignorantes que venderiam na esperança de estancar as perdas para outro conjunto de outsiders ignorantes que talvez comprassem na esperança de fazer dinheiro.

Não estou dizendo isso para fazer pregação moral sobre as perdas do público por meio da compra de ações da Guiana ou do meu lucro por vendê-las, mas para enfatizar a importância do estudo do comportamento de grupo e como suas lições são menosprezadas por traders despreparados, sejam grandes ou pequenos. E não é apenas no mercado de ação que a fita impressa de cotações manda o alerta. O apito soa igualmente alto em relação às commodities.

Tive uma experiência interessante com algodão. Eu estava apostando na baixa das ações e pus à venda um lote moderado a descoberto. Ao mesmo tempo, vendi algodão a descoberto: 50 mil fardos. Minhas transações se mostraram lucrativas, e negligenciei meu algodão. Quando dei por mim, tive um prejuízo de 250 mil dólares. Como eu disse, minha negociação com ações estava muito interessante, e eu estava indo tão bem que não queria pensar em outra coisa. Sempre que pensava em algodão, dizia a mim mesmo: "Vou esperar por uma queda e encerrar minha posição". O preço caía um pouco, mas antes que eu pudesse decidir assumir minha perda e zerar minhas posições ele se recuperava e subia mais alto do que nunca. Eu decidia esperar mais um pouco, voltava aos meus negócios com ações e concentrava minha atenção nisso. Por fim, encerrei minhas ações com um lucro muito bom e fui embora descansar em Hot Springs e desfrutar de umas férias.

Essa foi de fato a primeira vez que minha mente estava livre para lidar com o problema das minhas perdas no algodão. As transações se voltaram contra mim. Houve momentos em que até parecia que eu poderia sair triunfante. Reparei que, sempre que alguém vendia muito, havia uma boa queda no preço. Mas quase que instantaneamente o preço subia de novo e levava a um novo pico no movimento.

Enfim, depois de alguns dias em Hot Springs, meu prejuízo estava na casa de 1 milhão, e a tendência de alta não abrandava. Pensei sobre tudo o que eu tinha feito e não tinha feito e disse a mim mesmo: "Devo estar errado!". Para mim, sentir que estou errado e decidir sair é praticamente um único processo. Então zerei minhas posições, com uma perda de cerca de 1 milhão.

Na manhã seguinte fui jogar golfe e não pensei em mais nada. Tinha feito minha jogada no algodão. Estava errado. Paguei por estar errado, e o recibo estava no meu bolso. Naquele momento o mercado de algodão já não me preocupava. Quando voltei ao hotel para o almoço, parei no escritório da corretora e dei uma olhada nas cotações. Vi que o algodão tinha desabado cinquenta pontos. Não era nada. Mas notei também que não se recuperou, como tinha sido seu hábito durante semanas, tão logo arrefecia a pressão da venda específica que causara sua redução. Isso indicou que a linha de menor resistência estava acima, e fechar os olhos para esse fato custou-me 1 milhão de dólares.

Agora, no entanto, a razão que me fez cobrir uma grande perda não era mais um bom motivo, já que não havia o costumeiro rali, rápido e vigoroso. Então vendi 10 mil fardos e esperei. Logo o mercado disparou cinquenta pontos. Esperei mais um pouco. Não houve recuperação. Àquela altura eu estava com muita fome, então fui para a sala de jantar e pedi meu almoço. Antes que o garçom tivesse tempo de me servir, eu me levantei de um pulo, fui até a corretora, vi que não tinha havido um rali e vendi mais 10 mil fardos. Esperei um pouco e tive o prazer de ver o preço cair mais quarenta pontos. Isso me mostrou que eu estava negociando do jeito correto, então voltei para a sala de jantar, almocei e voltei para a corretora. Não houve alta no algodão naquele dia. Na mesma noite, fui embora de Hot Springs.

Jogar golfe era muito bom, mas em relação ao algodão eu estava errado em vender no momento em que vendi e em zerar minhas posições no momento em que fiz isso. Então simplesmente tive que voltar ao trabalho e estar onde pudesse operar com conforto. A forma como o mercado recebeu meus primeiros 10 mil fardos me fez vender o segundo lote de 10 mil, e a forma como o mercado absorveu o segundo me fez ter a certeza de que era a hora da guinada. Foi a diferença de comportamento.

Bem, cheguei a Washington e fui para o escritório da minha corretora na cidade, filial que estava a cargo do meu velho amigo Tucker. Enquanto eu estava lá o mercado caiu um pouco mais. Minha confiante sensação de estar certo agora era maior do que a de estar errado antes. Então vendi 40 mil fardos e o mercado caiu 75 pontos. Isso mostrou que lá não havia nenhum esteio. Naquela noite, o mercado fechou ainda em baixa. Estava na cara que o velho poder de compra simplesmente sumira. Não havia como dizer em que nível aquele poder voltaria a se desenvolver, mas me senti confiante na sabedoria da minha posição.

Na manhã seguinte fui de carro de Washington para Nova York. Não havia necessidade de pressa.

Quando chegamos à Filadélfia, fui até o escritório de um corretor. Vi que no mercado de algodão daria para faturar uma fortuna. Os preços haviam tomado um baita tombo, e um pequeno pânico se instalara. Não esperei chegar a Nova York. Fiz uma chamada interurbana para meus corretores e cobri minhas posições vendidas. Assim que recebi meus relatórios e constatei que praticamente compensei minhas perdas anteriores, dirigi para Nova York sem ter que parar no caminho para ver mais cotações.

Alguns amigos que estavam comigo em Hot Springs falam até hoje do pulo que dei à mesa do almoço para vender aquele segundo lote de 10 mil fardos. Porém, mais uma vez, claramente não se tratou de um pressentimento. Foi um impulso que veio da convicção de que a hora de vender algodão havia chegado, por maior que tenha sido meu erro anterior. Eu tinha que tirar vantagem da situação. Era minha chance. É provável que a mente subconsciente tenha continuado a trabalhar, tirando conclusões para mim. A decisão de vender em Washington foi o resultado de minha observação. Meus anos de experiência fazendo operações com ações me disseram que a linha de menor resistência tinha mudado de cima para baixo.

Não guardo rancor do mercado de algodão por me tirar 1 milhão de dólares e não me odiei por cometer um erro daquele calibre mais do que me senti orgulhoso por zerar minhas posições na Filadélfia e me recuperar dos prejuízos. Minha mente de operador se preocupa com os problemas de transações, e acho que tenho motivos legítimos para afirmar que compensei minha primeira perda por contar com experiência e memória.

18

A HISTÓRIA SE REPETE O TEMPO TODO em Wall Street. O leitor se lembra de um caso que contei sobre cobrir minhas posições quando Stratton tinha encurralado o milho em um corner? Bem, outra vez usei praticamente as mesmas táticas no mercado de ações. A ação era da Tropical Trading. Fiz dinheiro comprando e vendendo essa ação. Sempre foi uma ação muito ativa, e uma das favoritas entre os traders mais aventureiros. De tempos em tempos os jornais acusavam a panelinha interna de estar mais preocupada com as flutuações da ação do que em incentivar o investimento permanente nela. Outro dia, um dos corretores mais capazes que conheço afirmou que nem mesmo Daniel Drew na Erie ou H. O. Havemeyer na Sugar desenvolveu um método tão perfeito para ordenhar o mercado por meio de uma ação quanto o que o presidente Mulligan e seus amigos utilizaram na Tropical Trading. Muitas vezes, eles encorajavam os ursos baixistas a vender a TT a descoberto e, em seguida, passavam a exercer um minucioso squeeze. Esse processo envolvia a mesma dose de índole vingativa de submeter alguém a uma prensa hidráulica, e o mesmo teor de escrúpulos.

Logicamente, algumas pessoas falaram sobre certos "incidentes desagradáveis" na carreira das ações da Tropical Trading no mercado.

Mas ouso dizer que esses críticos estavam sofrendo com o squeeze. Por que os operadores de pregão, que tantas vezes passam por maus bocados com as trapaças e cartas marcadas dos insiders, continuam a lutar contra o jogo? Bem, para começo de conversa, gostam de ação, e certamente a Tropical Trading lhes proporciona isso. Nada de períodos prolongados de pasmaceira. Ninguém pergunta os motivos e ninguém fornece justificativas. Não há desperdício de tempo. Ninguém precisa perder a paciência enquanto espera que uma dica inicie o movimento. Sempre há ações suficientes para todos, exceto quando a quantidade de posições vendidas em aberto é grande o bastante para fazer a escassez valer a pena. Nasce um a cada minuto!*

Algum tempo atrás, eu estava na Flórida, em minhas habituais férias de inverno. Estava pescando e me divertindo à beça, sem pensar nos mercados, exceto quando recebíamos uma batelada de jornais. Numa manhã, quando o correio chegou, dei uma olhada nas cotações das ações e vi que a Tropical Trading estava sendo vendida a 115. O correio só chegava duas vezes por semana, e da última vez que tinha visto uma cotação dela estava por volta de 140. Minha opinião era que estávamos entrando em um mercado baixista, e eu estava dando tempo ao tempo antes de operar vendido em ações. Mas não havia necessidade de pressa desvairada. Era por isso que eu estava pescando, longe do ruído da máquina impressora de cotações. Sabia que voltaria para casa quando o chamado de verdade viesse. Naquele ínterim, nada do que fizesse ou deixasse de fazer apressaria as coisas nem um pouco.

O comportamento da Tropical Trading era o destaque do mercado, de acordo com os jornais que recebi naquela manhã. Isso serviu para cristalizar minha crença na queda geral, porque achei particularmente tolo da parte dos insiders fazerem subir o preço da TT em face do peso da lista geral. Há momentos em que o processo de ordenha deve ser suspenso. A anormalidade raramente é um fator desejável nos cálculos

---

* Referência à famosa frase "Nasce um otário a cada minuto", de Phineas Taylor Barnum (1810-91), showman e empresário do ramo do entretenimento americano. (N. T.)

de um trader, e me pareceu que o aumento daquela ação foi um erro grave. Ninguém pode cometer erros dessa magnitude e sair impune no mercado de ações.

Depois de ler os jornais, voltei para minha pescaria, mas fiquei pensando no que os insiders da Tropical Trading estavam tentando fazer. Que estavam condenados ao fracasso era tão líquido e certo quanto um homem está fadado a se arrebentar se pular do telhado de um prédio de vinte andares sem paraquedas. Eu não conseguia pensar em qualquer outra coisa, então desisti de tentar pescar e enviei um telegrama para meus corretores instruindo-os a vender no mercado 2 mil ações da TT. Depois, pude voltar a pescar. E me dei muito bem.

Naquela tarde recebi por correio especial a resposta ao meu telegrama. Meus corretores me informaram de que tinham vendido as 2 mil ações da Tropical Trading a 153. Até ali tudo bem. Eu estava vendendo a descoberto em um mercado em declínio, como deveria ser. Mas já não consegui me concentrar na pescaria. Estava muito longe de um quadro de cotações. Descobri isso depois que comecei a pensar em todas as razões pelas quais a Tropical Trading deveria cair com o resto do mercado, em vez de subir por meio de manipulação interna. Assim, deixei minha pescaria intensiva e voltei para Palm Beach, ou melhor, para a ligação direta com Nova York.

No momento em que cheguei a Palm Beach e vi o que os desnorteados insiders ainda estavam tentando fazer, deixei que comprassem um segundo lote de 2 mil ações da TT. Voltou o relatório e vendi outras 2 mil. O mercado teve um comportamento excelente. Ou seja, caiu com as minhas vendas. Tudo estando satisfatório, saí para passear e andei de carrossel. Mas não estava feliz. Quanto mais pensava, mais me assolava a ideia de não ter vendido mais. Por isso voltei ao escritório da corretora e vendi outras 2 mil ações.

Eu ficava feliz apenas quando estava vendendo aquelas ações. Em pouco tempo fiquei vendido em 10 mil ações. Então decidi voltar a Nova York. Tinha negócios a fazer. A pescaria ficaria para outra hora.

Quando cheguei a Nova York, fiz questão de obter informações sobre os negócios da empresa, atuais e futuros. O que descobri reforçou minha convicção de que os insiders tinham sido mais do que imprudentes ao aumentar o preço num momento em que tal avanço não se justificava nem pelo tom geral do mercado nem pelo desempenho da empresa.

A ascensão, embora fosse ilógica e inoportuna, havia arregimentado alguns adeptos públicos, o que sem dúvida encorajara os insiders a adotar suas táticas insensatas. Por conseguinte, vendi mais ações. Os insiders desistiram daquele disparate. Testei o mercado de novo e de novo, de acordo com meus métodos de operação, até que por fim fiquei vendido em 30 mil ações da Tropical Trading Company. Àquela altura o preço estava em 133.

Eu tinha sido alertado de que os insiders da TT sabiam exatamente o paradeiro de cada certificado de ações em Wall Street e as precisas dimensões e identidade das posições vendidas em aberto, bem como outros fatos de importância tática. Eram homens hábeis e operadores astutos. No conjunto, uma combinação perigosa de enfrentar. Mas fatos são fatos, e o aliado mais forte de todos são as condições.

Claro, no caminho de queda de 153 para 133 as posições vendidas em aberto cresceram e o público que compra com base nas quedas começou a argumentar, como de costume: aquela ação fora considerada uma boa compra a 153 e mais, e agora, vinte pontos abaixo, era uma compra necessariamente muito melhor; mesma ação, mesma taxa de dividendos, mesmos funcionários, mesmo negócio, grande pechincha!

As compras do público reduziram a oferta flutuante, e os insiders, sabendo que muitos corretores do pregão estavam vendidos, julgaram que era o momento propício para um squeeze. O preço foi devidamente aumentado para 150. Atrevo-me a dizer que muita gente liquidou suas posições, mas fiquei na minha. Por que não deveria? Os insiders talvez soubessem que um pequeno lote de 30 mil ações não tinha sido adquirido, mas por que isso deveria me assustar? As razões que me impeliram a começar a vender em 153 e continuar ladeira abaixo até 133 estavam mais fortes do que nunca. Os insiders talvez desejassem me forçar a zerar minha posição, mas não apresentaram argumentos convincentes. As condições fundamentais lutavam a meu favor. Não era difícil ser ao mesmo tempo destemido e paciente. Um especulador deve ter fé em si mesmo e em seu discernimento. O falecido Dickson G. Watts, ex-presidente da Bolsa do Algodão de Nova York e famoso autor do texto "Especulação como uma fina arte", diz que, para um especulador, a coragem é meramente a confiança para agir em concordância com a decisão de sua mente. No meu caso, não posso ter medo de estar errado, porque nunca acho que estou errado até que me provem que estou errado. Na verdade, eu me sinto desconfortável a menos que esteja capitalizando minha experiência. O rumo do mercado em determinado momento não necessariamente prova que estou errado. É o caráter do avanço, ou do declínio, que determina para mim a correção ou a falácia de minha posição no mercado. Só posso crescer por intermédio do conhecimento. Se cair, deve ser por meus próprios erros.

No caráter do rali de 133 para 150 não havia nada que me assustasse a ponto de me levar a liquidar minha posição; em pouco tempo, a ação, como era de esperar, começou a cair novamente. Desabou para 140 antes que a panelinha interna começasse a lhe dar apoio. A compra deles coincidiu com uma enxurrada de boatos a respeito da ação. A empresa, ouvimos dizer, estava tendo lucros fabulosos, e os ganhos justificavam um aumento na taxa de dividendo regular. Além disso, dizia-se que o total de vendas a descoberto era exorbitante e que o squeeze do século estava prestes a ser infligido aos ursos baixistas em geral e em particular a determinado trader que tinha mais do que excedido suas garantias em operações alavancadas. Eu nem teria como começar a contar tudo o que ouvi enquanto puxavam o preço dez pontos para cima.

A manipulação não parecia particularmente perigosa para mim, mas quando o preço beirou 149 decidi que não era aconselhável deixar Wall Street aceitar como verdadeiras todas as afirmações altistas que andavam circulando. Claro, nada que eu ou qualquer outro outsider dissesse convenceria os assustados vendidos ou os crédulos clientes de corretoras que negociavam com base em dicas e boataria. A resposta cortês mais eficaz é aquela que somente a fita de cotações pode imprimir. As pessoas acreditarão nisso mesmo quando não acreditarem em um depoimento de qualquer homem vivo, quanto mais de um sujeito que está vendido em 30 mil ações. Assim, usei as mesmas táticas da ocasião em que Stratton encurralou o milho num corner, quando vendi aveia para fazer os operadores apostarem na baixa do milho. De novo, experiência e memória.

Quando os insiders aumentaram o preço da Tropical Trading a fim de assustar os vendidos a descoberto, não tentei conter a subida vendendo essa ação. Eu já estava vendido em 30 mil ações, o que era uma grande porcentagem da oferta flutuante em que achei inteligente estar vendido. Não me dispus a enfiar minha cabeça no laço que com tanta gentileza seguravam aberto para mim —o segundo rali foi um convite urgente. O que fiz quando a TT chegou a 149 foi vender 10 mil ações da Equatorial Commercial Corporation, empresa que detinha um grande naco da Tropical Trading.

A Equatorial Commercial, que não era uma ação tão ativa quanto a TT, caiu brutalmente com a minha venda, como eu havia previsto; e, claro, meu propósito foi alcançado. Quando os operadores e os clientes das corretoras que ouviram as incontestáveis informações altistas sobre a TT viram que a alta da Tropical sincronizava com pesadas vendas e uma forte queda da Equatorial, naturalmente concluíram que a força da TT era apenas uma cortina de fumaça, um avanço manipulado e obviamente projetado para facilitar a liquidação interna da Equatorial Commercial, a maior detentora de ações da TT. Deviam ser tanto ações compradas na expectativa de uma alta como ações de grupos internos com informações privilegiadas da Equatorial, porque nenhum outsider sonharia em vender tantas ações a descoberto no exato momento em que a Tropical Trading estava tão forte. Então venderam Tropical Trading e refrearam a alta dessa ação — os insiders, de maneira muito apropriada, resistiram à pressão e não quiseram arrematar todo o lote de ações que foi colocado à venda. No momento em que os insiders retiraram seu apoio, o preço da TT recuou. Os traders e as principais corretoras também venderam um pouco da Equatorial, e comprei meu pequeno lote com um pequeno lucro. Não tinha vendido para ganhar dinheiro com a operação, mas para conter a alta da TT.

Repetidas vezes os insiders da Tropical Trading e seus publicitários, afeitos ao trabalho duro, inundaram a rua com todo tipo de itens altistas e tentaram puxar o preço para cima. E toda vez que o faziam eu vendia a Equatorial Commercial a descoberto, cobria minhas posições vendidas com TT e carregava junto ações da EC. Isso jogava um balde de água fria nas investidas dos manipuladores. O preço da TT enfim caiu para 125, e as posições vendidas em aberto cresceram tanto que os insiders puderam empurrá-las em vinte ou 25 pontos. Era uma tentativa legítima contra posições a descoberto excessivamente estendidas; porém, embora tenha antevisto o rali, não cobri, por não querer perder minha posição. Antes que a Equatorial Commercial pudesse avançar em afinidade com o aumento da TT, vendi um número expressivo dela a descoberto, com os resultados de sempre. Isso demonstrou que era inverídica a conversa fiada altista sobre a TT, que depois do último rali sensacional se tornou bastante frenética.

Àquela altura o mercado geral estava bastante fraco. Como eu disse, foi a convicção de que estávamos em um mercado de baixa que me fez vender ações da TT a descoberto durante minha pescaria na Flórida. Eu estava vendido em algumas outras ações, mas a TT era minha queridinha. Por fim, as condições gerais provaram ser demais para a panelinha interna dar conta, e a TT patinou. Caiu abaixo de 120 pela primeira vez em anos, depois desabou abaixo do valor nominal, e ainda assim não liquidei a posição. Num dia em que todo o mercado estava extremamente fraco, a Tropical Trading caiu a 90 e, com a desmoralização, zerei a posição. A mesma razão de sempre! Tive a oportunidade do grande mercado e da fraqueza e do excesso de vendedores em relação aos compradores. Posso dizer uma coisa, mesmo correndo o risco de parecer estar me gabando de minha inteligência: comprei minhas 30 mil ações da TT pagando praticamente os preços mais baixos do movimento. Mas eu não estava pensando em liquidar minha posição no fundo do poço. Minha intenção era transformar meus lucros no papel em dinheiro vivo, sem perder uma porção muito grande na transição.

Permaneci irredutível o tempo todo porque sabia que minha posição era correta. Eu não estava contrariando a tendência do mercado para me sobressair, tampouco violava suas condições básicas. Era o inverso, e foi isso que me deu tanta certeza acerca do fracasso de uma panelinha interna confiante em excesso. O que eles tentaram outros já haviam tentado antes, sempre fracassando. As frequentes recuperações, mesmo quando eu sabia tão bem como qualquer um que eram esperadas, não podiam me assustar. Eu sabia que, no fim das contas, me sairia muito melhor se permanecesse quietinho onde estava em vez de tentar liquidar para lançar um novo lote a um preço mais alto. Ao me manter na posição que considerava correta, ganhei mais de 1 milhão de dólares. Eu nada devia a palpites ou a uma hábil leitura da fita impressa de cotações ou a uma coragem obstinada. Era um dividendo declarado por minha fé no meu julgamento e não por minha esperteza ou por minha vaidade. Conhecimento é poder, e o poder não precisa temer mentiras, nem mesmo quando a fita de cotações as imprime. A retração vem logo depois, e muito rapidamente.

Um ano depois, a TT subiu novamente para 150 e ficou assim por algumas semanas. Todo o mercado tinha direito a uma boa queda, pois subira ininterruptamente e já não manteria a alta por muito tempo. Eu sei porque testei. O grupo ao qual pertencia a TT vinha sofrendo em decorrência de péssimos negócios, e de toda forma eu não conseguia ver razão alguma para apostar na alta daquelas ações, mesmo que fosse esperada uma alta do restante do mercado, o que não era o caso. Então comecei a vender a Tropical Trading. Eu pretendia lançar 10 mil ações ao todo. Com a minha venda, o preço caiu. Não conseguia ver qualquer tipo de apoio. Então, de repente, o caráter da compra mudou.

Não estou tentando dar uma de mago quando asseguro ao leitor que detectei o momento em que o apoio chegou. Imediatamente me ocorreu que se os insiders dessa ação, que nunca tinham sentido a obrigação moral de manter o preço elevado, agora estavam comprando as ações em face de um declínio do mercado geral, devia haver uma razão. Eles não eram burros nem filantropos, tampouco banqueiros preocupados com a manutenção dos preços lá no alto a fim de vender mais títulos no mercado de balcão.* O preço subiu apesar da minha venda e da venda de outros. A 153 liquidei minhas 10 mil ações, e a 156 optei por entrar comprando, porque àquela altura a fita impressa de cotações me dizia que a linha de menor resistência estava para cima. Eu estava baixista no mercado geral, mas me vi frente a frente com uma condição de negociação em determinada ação, e não por uma teoria especulativa em geral. O preço subiu de maneira exorbitante, acima de duzentos. Foi a

---

* No original, *over the counter*. O mercado de balcão designa o valor não registrado e não negociado em uma bolsa organizada, por meio de atravessadores. (N. T.)

250

sensação do ano. Fiquei lisonjeado com os relatos, falados e impressos, de que eu tinha sofrido um squeeze que me esfolara em 8 ou 9 milhões de dólares. Verdade seja dita, em vez de estar vendido eu estava comprado na TT em todo o movimento de alta. O fato é que segurei um pouco demais e deixei alguns dos meus lucros no papel fugirem. Quer saber por que fiz isso? Porque, leitor, achei que os insiders da TT fariam naturalmente o que eu teria feito se estivesse no lugar deles. Mas isso era algo em que não cabia a mim pensar, porque meu negócio é fazer operações, isto é, ater-me aos fatos diante de mim, e não ao que eu acho que outras pessoas deveriam fazer.

19

NÃO SEI QUANDO OU POR PARTE DE QUEM a palavra "manipulação" foi usada pela primeira vez em conexão com o que na verdade não são nada além de processos comuns de comercialização aplicados à venda em grandes quantidades de títulos na bolsa de valores. Manejar de forma fraudulenta o mercado a fim de facilitar compras baratas de uma ação que se deseja acumular também é manipulação. Mas é diferente. Pode não ser necessário se rebaixar a práticas ilegais, mas seria difícil evitar fazer o que alguns considerariam ilegítimo. Como é que uma pessoa vai comprar um lote volumoso de ações em um mercado em alta sem forçar o preço para cima? Esse seria o problema. Como pode ser resolvido? Depende de tantas coisas que não é possível haver uma solução geral, a menos que se diga: possivelmente por meio de uma manipulação muito astuta. Por exemplo? Bem, isso dependeria das condições. Resposta mais precisa do que essa não existe.

Tenho profundo interesse por todas as etapas do meu ofício, e logicamente aprendo com a experiência, tanto a minha como a de outros. Mas é muito difícil aprender a manipular ações hoje, a partir de histórias que são contadas no fim de tarde nos escritórios das corretoras após o fechamento do pregão. Os truques, dispositivos e expedientes de dias passados são, em sua maioria, obsoletos e fúteis, ou ilegais e impraticáveis. As regras e condições da bolsa de valores mudaram, e mal vale a pena ouvir hoje a história — até mesmo a história relatada com ínfimos pormenores — do que Daniel Drew ou Jacob Little ou Jay Gould* poderiam fazer cinquenta ou 75 anos atrás. Na atualidade, o manipulador não precisa mais levar em consideração o que outros fizeram e como fizeram, tanto quanto um cadete de West Point, para aumentar seu conhecimento prático de balística, não precisa estudar tiro com arco e flecha conforme era praticado pelos antigos.

Por outro lado, há lucro em estudar os fatores humanos — a facilidade com que o ser humano acredita no que lhe agrada acreditar — e como as pessoas se permitem ser influenciadas por sua ambição desmedida ou pelo custo em dólares da imprudência do homem comum, e na verdade exortam a si próprias a isso. O medo e a esperança permanecem os mesmos, portanto, o estudo da psicologia de especuladores é tão valioso como sempre foi. Mudam as armas, mas a estratégia continua a ser estratégia, tanto na Bolsa de Valores de Nova York como no campo de batalha. A meu ver, a síntese mais clara da coisa toda foi feita por Thomas F. Woodlock** ao declarar: "Os princípios das especulações com ações bem-sucedidas são baseados na suposição de que as pessoas continuarão, no futuro, a cometer os mesmos erros que cometeram no passado".

Nos booms, fases em que o público aflui para o mercado em maior número, nunca há necessidade de sutileza, então há não há sentido em perder tempo discutindo manipulação ou especulação —seria como tentar encontrar a diferença nas gotas de chuva que caem em sincronia em seu telhado e no da casa do outro lado da rua. O otário sempre tenta ganhar alguma coisa em troca de uma mixaria, e, em todas as fases de

---

*   Daniel Drew (1797-1879), financista e empresário do ramo de navios a vapor e ferrovias; Jacob Little (1794-1865), investidor de Wall Street do início do século XIX e um dos maiores especuladores do início da história do mercado de ações; Jason Gould (1836-92), magnata das ferrovias e especulador financeiro. (N. T.)

** Thomas Francis Woodlock (1866-1945), editor do *Wall Street Journal* e membro da Comissão Interestadual de Comércio dos Estados Unidos (ICC). (N. T.)

prosperidade o apelo é sempre pelo instinto de jogatina que é despertado pela avareza e estimulado por uma penetrante prosperidade. As pessoas que procuram dinheiro fácil invariavelmente pagam pelo privilégio de provar de forma cabal que esse tipo de coisa não existe neste mundo sórdido. No começo, quando eu ouvia os relatos dos negócios e artifícios dos velhos tempos, costumava pensar que as pessoas eram mais ingênuas nas décadas de 1860 e 1870 do que na primeira década do século xx. Mas todo dia lia nos jornais algo sobre o mais recente esquema de fraude ou a falência de alguma bucket shop e sobre mais um otário depenado cujo dinheiro foi se juntar à maioria silenciosa das economias desaparecidas.

Quando vim para Nova York, houve um grande estardalhaço sobre transações fictícias* e ordens casadas, práticas que foram proibidas pela bolsa de valores. Às vezes as compras e vendas fictícias eram tão grosseiras que não enganavam ninguém. As corretoras não hesitavam em dizer que "a lavanderia estava em funcionamento" sempre que alguém tentava burlar com uma ação ou outra, e, como eu disse antes, mais de uma vez punham em prática o que dizia respeito a uma "investida de bucket shop", quando uma ação era oferecida a dois ou três pontos em um instante apenas para estabelecer o declínio na fita impressa de cotações e varrer do mapa a miríade de operadores com margens apertadas que estavam comprados numa ação nas bucket shops. Quanto às ordens casadas, sempre foram usadas com algum receio, em virtude da dificuldade de coordenar e sincronizar as operações dos corretores, sendo todos esses procedimentos contrários às regras da bolsa de valores. Uns poucos anos atrás, um famoso operador cancelou a parte da venda, mas não da compra, de suas ordens casadas, e o resultado foi que em poucos minutos um inocente corretor empurrou para cima o preço em cerca de 25 pontos, apenas para vê-lo despencar com igual rapidez assim que cessasse sua compra. A intenção original era criar uma aparência de

---

* No original, *wash sales*, operação ilegal e manipulada de compra e venda de uma ação, simultaneamente ou dentro de um curto período, efetuada por um único investidor ou duas ou mais partes que se unem para criar uma atividade artificial com o objetivo de influenciar o mercado e auferir lucros com o aumento do preço da ação. (N. T.)

atividade. É um mau negócio brincar com essas armas não confiáveis. Veja bem, você não pode confiar nos seus melhores corretores —não se quiser que continuem sendo membros da Bolsa de Valores de Nova York. Além do mais, os impostos tornaram todas as práticas que envolvem transações fictícias muito mais caras do que costumavam ser.

A definição de manipulação no dicionário inclui corners. Ora, um corner pode ser o resultado de manipulação ou pode ser o resultado de compras competitivas, como o corner da North Pacific em maio de 1901, que certamente não foi manipulação. O corner da Stutz foi dispendioso para todos os envolvidos, em termos tanto de dinheiro quanto de prestígio. E ainda por cima não foi engendrado de caso pensado.

Na realidade, pouquíssimos dos grandes corners foram lucrativos para as pessoas que os arquitetaram. Os dois corners que o comodoro Vanderbilt* deu na Harlem renderam muito, mas o velho merecia os milhões que ganhou daqueles maus sujeitos, legisladores e vereadores desonestos que tentaram traí-lo. Por outro lado, Jay Gould perdeu em seu corner da Northwestern. O Diácono S. V. White ganhou 1 milhão em seu corner da Lackawanna, mas Jim Keene** perdeu 1 milhão no negócio da Hannibal & St. Joe. O sucesso financeiro de um corner depende, é claro, da comercialização das participações acumuladas em um nível superior ao custo, e as posições vendidas em aberto devem ter alguma magnitude para que isso aconteça facilmente.

Eu costumava me perguntar por que razão os corners eram tão populares entre os grandes operadores de meio século atrás. Eram homens de habilidade e experiência, raposas astutas, nem um pouco propensos à confiança infantil e ingênua na filantropia de seus colegas de ofício. No entanto, costumavam cair em trapaças com frequência espantosa. Um velho e sábio corretor me disse que todos os grandes operadores das décadas de 1860 e 1870 tinham uma ambição: aplicar

---

* Cornelius Vanderbilt I (1794-1877), empreendedor americano que construiu sua fortuna pela marinha mercante e pela construção de ferrovias, adquiriu a ferrovia New York and Harlem Railroad em 1863. (N. T.)

** James Robert Keene (1838-1913) foi um corretor da bolsa de Wall Street e um grande proprietário e criador de cavalos de corrida puro-sangue. (N. T.)

um corner. Em muitos casos, isso era fruto da vaidade; em outros, do desejo de vingança. De qualquer forma, ser apontado como o homem que, sozinho, conseguiu encurralar esta ou aquela ação era, na realidade, o reconhecimento de que se tinha cérebro, coragem e colhões, a tralha toda. Isso dava ao sujeito que arquitetava o corner o direito de ser arrogante. Ele aceitava como plenamente merecidos os aplausos de seus companheiros. O que instigava os engenheiros de corners a se esforçarem ao máximo era mais do que a perspectiva de lucro. Era a afirmação do complexo de vaidade entre os operadores de sangue-frio.

Sem dúvida, naquela época a competição era feroz e cobra comia cobra com prazer e facilidade. Acho que já disse que consegui escapar de mais de um aperto, não porque estava de posse de alguma misteriosa "sensibilidade à máquina impressora de cotações", mas porque geralmente sou capaz de identificar o momento em que o caráter da compra da ação torna imprudente estar vendido a descoberto nela. Faço isso por meio de testes baseados em bom senso, que devem ter sido utilizados também nos velhos tempos. O velho Daniel Drew costumava espremer os rapazes com alguma frequência e fazê-los pagar preços altos pelas ações da ferrovia Erie que vendiam a descoberto para ele. O próprio Drew sofreu um squeeze do comodoro Vanderbilt na Erie, e quando ele implorou por misericórdia o comodoro citou em tom sombrio o imortal dístico do "Grande urso baixista":

Aquele que vende o que não é do seu quinhão
deve comprar de volta ou ir para a prisão.

Wall Street se lembra muito pouco de um operador que por mais de uma geração foi um de seus titãs. Sua principal reivindicação de imortalidade parece ser a expressão "ações diluídas".*

---

* No original, *watering stock*, ações que uma companhia emite para benefício de insiders e sem que se verifique um correspondente aumento de ativos, o que faz com que o valor de cada ação seja diluído. Ou seja, trata-se de ações sem lastro, registradas por um valor maior que o real. A expressão remonta ao tempo em que por vezes se dava ao gado sal e depois água, para aumentar ficticiamente seu peso. (N. T.)

Na primavera de 1863, Addison G. Jerome era conhecido como "rei das empresas de capital aberto". Dizem que suas dicas de mercado sobre ações negociadas na bolsa eram consideradas tão boas quanto dinheiro no banco. A julgar por todos os relatos, era um grande operador e ganhou milhões. Generoso a ponto da extravagância, tinha um grande séquito de admiradores em Wall Street, até que Henry Keep, conhecido como "William, o silencioso", aplicou-lhe um squeeze e arrancou dele todos os milhões que havia faturado no corner da Old Southern. Keep, aliás, era cunhado do governador Roswell P. Flower.

Na maioria dos corners dos velhos tempos, a manipulação consistia principalmente em não deixar o outro saber que você estava encurralando as ações que ele fora convidado a vender a descoberto. Portanto, os alvos eram sobretudo colegas profissionais, pois o público em geral não vê com bons olhos a ideia de ficar do lado vendido da conta. As razões que levavam esses sábios profissionais a colocarem lotes dessas ações a descoberto eram praticamente iguais às que os instigam a fazer a mesma coisa hoje. Além da venda por parte de desacreditados políticos no corner do comodoro na ferrovia Harlem, deduzo pelas histórias que li que os traders profissionais venderam a ação porque estava muito alta. E a razão pela qual julgaram que estava muito alta foi que nunca tinha sido vendida a um preço tão considerável, o que a tornava alta demais para comprar, e se estava alta demais para comprar estava no patamar ideal para vender. Parece muito moderno, não é? Eles estavam pensando no preço, e o comodoro estava pensando no valor! Assim, por muitos anos depois, os veteranos me contavam que se dizia "Ele vendeu a Harlem a descoberto!" toda vez que desejavam descrever a pobreza mais abjeta.

Muitos anos atrás, aconteceu de eu estar conversando com um dos antigos corretores de Jay Gould. Ele me assegurou com toda a sinceridade que o sr. Gould não apenas era um homem muito incomum — a respeito dele o velho Daniel Drew, trêmulo, comentou: "O toque dele é a morte!" — como estava muito à frente e muito acima de todos os outros manipuladores do passado e do presente. Deve ter sido de fato um mago das finanças para ter feito o que fez, disso não pode haver dúvida. Mesmo a essa distância temporal posso ver que ele tinha um

REMINISCÊNCIAS DE UM OPERADOR DA BOLSA

talento incrível para se adaptar a novas condições, o que é valioso em um operador. Ele variava seus métodos de ataque e defesa sem um pingo de pudor, porque estava mais preocupado com a manipulação de propriedades do que com a especulação de ações. Manipulava tendo em vista o investimento, e não uma virada do mercado. Percebeu muito cedo que o dinheiro graúdo estava na posse de ferrovias, em vez de no manejo fraudulento de seus títulos no pregão da bolsa de valores. Ele utilizava o mercado de ações, é claro. Mas suspeito que fazia isso porque era a maneira mais rápida e fácil de obter dinheiro rápido e fácil, e ele precisava de muitos milhões, assim como o velho Collis P. Huntington* estava sempre em aperto financeiro porque sempre precisava de 20 ou 30 milhões a mais do que os banqueiros estavam dispostos a lhe emprestar. Um ideal sem dinheiro significa dores de cabeça; com dinheiro, significa conquista, e conquista significa poder, e poder significa dinheiro, e dinheiro significa conquista, e assim por diante, indefinidamente.

É claro que a manipulação não se limitava às grandes figuras daqueles tempos. Havia legiões de manipuladores de menor destaque. Eu me lembro de uma história que um velho corretor me contou sobre as maneiras e a moral da década de 1860. Ele disse: "A primeira lembrança que tenho de Wall Street é da minha primeira visita ao distrito financeiro. Meu pai tinha alguns negócios para tratar lá, e por um motivo ou outro me levou com ele. Descemos a Broadway e me lembro de dobrar a esquina e sair em Wall Street. Percorremos a rua e assim que chegamos à Broad, ou melhor, à Nassau, na esquina onde hoje fica o edifício do Bankers' Trust Company, vi uma multidão seguindo dois homens. O primeiro deles caminhava no sentido leste, tentando parecer despreocupado. Era acompanhado por outro, que tinha o rosto vermelho e agitava freneticamente o chapéu com uma mão enquanto sacudia o outro punho no ar. Berrava a plenos pulmões: 'Shylock! Shylock! Qual é o preço do dinheiro? Shylock! Shylock!'.** Vi as pessoas espiando pelas

---

* Collis Potter Huntington (1821-1900), magnata das ferrovias. (N. T.)

** Personagem judeu que emprestava dinheiro a juros na peça *O mercador de Veneza*, de William Shakespeare, peça escrita entre 1596 e 1599. O nome Shylock entrou para o léxico da língua inglesa como sinônimo de extorsionário, agiota. (N. T.)

janelas. Naquela época não havia arranha-céus, mas tive a certeza de que os curiosos do segundo e terceiro andares, que estavam esticando o pescoço janela afora para olhar, cairiam do prédio. Meu pai perguntou qual era o problema, e alguém respondeu algo que não consegui ouvir. Eu estava muito ocupado agarrando com força a mão do meu pai, para que os empurrões e solavancos da turba não nos separassem. O ajuntamento de pessoas crescia, como costuma acontecer com as multidões, e eu não me sentia confortável. Homens de olhos desvairados desciam a rua Nassau e subiam a Broad, ou surgiam da esquerda e da direita pela própria Wall Street. Depois que finalmente saímos da balbúrdia, meu pai me explicou que o homem que estava berrando 'Shylock!' era Fulano de Tal. Esqueci o nome dele, mas era o maior operador em grupos de ações na cidade, famoso por ter ganhado — e perdido — mais dinheiro do que qualquer outro homem em Wall Street, com exceção de Jacob Little. Eu me lembro do nome de Jacob Little porque achei engraçado. O outro homem, o tal Shylock, era um notório 'retentor' de dinheiro. O nome dele também já sumiu da minha memória. Mas me lembro de que era um sujeito alto, magro e pálido. Naquela época, as panelinhas costumavam 'reter' dinheiro pedindo empréstimos, ou melhor, reduzindo o valor disponível para os tomadores de empréstimos junto à bolsa de valores. Pediam dinheiro emprestado e obtinham um cheque visado. Na realidade, pegavam o dinheiro e não o usavam. Estava na cara que era armação. Era uma forma de manipulação, acho."

Concordo com o velho. Foi uma fase de manipulação que terminou.

20

NUNCA CONVERSEI PESSOALMENTE com nenhum dos grandes manipuladores do mercado a respeito dos quais Wall Street fala até hoje. Não me refiro a líderes: estou falando de manipuladores. Todos atuaram antes do meu tempo, ainda que, quando vim pela primeira vez a Nova York, James R. Keene, o maior de todos, estivesse no auge. Naquela época eu era apenas um rapazola, preocupado exclusivamente em repetir no escritório de alguma corretora de boa reputação o sucesso de que desfrutara nas bucket shops de minha cidade natal. Além do mais, quando Keene estava às voltas com as ações da U.S. Steel — sua obra-prima da manipulação —, eu não tinha experiência alguma com manipulação, nenhum conhecimento real sobre ela, seu valor ou significado, tampouco sentia grande necessidade desse tipo de conhecimento. Se cheguei a pensar a respeito de manipulação, suponho que devo ter considerado se tratar de uma forma enfeitada de falcatrua, cujo feitio vulgar era o tipo de truque que havia sido tentado comigo nas bucket shops. As conversas que desde então tenho ouvido sobre o assunto consistem em grande parte em suposições e suspeitas, em palpites em vez de análises inteligentes.

Mais de um homem que conhecia Keene me asseverou que ele foi o mais ousado e brilhante operador que já trabalhou em Wall Street. Isso é muita coisa, pois existiram traders formidáveis, cujos nomes agora estão quase esquecidos, mas ainda assim foram reis em seu tempo — por um dia! Foram alçados da obscuridade para a luz do sol da fama financeira graças à máquina impressora de cotações, e a pequena tira de papel não se mostrou forte o suficiente para mantê-los nos píncaros por tempo suficiente para que se tornassem luminares permanentes na história. Em todo caso, Keene foi provavelmente o melhor manipulador de sua época — uma época longa e empolgante.

Keene capitalizou seu conhecimento do jogo, sua experiência como operador e seus talentos quando vendeu seus serviços para os irmãos Havemeyer, que queriam que ele desenvolvesse um mercado para as ações da Sugar. Na época, Keene estava quebrado, caso contrário teria continuado a fazer transações por conta própria; e era um baita especulador! Teve sucesso com a Sugar: transformou as ações em favoritas do mercado, o que as tornou facilmente vendáveis. Depois, foi convidado repetidas vezes a assumir o controle de pools. Disseram-me que nessas operações ele jamais pedia tampouco aceitava um tostão de comissão, mas pagava por suas cotas como os demais membros do grupo. A conduta das ações no mercado, é claro, ficava exclusivamente a seu cargo. Volta e meia se falava de traição de ambos os lados. Sua rixa com a panelinha Whitney-Ryan surgiu dessas acusações de deslealdade. Não é difícil que um manipulador seja mal interpretado por seus associados, que não enxergam as necessidades do manipulador tais como ele próprio as vê. Sei disso por experiência própria.

É uma pena que Keene não tenha deixado um registro escrito preciso de sua maior façanha: a bem-sucedida manipulação das ações da U.S. Steel na primavera de 1901. Pelo que entendi, Keene nunca conversou pessoalmente com J. P. Morgan sobre isso. A firma de Morgan tratava de negócios com a Talbot J. Taylor & Co., cujo escritório Keene transformou em seu quartel-general. Talbot Taylor era genro de Keene. Tenho certeza de que a remuneração de Keene por seu trabalho consistia no prazer que extraía do trabalho em si. Que ele ganhou milhões negociando no mercado que ajudou a armar naquela primavera é fato bem conhecido. Keene disse a um amigo meu que, no decorrer de algumas semanas, vendeu para a associação de subscritores mais de 750 mil ações no mercado aberto. Nada mal quando levamos em consideração duas coisas: primeiro, que eram ações novas, nunca testadas em nenhuma transação, de uma corporação cuja capitalização era maior do que toda a dívida dos Estados Unidos naquele momento; segundo, que homens como D. G. Reid, W. B. Leeds, os irmãos Moore, Henry Phipps, H. C. Frick e outros magnatas da Steel também venderam centenas de milhares de ações ao público ao mesmo tempo e no mesmo mercado que Keene ajudou a criar.

Claro, as condições gerais o favoreciam. Não somente negócios efetivos, mas sensibilidade e lastro financeiro ilimitado tornaram possível seu sucesso. O que tínhamos não era apenas um grande mercado altista, mas um boom com expressivo aumento das cotações e um estado de espírito que provavelmente nunca mais se verá. O pânico de títulos não digeridos veio depois, quando as ações ordinárias da Steel, que Keene tinha comercializado a 55 em 1901, foram vendidas a dez em 1903 e a 8,875 em 1904.

Não podemos analisar as campanhas manipulativas de Keene. Os relatórios dele não estão disponíveis; os registros devidamente detalhados são inexistentes. Por exemplo, seria interessante ver como ele trabalhou na Amalgamated Copper. H. H. Rogers e William Rockefeller tentaram se desfazer de suas ações excedentes no mercado e fracassaram. No fim das contas, pediram a Keene para comercializar seus lotes, e ele concordou. Tenha em mente que, em sua época, H. H. Rogers foi um dos mais hábeis homens de negócios em Wall Street, e que William Rockefeller era o mais arrojado especulador do círculo da Standard Oil. Contavam com recursos praticamente ilimitados e vasto prestígio, bem como anos de experiência no jogo do mercado de ações. Ainda assim, tiveram que recorrer a Keene. Menciono isso para mostrar que existem algumas tarefas que só podem ser realizadas pelas mãos de um especialista. Ali estava uma ação amplamente elogiada, respaldada pelos maiores capitalistas dos Estados Unidos, e que não conseguiam vender, a não ser com grande sacrifício de dinheiro e prestígio. Rogers e Rockefeller foram inteligentes o suficiente para decidir que Keene era o único capaz de ajudá-los.

Keene imediatamente pôs mãos à obra. Tinha um mercado altista com que trabalhar e vendeu 220 mil ações da Amalgamated mais ou menos pelo par, o valor nominal. Depois que se desfez do lote dos insiders, o público continuou comprando e o preço subiu dez pontos. Na verdade, os insiders ficaram otimistas e apostaram na alta das ações que tinham vendido ao ver a ansiedade com que o público as estava absorvendo. Circulou a história de que Rogers na verdade aconselhou Keene a entrar comprando a Amalgamated. É pouco crível que Rogers pretendesse descarregar em Keene. Ele era um homem astuto demais para não saber que Keene não era um cordeirinho. Keene trabalhou como sempre fazia, isto é, fazendo sua grande venda na trajetória de baixa após a grande subida. É claro que seus movimentos táticos eram direcionados por suas necessidades e pelas correntes menos significativas que mudavam de um dia para o outro. No mercado de ações, assim como na guerra, é bom ter em mente a diferença entre estratégia e tática.

Um dos homens de confiança de Keene, o melhor em pescaria com molinete e isca artificial que conheço, me disse outro dia que durante a campanha da Amalgamated houve um momento em que Keene se viu quase sem ações, ou seja, sem as ações que ele tinha sido forçado a adquirir para definir lá em cima o preço. No dia seguinte, comprou de volta milhares de ações. Um dia depois, vendeu o saldo. E deixou o mercado absolutamente sozinho, para ver como cuidaria de si mesmo e para habituar o mercado a fazer isso. Quando chegou a hora da comercialização efetiva do lote, fez o que já contei: vendeu no caminho para baixo. O público que faz transações no mercado está sempre em busca de uma alta; além disso, há as coberturas das posições vendidas.

O homem que esteve mais próximo de Keene durante o negócio me disse que, depois que Keene vendeu o lote Rogers-Rockefeller por algo entre 20 e 25 milhões de dólares em dinheiro, Rogers enviou-lhe um cheque de 200 mil dólares. Isso faz lembrar a esposa de milionário que deu à faxineira da Metropolitan Opera House uma recompensa de cinquenta centavos por ter encontrado seu colar de pérolas de 100 mil dólares. Keene devolveu o cheque com um bilhete educado dizendo que não era um corretor da bolsa e que estava feliz por ter tido alguma utilidade para eles. Guardaram o cheque e escreveram para dizer que ficariam felizes em trabalhar com ele novamente. Foi pouco depois disso que H. H. Rogers deu a Keene a amigável dica de comprar a Amalgamated por volta de 130!

Era um operador brilhante, James R. Keene! Sua secretária particular me disse que, quando o mercado se comportava como ele queria, o sr. Keene ficava irascível. Outros que o conheciam dizem que sua irascibilidade se manifestava na forma de frases sardônicas que permaneciam por muito tempo na memória de quem as ouvia. Mas, quando estava perdendo, ele ficava muito bem-humorado, era o homem mais educado do mundo, agradável, epigramático, interessante.

Ele tinha, em grau superlativo, as qualidades mentais que são associadas a especuladores de sucesso em qualquer lugar. Era evidente que não discutia com a fita impressa de cotações. Era totalmente destemido, mas nunca imprudente. Podia mudar de ideia e fazia isso num piscar de olhos se constatasse que estava errado.

Desde sua época, ocorreram tantas mudanças nas regras da bolsa de valores, as regras antigas são aplicadas de maneira tão mais rigorosa, há tantos novos impostos sobre vendas de ações e lucros, e assim por diante, que o jogo parece diferente. Dispositivos que Keene poderia usar com habilidade e lucro não podem mais ser utilizados. Além disso, estamos convictos, a moralidade empresarial de Wall Street está em um plano superior. No entanto, é justo dizer que em qualquer período de nossa história financeira Keene teria sido um ótimo manipulador, porque era um grande especulador financeiro e conhecia o jogo de cabo a rabo. Conquistou o que conquistou porque as condições na época permitiam. Teria sido tão bem-sucedido em seus empreendimentos em 1922 como foi em 1901 ou 1876, quando veio da Califórnia para Nova York e ganhou 9 milhões de dólares em dois anos. Existem homens cujo andar é muito mais rápido do que o da multidão. Estão fadados a liderar, não importa o quanto a multidão mude.

Com efeito, a mudança não é de nenhuma forma tão radical quanto se imagina. As recompensas não são tão grandes, pois já não se trata de um trabalho pioneiro e, por conseguinte, não se trata de um pagamento de pioneiro. Em certos aspectos a manipulação é mais fácil do que outrora; vista por outros ângulos, é muito mais difícil.

Não há dúvida de que a publicidade é uma arte e de que a manipulação é a arte de fazer publicidade por meio da fita impressa de cotações. A fita deve contar a história que o manipulador deseja que seus leitores vejam. Quanto mais verdadeira a história, mais convincente será, e quanto mais convincente melhor é a publicidade. Um manipulador de hoje, por exemplo, não apenas tem que fazer com que uma ação pareça forte, mas também com que *seja* forte. A manipulação, portanto, deve ser baseada em sólidos princípios de negociação. Foi o que tornou Keene um manipulador maravilhoso: ele era um trader extraordinário, para começar.

A palavra "manipulação" passou a ter uma sonoridade medonha. Precisa de um codinome. Acho que não há nada de tão misterioso ou desonesto no próprio processo quando tem como objetivo a venda de uma ação em grande volume, contanto, é claro, que essas operações não sejam acompanhadas de declarações deturpadas. Há pouca dúvida de que um manipulador necessariamente busca seus compradores entre especuladores. Ele se dirige a homens que estão em busca de grandes retornos em seu capital e, portanto, estão dispostos a correr um risco nos negócios maior do que o normal. Não posso ter muita simpatia pelo homem que, mesmo sabendo disso, ainda assim culpa os outros por seu próprio fracasso em ganhar dinheiro fácil. Quando vence, ele é um sujeito inteligente como o diabo. Mas, quando perde dinheiro, o outro sujeito é um vigarista, um manipulador! Em momentos como esse, e em lábios como esses, a palavra implica o uso de cartas marcadas. Mas não é assim.

Normalmente, o objetivo da manipulação é desenvolver a negociabilidade, ou seja, a capacidade de descartar blocos de tamanho considerável por algum preço a qualquer momento. Claro que um pool, devido a uma inversão das condições gerais do mercado, pode se descobrir incapaz de vender, exceto às custas de sacrifício grande demais para ser agradável. Aí pode ser que decidam contratar um profissional, acreditando que sua destreza e sua experiência o capacitarão a realizar uma retirada ordenada em vez de sofrer uma pavorosa derrota.

Você notará que não falo da manipulação destinada a permitir um acúmulo considerável de ações pelo preço mais barato possível, como na compra para controle, porque isso não acontece com frequência hoje.

Quando Jay Gould quis assegurar seu controle da Western Union e decidiu comprar um grande lote de ações da empresa, Washington E. Connor, que durante anos não tinha sido visto no pregão da bolsa de valores, de repente apareceu pessoalmente no posto da Western Union e começou a fazer lances para comprá-la. Todos os operadores, sem exceção, riram do homem, da sua tolice em julgar que eles eram tão simplórios, e alegremente lhe venderam todas as ações que ele queria comprar. Era um truque muito tosco achar que conseguiria aumentar o preço agindo como se o sr. Gould quisesse comprar a Western Union. Era manipulação? Creio que só posso responder dizendo: "Não e sim!".

Na maioria dos casos, o objetivo da manipulação é, como eu disse, vender ações ao público pelo melhor preço possível. Não é apenas uma questão de vender, mas de distribuir. É obviamente melhor, em todos os aspectos, que uma ação seja adquirida por mil pessoas do que por uma única pessoa — melhor para o mercado da ação. Portanto, o que um manipulador deve levar em consideração não é somente a venda a um bom preço, mas o caráter da distribuição.

Não faz sentido aumentar o preço de uma ação para um nível muito alto se você não pode induzir o público a tirá-la de suas mãos mais tarde. Sempre que manipuladores inexperientes tentam descarregar no topo e fracassam, os veteranos parecem muito sábios e dizem que você pode levar um cavalo até a água, mas não pode obrigá-lo a beber. Quanta originalidade! Na verdade, é bom se lembrar de uma regra de manipulação, uma regra que Keene e seus antecessores conheciam bem: as ações são manipuladas até o ponto mais alto possível e, em seguida, vendidas para o público na trajetória para baixo.

Permita-me começar do começo. Suponha que haja alguém — uma associação de subscritores, um pool ou um indivíduo — que tem um bloco de ações que deseja vender ao melhor preço possível. É uma ação devidamente listada na Bolsa de Valores de Nova York. O melhor lugar para vendê-la deve ser o mercado aberto, e o melhor comprador deve ser o público em geral. As negociações para a venda estão a cargo de um homem. Ele — ou algum associado atual ou antigo — tentou vender as ações na bolsa de valores e não obteve sucesso. Ele está — ou logo estará — suficientemente familiarizado com as operações do mercado

266

de ações para constatar que a tarefa exige mais experiência e maior aptidão do que tem. Ele conhece, pessoalmente ou por relatos, vários homens que foram bem-sucedidos ao lidar com transações semelhantes e decide se valer da habilidade profissional desses indivíduos. Procura um deles como procuraria um médico se estivesse doente ou um engenheiro se precisasse de um.

Suponha que ele tenha ouvido falar de mim como um homem que conhece o jogo. Bem, creio que ele tenta descobrir tudo o que pode a meu respeito. Agenda uma entrevista e, na hora marcada, chega a meu escritório.

Claro, é provável que eu saiba a respeito da ação e do que ela representa. É minha função saber. É meu ganha-pão. Meu visitante me diz o que ele e seus associados desejam fazer e me pede para cuidar da empreitada.

Agora é minha vez de falar. Pergunto por informações que considero necessárias para me proporcionar uma compreensão clara acerca da tarefa que sou convidado a assumir. Determino o valor e calculo as possibilidades dessa ação no mercado. Isso e minha leitura das condições vigentes me ajudam a avaliar a probabilidade de sucesso da operação proposta.

Se minhas informações me inclinam a uma visão favorável, aceito a proposta e em seguida passo a dizer quais serão as condições e exigências para meus serviços. Se ele, por sua vez, aceitar meus termos — os honorários e as cláusulas —, inicio meu trabalho no mesmo instante.

Normalmente, peço e recebo opções de compra em grandes lotes de ações. Insisto em opções escalonadas como as mais justas para todos os envolvidos. O preço da opção começa um pouco abaixo do preço de mercado vigente e sobe; digamos que recebo opções de compra de 100 mil ações, com a ação cotada a quarenta. Começo com uma opção para alguns milhares de ações a 35, outra a 37, outra a quarenta, outra a 45, e a cinquenta, e assim por diante, até chegar a 75 ou oitenta.

Se, como resultado do meu trabalho profissional — minha manipulação —, o preço subir, e se no nível mais alto houver uma boa demanda pela ação de modo que eu possa vender lotes de tamanho razoável, é claro que fecho o negócio. Estou ganhando dinheiro e meus clientes também estão. É assim que deve ser. Se é por minha perícia que estão pagando, têm que receber lucro em troca. Claro que há momentos em que um pool pode acabar sofrendo um prejuízo, mas isso é raro, porque não aceito a empreitada a menos que aviste lucro certo no horizonte. Este ano não tive tanta sorte em um ou dois negócios e não tive lucro. Existem razões para isso, mas é outra história, a ser contada mais tarde... talvez.

O primeiro passo em um movimento de alta em uma ação é anunciar o fato de que há um movimento altista. Parece tolice, não é? Bem, pare um momento para pensar. Não é algo tão tolo quanto parecia, certo? A maneira mais eficaz de anunciar quais são, de fato, suas honrosas intenções é tornar a ação ativa e forte. No frigir dos ovos, o maior agente de publicidade do mundo é a máquina impressora de cotações, e o melhor meio de publicidade é de longe a fita impressa de cotações. Não preciso fornecer qualquer literatura a meus clientes. Não tenho que informar diariamente a imprensa quanto ao valor da ação ou persuadir os analistas financeiros a publicar boletins sobre as perspectivas da empresa. Tampouco tenho que conquistar um séquito de adeptos. Realizo todas essas coisas bastante desejáveis apenas por tornar a ação ativa. Quando há atividade de negociação, há uma demanda síncrona por explicações; isso significa, é claro, que os motivos necessários para publicação se suprem por si mesmos, sem a menor ajuda de minha parte.

Atividade de negociação é tudo o que os operadores de pregão pedem. Compram ou vendem qualquer ação em qualquer nível, basta haver um mercado livre para ela. Negociam milhares de ações onde quer que vejam atividade, e sua capacidade agregada é considerável. Necessariamente constituem a primeira safra de compradores do manipulador. Seguem o cliente ao longo de toda a trajetória de subida, portanto são uma grande ajuda em todas as etapas da operação. Sei que James R. Keene costumava empregar o mais ativo dos corretores do pregão, tanto para esconder a fonte da manipulação como porque sabia que eles eram, de longe, os melhores propagadores de negócios e distribuidores de dicas. Keene costumava dar a eles opções de compra — verbais — a preços acima do mercado, de sorte que pudessem fazer algum trabalho útil antes de poderem lucrar. Ele os fazia merecer seu lucro. Para obter um séquito de profissionais eu mesmo nunca precisei fazer mais do que tornar uma ação ativa. Os traders não pedem mais que isso. É bom, claro, ter em mente que esses profissionais do pregão da bolsa compram ações com a intenção de vendê-las mediante lucro. Não insistem que seja um grande lucro, mas deve ser um lucro rápido.

Torno a ação ativa para chamar a atenção de especuladores, pelas razões que apresentei. Compro e vendo a ação, e os traders seguem o exemplo. A pressão de venda não tende a ser forte quando um homem detém sob seu controle exclusivo e especulativo um volume tão grande de ações — em opções de compra — como o que insisto em ter. As compras, portanto, prevalecem sobre as vendas, e o público imita o exemplo não tanto do manipulador, mas dos operadores do pregão. O público entra comprando. Atendo a essa demanda extremamente desejável, isto é, vendo ações no saldo do volume. Se a demanda for como deve ser, vai absorver mais do que a quantidade de ações que fui obrigado a acumular nas fases iniciais da manipulação. Quando isso acontece, vendo as ações a descoberto, ou seja, tecnicamente. Em outras palavras, vendo mais ações do que de fato tenho. Para mim, nada é mais seguro do que fazer isso, pois na verdade estou vendendo contra minhas opções de compra. É claro que, quando a demanda do público afrouxa, a ação para de avançar. Aí eu espero.

Digamos que a ação parou de avançar. Vem um dia fraco. Todo o mercado pode desenvolver uma tendência de queda, ou algum operador perspicaz pode perceber que não há ordens de compra da minha ação, então ele a vende, e seus companheiros fazem a mesma coisa. Seja qual for o motivo, minhas ações começam a cair. Bem, eu começo a comprá-la. Dou a ela o apoio que uma ação deve ter para parecer boa aos olhos de seus próprios patrocinadores. E mais: sou capaz de apoiá-la sem acumulá-la, isto é, sem aumentar a quantidade que terei que vender mais tarde. Observe que faço isso sem diminuir meus recursos financeiros. Claro que o que estou realmente fazendo é cobrindo a posição que vendi a descoberto a preços mais altos quando a demanda do público, dos traders ou de ambos me permitiu fazê-lo. É sempre bom deixar claro para os traders — e para o público— que há uma demanda pela ação em declínio. Isso tende a refrear tanto as afoitas vendas a descoberto por parte dos profissionais como a liquidação por parte de acionistas apavorados, que é a venda que geralmente vemos quando uma ação fica cada vez mais fraca, o que por sua vez é o que uma ação faz quando não recebe apoio. Essas minha compras para cobrir posições vendidas constituem o que chamo de processo de estabilização.

À medida que o mercado se amplia, é claro que vendo ações no caminho de alta, mas nunca o suficiente para conter o aumento do preço. Isso está em estrita conformidade com meus planos de estabilização. É óbvio que quanto mais ações eu vendo em um avanço razoável e ordenado, mais encorajo os especuladores conservadores, que são mais numerosos do que os imprudentes operadores de pregão; além disso, tenho condições de dar mais apoio à ação nos inevitáveis dias fracos. Por estar sempre vendido, estou sempre em posição de apoiar a ação sem correr perigo. Via de regra, começo minhas vendas a um preço que me mostrará um lucro. Mas muitas vezes vendo sem ter lucro, simplesmente para criar ou para aumentar o que posso chamar de meu poder de compra sem risco. Meu intuito é não apenas aumentar o preço ou vender um grande lote de ações para um cliente, mas ganhar dinheiro para mim mesmo. É por isso que não peço a nenhum cliente que financie minhas operações. Meu lucro depende do meu sucesso.

É claro que o que acabo de descrever não é minha prática invariável. Não tenho um sistema inflexível, tampouco sou adepto de um. Modifico meus termos e condições de acordo com as circunstâncias.

Uma ação que se deseja distribuir deve ser manipulada até o ponto mais alto possível e depois vendida. Repito isso porque é fundamental e porque o público aparentemente acredita que a venda é toda feita no topo. Às vezes, uma ação fica inundada, por assim dizer, não sobe. Aí é hora de vender. O preço naturalmente cairá na venda um pouco mais do que se deseja, mas em geral se consegue estimulá-lo para que se recupere de novo. Contanto que as ações que estou manipulando subam na minha compra, sei que estou às mil maravilhas, e se for necessário compro com confiança e uso o meu próprio dinheiro sem medo, exatamente como faria com qualquer outra ação que se comportasse da mesma maneira. É a linha de menor resistência. O leitor se lembra das minhas teorias de negociação dessa linha, não? Bem, tão logo o preço da linha de menor resistência é estabelecido, eu o sigo, não porque esteja manipulando aquela ação específica naquele momento específico, mas porque sou um especulador financeiro o tempo todo.

Quando minhas compras não puxam o preço da ação para cima, paro de comprar e começo a vender; isso também é o que eu faria com a mesma ação se calhasse de não a estar manipulando. A principal comercialização da ação, como o leitor bem sabe, é feita no caminho de queda. É absolutamente espantosa a quantidade de ações de que um homem pode se livrar em um declínio.

Repito que em nenhum momento durante a manipulação eu me esqueço de que sou um especulador financeiro. Afinal, meus problemas como manipulador são os mesmos com os quais me defronto como operador do mercado. Toda manipulação chega ao fim quando o manipulador não consegue fazer uma ação se comportar como ele deseja. Quando a ação que você está manipulando não age como deveria, caia fora. Não discuta com a fita impressa de cotações. Não tente atrair o lucro de volta. Desista enquanto desistir ainda é bom — e barato.

21

TENHO PLENA CONSCIÊNCIA DE QUE todas essas generalidades não parecem ser nem um pouco impressionantes. Generalidades raramente são. Talvez eu seja mais bem-sucedido em meu intento se der um exemplo concreto. Contarei como joguei o preço de uma ação trinta pontos para cima, e ao fazer isso acumulei apenas 7 mil ações e desenvolvi um mercado que absorveria praticamente qualquer quantidade de ações.

Era a Imperial Steel. A ação foi lançada por pessoas de boa reputação e estava sendo muito bem recomendada como uma propriedade de valor. Cerca de 30% do capital social foi colocado para o público geral por meio das várias corretoras de Wall Street, mas não houve atividade significativa nas ações depois que foram listadas na bolsa de valores. Vez por outra alguém perguntava sobre elas, e um ou outro insider — algum membro da associação de subscritores original — dizia que os ganhos da empresa foram melhores do que o esperado e que as perspectivas eram mais do que promissoras. Isso tudo era verdade e muito bom até certo ponto, mas não exatamente empolgante. Faltava o apelo especulativo e, do ponto de vista do investidor, a estabilidade do preço e a permanência de dividendos das ações ainda não tinham sido demonstradas. Era uma ação cujo comportamento nunca se mos-

272

trou espalhafatoso. Tão cavalheiresca que os relatórios eminentemente verdadeiros dos insiders jamais foram corroborados por um aumento significativo. Por outro lado, o preço nunca caía.

A Imperial Steel permanecia sem fama, sem receber honrarias e sem figurar nas dicas e recomendações dos especialistas; contentava-se em ser uma daquelas ações que não caem porque ninguém vende e ninguém vende porque ninguém gosta de ficar vendido a descoberto numa ação que não é bem distribuída, de modo que o vendedor fica totalmente à mercê da panelinha de insiders, atulhados de ações. Da mesma forma, não há incentivo para comprar essa ação. Para o investidor, portanto, a Imperial Steel continuava sendo uma especulação. Para o especulador, era uma ação morta, do tipo que faz de você um investidor contra sua própria vontade, pelo simples expediente de cair em um transe no momento em que a adquire. O sujeito que é obrigado a arrastar um cadáver por um ou dois anos sempre perde mais do que o custo original do falecido: tem a certeza de que se verá amarrado ao defunto quando coisas realmente boas vierem em sua direção.

Um dia, o principal membro da associação de acionistas da Imperial Steel, agindo em seu nome e no dos demais membros, veio falar comigo. Desejavam criar um mercado para as ações da empresa, da qual controlavam os 70% não distribuídos. Queriam que eu me desfizesse de seus títulos a preços melhores do que julgavam que obteriam se tentassem vender no mercado aberto. E queriam saber sob quais termos eu realizaria o trabalho.

Eu disse que daria minha resposta em alguns dias. Então fui investigar a propriedade. Pedi a especialistas que esquadrinhassem os vários departamentos da empresa: industrial, comercial e financeiro. Eles elaboraram relatórios imparciais. Eu não estava procurando os pontos positivos ou negativos, mas os fatos, tais como eram.

Os relatórios mostraram que se tratava de uma propriedade valiosa. As perspectivas justificavam compras da ação ao preço de mercado então vigente, se o investidor estivesse disposto a esperar um pouco. Sob as circunstâncias, um avanço no preço seria na realidade o mais comum e o mais legítimo de todos os movimentos de mercado, a saber, o processo de descontar o futuro. Portanto, a meu ver não havia razão pela qual eu não devesse, de maneira meticulosa e confiante, me incumbir da manipulação altista da Imperial Steel.

Falei o que pensava a meu interlocutor, e ele me visitou no meu escritório para discutir o negócio em detalhes. Eu disse quais eram meus termos. Pelos meus serviços, não pedi dinheiro, mas opções de compra em 100 mil ações da Imperial Steel. O preço das opções subiu de setenta para cem. Para alguns, podia parecer uma comissão polpuda, mas é preciso levar em consideração que os insiders tinham a certeza de que, por conta própria, não conseguiriam vender 100 mil ações, ou mesmo 50 mil, a setenta. Não havia mercado para aquela ação. Toda a conversa sobre rendimentos maravilhosos e excelentes perspectivas não arrebanhou compradores, ou pelo menos não em grande número. Além do mais, eu não poderia receber minha comissão em dinheiro sem que primeiro meus clientes ganhassem alguns milhões de dólares. O que eu estava em vias de ganhar não era uma comissão de venda exorbitante. Eram honorários razoáveis.

Sabendo que a ação tinha valor real e que as condições gerais do mercado eram altistas e, portanto, favoráveis a um avanço em todas as ações boas, achei que me sairia muito bem. Encorajados pelas opiniões que expressei, meus clientes concordaram imediatamente com meus termos, e o negócio começou circundado de sentimentos agradáveis.

Cuidei de me proteger da forma mais completa que pude. A associação detinha ou controlava cerca de 70% das ações em circulação. Fiz com que depositassem seus 70% sob um acordo de custódia. Não me propus a ser usado como uma lixeira para grandes acionistas. Com a maioria das participações assim guardadas em segurança, eu ainda tinha 30% de participações dispersas a considerar, mas era um risco que tinha que correr. Especuladores experientes nunca esperam se envolver em empreendimentos arriscados totalmente livres de perigo. A bem da verdade, a probabilidade de todas as ações não protegidas pelo contrato de custódia serem despejadas de uma vez no mercado não era maior do que a de todos os segurados por um seguro de vida morrerem na mesma hora do mesmo dia. Existem tabelas atuariais não impressas de riscos do mercado de ações, bem como da mortalidade humana.

Tendo me protegido de alguns dos perigos evitáveis de uma transação daquele tipo no mercado de ações, eu estava pronto para começar minha campanha, cujo objetivo era tornar minhas opções de compra valiosas. Para fazer isso tinha que puxar o preço para cima e desenvolver um mercado no qual pudesse vender 100 mil ações — as ações das quais eu tinha opções de compra.

A primeira coisa que fiz foi descobrir que quantidade de ações provavelmente entraria no mercado numa alta do preço. Isso foi feito com facilidade por meio de meus corretores, que não tiveram problemas para apurar quais ações estavam à venda ou no preço do mercado ou um pouco acima. Não sei se os especialistas disseram a eles quais ordens constavam ou não de seus registros contábeis. Nominalmente, o preço estava em setenta, mas eu não poderia ter vendido mil ações a esse preço. Não tive nenhuma evidência nem mesmo de uma demanda moderada nessa cifra ou mesmo alguns pontos abaixo. Tive que seguir o que meus corretores descobriram. Mas era o suficiente para me mostrar quantas ações estavam à venda e como eram pouco desejadas.

Assim que eu obtive informações sobre esses aspectos, discretamente adquiri todas as ações que estavam à venda a setenta ou mais. Quando digo "eu", entenda que me refiro a meus corretores. As vendas ficaram a cargo de alguns dos acionistas minoritários, porque meus clientes naturalmente tinham cancelado quaisquer ordens de venda que pudessem ter antes de atrelar suas ações.

Não precisei comprar muitas ações. Além do mais, eu sabia que o tipo certo de alta traria outras ordens de compra — e, claro, ordens de venda também.

Não dei dicas altistas sobre a Imperial Steel a ninguém. Não tive que fazer isso. Meu trabalho era procurar influenciar diretamente o sentimento por meio do melhor tipo de publicidade possível. Não digo que nunca deve haver publicidade altista. Com efeito, anunciar o valor de uma nova ação é tão legítimo e desejável quanto anunciar o valor de artigos de lã, sapatos ou automóveis. Informações exatas e confiáveis devem ser fornecidas ao público. O que eu quis dizer foi que a fita impressa de cotações fez tudo o que era necessário para meus propósitos. Como já afirmei, os jornais de renome sempre tentam publicar explicações para os movimentos do mercado. Isso é notícia. Seus leitores exigem saber não apenas o que acontece no mercado de ações, mas *por que* acontece. Portanto, sem que o manipulador levante um dedo, os jornalistas financeiros publicarão todas as informações e fofocas disponíveis, e analisarão os relatórios de rendimentos, condições de negociação e perspectivas do mercado; em suma, qualquer coisa que possa lançar luz sobre a alta dos preços. Sempre que um jornalista ou um conhecido pede minha opinião a respeito de uma ação e tenho uma, não hesito em expressá-la. Não dou conselhos voluntários e nunca distribuo dicas, mas o sigilo não me leva a nada nas minhas operações. Ao mesmo tempo, percebo que o melhor de todos os palpiteiros, o mais convincente de todos os vendedores, é a fita impressa de cotações.

Quando absorvi todas as ações que estavam à venda por setenta e um pouco mais, aliviei o mercado dessa pressão, o que deixou clara, para fins de negociação, qual era a linha de menor resistência na Imperial Steel. Estava evidentemente em movimento ascendente. No momento em que os traders observadores no pregão perceberam isso, presumiram que a ação estava a caminho de uma alta, cuja amplitude não tinham como estipular, embora soubessem o suficiente para começar a comprar. Atendi prontamente à sua demanda pela Imperial Steel, criada exclusivamente pela óbvia tendência ascendente da ação — a infalível dica altista da fita impressa de cotações! Vendi aos operadores as ações que comprara dos acionistas exaustos no início. É claro que essa venda foi feita de forma criteriosa. Eu me contentei em atender a demanda. Não estava forçando minhas ações no mercado e não quis um avanço muito rápido. Não teria sido um bom negócio vender metade das minhas 100 mil ações nessa fase do processo. Meu trabalho era criar um mercado no qual eu pudesse vender todo o meu lote.

Mas, embora eu vendesse apenas a quantidade que os traders estavam ansiosos para comprar, o mercado foi temporariamente privado de meu próprio poder de compra, que eu até então vinha exercendo de forma constante. No devido tempo, as compras dos traders cessaram e o preço parou de subir. Assim que isso aconteceu, começaram as vendas por parte de touros altistas decepcionados ou de operadores cujas razões para comprar desapareceram no instante em que a tendência ascendente foi interrompida. Mas eu estava pronto para essa venda, e no caminho da queda comprei de volta as ações que vendera aos traders alguns pontos acima. Por sua vez, essa compra de ações que eu sabia estarem fadadas a serem vendidas deteve a trajetória de queda; quando o preço parou de cair, as ordens de venda pararam de chegar.

Em seguida, comecei tudo de novo. Adquiri todas as ações à venda no caminho de alta — não eram muitas —, e o preço começou a subir uma segunda vez, desde um ponto de partida superior a setenta. Não se esqueça de que, na trajetória para baixo, muitos acionistas adorariam vender suas ações, mas não fazem isso a três ou quatro pontos do topo. Esses especuladores sempre juram que certamente venderão se houver um rali. Colocam suas ordens para vender no caminho de alta, depois mudam de ideia assim que há uma mudança na tendência dos preços das ações. É claro que os mais rápidos, que apostam no jogo seguro e nunca deixam uma oportunidade de lucro passar em branco, sempre auferem ganhos.

Tudo o que tive de fazer depois foi repetir o processo, alternando-me entre compras e vendas, mas sempre trabalhando para chegar a níveis mais altos.

Às vezes, depois de adquirir toda a quantidade de ações à venda, compensa apressar uma abrupta subida do preço, provocar o que poderíamos chamar de pequenos alvoroços altistas na ação que se está manipulando. É uma excelente publicidade, porque gera burburinho e atrai os traders e aquela parcela do público especulador que gosta de ação. Trata-se, creio, de um grupo bastante numeroso. Fiz isso no caso da Imperial Steel, e supria toda e qualquer demanda que fosse criada por aqueles jorros. Minhas vendas sempre mantiveram o movimento de alta dentro dos limites tanto de extensão como de velocidade. Na compra e venda na subida, eu estava fazendo mais do que puxar o preço para cima: estava desenvolvendo a negociabilidade da Imperial Steel.

Depois que comecei minhas operações com ações da Imperial Steel, nunca houve um momento em que um homem não pudesse comprá-las ou vendê-las livremente; com isso, quero dizer comprar ou vender uma quantidade razoável sem causar flutuações excessivamente violentas no preço. O medo de ficar numa situação muito difícil se comprasse ou espremido até a morte se vendesse desapareceu. A gradual propagação entre os profissionais e o público geral de uma crença na permanência da Imperial Steel no mercado teve muito a ver com a criação de confiança no movimento; e, claro, a atividade também pôs fim a um bocado de outras objeções. O resultado foi que, depois de comprar e vender muitos milhares de ações, consegui fazer com que as ações fossem vendidas por seu valor nominal. A cem dólares por ação, todos queriam comprar Imperial Steel. Por que não? Agora todo mundo sabia que era uma ação das boas, que tinha sido e ainda era uma pechincha. Prova disso foi a alta. Uma ação que podia subir trinta pontos a partir de setenta poderia ser negociada com ágio de trinta acima do par. Era o raciocínio que muita gente fazia.

No processo de puxar o preço trinta pontos para cima, acumulei apenas 7 mil ações. O preço desse lote alcançou uma média quase exata de 85. Isso significava um lucro de quinze pontos; mas, claro, meu lucro total, ainda no papel, foi muito maior. Era um lucro líquido e certo, pois eu tinha um mercado para tudo o que quisesse vender. As ações eram vendidas em alta por meio de manipulação criteriosa, e eu tinha opções de compra de 100 mil ações em uma escala progressiva que começava em setenta e terminava em cem.

As circunstâncias me impediram de realizar certos planos meus de converter meus lucros no papel em dinheiro vivo. Tinha sido, se assim posso dizer, uma bela jogada de manipulação, estritamente legítima e merecidamente bem-sucedida. A propriedade da empresa era valiosa e a ação não era cara em seu pico de preço. Um dos membros da associação de acionistas original fomentou um desejo de assegurar o controle da propriedade — um banco renomado com amplos recursos. O controle de um negócio próspero e crescente como a Imperial Steel Corporation é possivelmente mais valioso para uma instituição bancária do que para investidores individuais. Em todo caso, essa firma me fez uma oferta para adquirir todas as minhas opções de compra da ação. Significaria um enorme lucro para mim, e imediatamente aceitei. Estou sempre disposto a vender quando posso fazer isso de uma única vez e obter um bom lucro. Fiquei bastante satisfeito com o resultado que consegui nessa transação.

Antes de me desfazer de minhas opções de compra de 100 mil ações, descobri que esses banqueiros contrataram mais especialistas para fazer um exame ainda mais completo da propriedade. O que seus relatórios mostraram foi o suficiente para me trazerem a oferta que recebi. Guardei alguns milhares de ações para investimento. Acreditava nelas.

Na minha manipulação da Imperial Steel não havia nada que não fosse normal e correto. Enquanto o preço subisse na minha compra, eu sabia que estava numa boa. A ação nunca saturou, como às vezes acontece. Quando você descobre que uma ação não responde adequadamente à sua compra, não precisa de nenhuma dica melhor para vender. Sabe que, se houver algum valor para uma ação e se as condições gerais do mercado estiverem certas, sempre pode recuperá-la depois de uma queda, não importa se for de vinte pontos. Mas nunca tive que fazer nada assim com a Imperial Steel.

Na minha manipulação de ações, nunca perco de vista os princípios básicos da negociação. Talvez o leitor se pergunte por que repito isso ou por que teimo em bater na mesma tecla e insistir no fato de que nunca discuto com a fita impressa de cotações e nunca perco a calma no mercado por causa da maneira como ele se comporta. Seria de imaginar — não é? — que um homem astuto que ganhou milhões em seu próprio negócio e atua como operador de sucesso em Wall Street perceberia a sabedoria de jogar o jogo de forma impassível. Bem, você ficaria surpreso com a frequência com que alguns de nossos promotores de negócios de maior sucesso se comportam como mulheres irritadiças quando o mercado não se comporta da maneira que gostariam. Parecem interpretar isso como um desprezo pessoal e, ao perder a paciência, perdem dinheiro.

Houve muita fofoca sobre um desacordo entre mim e John Prentiss. As pessoas foram levadas a esperar uma dramática narrativa de uma transação no mercado de ações que deu errado ou alguma falcatrua que custou a mim, ou a ele, milhões de dólares, ou algo desse tipo. Bem, não foi nada disso.

Prentiss e eu éramos amigos havia anos. Em várias ocasiões ele me deu informações que consegui utilizar de forma lucrativa, e eu lhe dei conselhos que ele pode ter seguido ou não. Se fez o que eu lhe disse, poupou dinheiro.

Ele teve papel fundamental na organização e promoção da Petroleum Products Company. Depois de uma estreia mais ou menos bem-sucedida no mercado, as condições gerais mudaram para pior e a nova ação não se deu tão bem quanto Prentiss e seus associados esperavam. Quando as condições básicas deram uma guinada para melhor, Prentiss formou um pool e iniciou as operações na Pete Products.

Não sou capaz de dizer nada sobre sua técnica. Ele não me disse como trabalhava e eu não perguntei. Mas estava claro que, apesar de sua experiência em Wall Street e sua inegável inteligência, o que ele fazia, fosse lá o que fosse, provou ser de pouco valor, e não demorou muito para o pool descobrir que não conseguiria se livrar de muitas ações. Ele deve ter tentado tudo o que sabia, porque um administrador de pool não pede para ser substituído por um forasteiro a menos que se sinta inadequado para a tarefa, a última coisa que o homem médio gosta de admitir. Em todo caso, ele veio até mim e, depois de algumas preliminares amigáveis, disse que queria que eu assumisse o comando do mercado para a Pete Products e me livrasse das participações do pool, que somavam pouco mais de 100 mil ações. A ação estava sendo vendida entre 102 e 103.

A coisa me parecia duvidosa, por isso recusei sua proposta e agradeci. Mas ele insistiu que eu aceitasse. Apresentou motivos pessoais, de modo que no fim das contas consenti. Por temperamento, não gosto de me identificar com empreendimentos em cujo sucesso não consigo sentir confiança, mas também acho que um homem deve algo a seus amigos e conhecidos. Eu disse que faria o meu melhor, mas que não estava convencido, e enumerei os fatores adversos que teria que enfrentar. Prentiss só disse que não estava me pedindo para garantir milhões em lucros para o pool. Ele tinha certeza de que, se eu assumisse as rédeas do negócio, alcançaria um resultado bom o suficiente para satisfazer qualquer pessoa razoável.

Bem, lá estava eu, empenhado em fazer algo que contrariava meus princípios. Como eu temia, encontrei um estado de coisas muito difícil, em grande medida devido aos erros do próprio Prentiss enquanto ele manipulava a ação em nome do pool. Mas o principal fator contra mim era o tempo. Eu estava convencido de que nos aproximávamos rapidamente do final de uma flutuação de preços para cima e, portanto, que o viés de alta no mercado, que tanto encorajou Prentiss, provaria ser apenas um rali de curta duração. Meu receio era de que o mercado tomasse uma direção definitivamente baixista antes que eu pudesse realizar muita coisa com a Pete Products. No entanto, tinha dado minha promessa e decidido trabalhar com afinco até o limite da minha capacidade.

Comecei a puxar o preço para cima. Tive sucesso moderado. Acho que aumentei para 107 ou algo parecido, o que era bastante justo, e consegui até mesmo vender um pouco de ações no saldo do volume. Não era muito, mas eu estava feliz por não ter aumentado as participações do pool. Havia muitas pessoas que não faziam parte do pool e estavam apenas esperando por uma pequena elevação dos preços para se desfazer de suas ações, e eu era uma dádiva de Deus para elas. Se as condições gerais estivessem melhores, eu também teria me dado melhor. Foi uma pena eu não ter sido chamado antes. Minha sensação era a de que tudo o que eu podia fazer agora era assegurar o menor prejuízo possível para o pool.

Mandei chamar Prentiss e expus minhas opiniões. Mas ele começou a fazer objeções. Então expliquei por que adotei a posição que adotei. "Prentiss, posso sentir com muita nitidez o pulso do mercado. Sua ação não tem resposta. Não é truque nenhum ver a reação do público à minha manipulação. Escute: quando a Pete Products se torna o investimento mais atraente possível para os traders e você dá a ela todo o apoio necessário em todos os momentos e ainda constata que o público a abandona, pode ter certeza de que há algo errado não com a ação, mas com o mercado. É absolutamente inútil tentar forçar a barra. Você está fadado a perder se fizer isso. O administrador de um fundo de investimentos deve estar disposto a comprar sua própria ação quando tem companhia. Mas quando ele é o único comprador no mercado seria um idiota se a comprasse. Para cada 5 mil ações que eu compro, o público deveria estar disposto a comprar mais 5 mil, ou ser capaz de fazer isso. Mas certamente não farei toda a compra. Se agisse assim, ficaria abarrotado de uma batelada de ações compradas na expectativa de uma alta que não quero. Só há uma coisa a fazer: vender. E a única maneira de vender é vendendo."

"Você quer dizer vender pelo preço que conseguir?", perguntou Prentiss.

"Isso!", eu disse, e pude ver que ele estava se preparando para apresentar argumentos contrários. "Se eu conseguir vender as ações do pool, você pode concluir que o preço vai cair abaixo do par e..."

"Ah, não! Nunca!", berrou ele. Quem o ouvisse imaginaria que eu o estava convidando para ser membro de um clube de suicidas.

"Prentiss, é um princípio fundamental da manipulação de ações oferecer uma ação a fim de vendê-la. Mas você não pode vender uma grande quantidade de ações numa alta. Não pode. A grande venda é feita no caminho de cima para baixo. Não posso colocar sua ação a 125 ou 130. Eu gostaria, mas isso não se faz. Então você vai ter que começar sua venda a partir deste nível. Na minha opinião, todas as ações estão caindo, e a Petroleum Products não será a única exceção. É melhor a ação cair agora na venda do pool do que despencar no mês que vem com a venda por outra pessoa. Ela vai cair de qualquer maneira."

A meu ver, eu não disse algo angustiante, mas ele gritou de aflição a plenos pulmões, tão alto que daria para ouvir seus uivos lá na China. Simplesmente se recusava a acreditar em mim. Aquilo nunca daria certo. Seria fazer o diabo a quatro com o registro da ação, sem falar das possibilidades inconvenientes nos bancos onde as ações eram mantidas como garantia de empréstimos, e assim por diante.

Reiterei que, a meu juízo, nada no mundo poderia evitar que a Pete Products caísse quinze ou vinte pontos, porque todo o mercado caminhava nessa direção. Mais uma vez, eu disse que era absurdo esperar que suas ações fossem uma exceção estonteante. Contudo, mais uma vez meu discurso foi em vão. Ele insistiu que eu apoiasse as ações.

Diante de mim estava um homem de negócios astuto, um dos mais bem-sucedidos promotores de negócios de sua época, que havia faturado milhões em transações em Wall Street e sabia muito mais do que o homem comum sobre o jogo de especulação, insistindo em respaldar uma ação em um incipiente mercado baixista. Era a ação dele, certamente, mas mesmo assim era mau negócio. Era nadar contra a maré,

282

e mais uma vez comecei a discutir com ele. Não adiantou. Prentiss insistiu em colocar ordens de apoio.

Claro que, quando o mercado geral ficou fraco e o declínio começou para valer, a Pete Products foi junto. Em vez de vender, na verdade comprei ações para o pool de insiders, por ordem de Prentiss.

A única explicação é que Prentiss não acreditou que o mercado baixista estava pairando bem acima de nós. Eu mesmo estava confiante de que o altista tinha acabado. Verifiquei minha primeira suposição por meio de testes não só com a Pete Products, mas com outras ações. Não esperei que o mercado baixista anunciasse sua chegada segura para começar a vender. Claro que não vendi uma única ação da Pete Products, embora estivesse vendido em outras ações.

O pool da Pete Products, como eu esperava, estava encrencado, congestionado com tudo o que tinha no começo e com tudo o que foi levado a absorver em seu inútil esforço para segurar o preço. Ao fim e ao cabo, o fundo liquidou, mas vendeu a números muito mais baixos do que conseguiriam se Prentiss tivesse me deixado vender quando e como eu desejava. Não poderia ser de outra forma. Mas Prentiss ainda pensa que estava certo, ou diz que pensa. Pelo que sei, ele diz que a razão pela qual lhe dei o conselho que dei foi eu estar vendido em outras ações e o mercado geral estar em alta. Isso implica, é óbvio, que a queda da cotação da Pete Products, que teria resultado das vendas das ações do pool a um preço qualquer, teria ajudado minha posição baixista em outras ações.

Isso é tudo bobagem. Eu não estava apostando numa queda por estar vendido em ações. Eu estava baixista porque foi assim que avaliei a situação, e só vendi ações a descoberto depois de entrar em baixa. Nunca há muito dinheiro em fazer as coisas do jeito errado, de trás para a frente; não no mercado de ações. Meu plano para vender as ações do pool era baseado no que a experiência de vinte anos me dizia ser viável e, portanto, inteligente. Prentiss deveria ter o grau de conhecimento de um trader para ver isso com a mesma clareza que eu. Era tarde demais para tentar fazer alguma outra coisa.

Creio que Prentiss compartilha da ilusão de milhares de outsiders leigos que pensam que um manipulador pode fazer qualquer coisa. Não pode. A maior coisa que Keene fez na vida foi a manipulação das ações ordinárias e preferenciais da U.S. Steel na primavera de 1901. Teve sucesso não porque era inteligente e engenhoso, não porque tinha acesso a uma associação dos homens mais ricos do país. Teve sucesso, em parte, por causa dessas razões, mas principalmente porque o mercado geral estava certo e o estado de ânimo do público estava certo.

Não é um bom negócio para um homem agir contra os ensinamentos da experiência e contra o senso comum. Mas nem todos os otários de Wall Street são outsiders leigos. Acabei de relatar a queixa que Prentiss tinha contra mim. Ele ficou zangado porque fiz minha manipulação não como eu queria, mas como o próprio me pediu para fazer.

Não há nada de misterioso, clandestino ou desonesto na manipulação planejada para vender ações em massa, contanto que essas operações não sejam acompanhadas por deturpações premeditadas. A manipulação robusta deve ser baseada em sólidos princípios de negociação. As pessoas dão grande ênfase às práticas antigas, a exemplo das transações fictícias. Mas posso assegurar que a mera mecânica da trapaça conta muito pouco. A diferença entre a manipulação do mercado de ações e a venda de ações e títulos no mercado de balcão está no caráter da clientela, e não o caráter do apelo. J. P. Morgan & Co. vendem uma emissão de títulos ao público, isto é, aos investidores. Um manipulador se desfaz de um lote de ações para o público, ou seja, quem compra são especuladores. O investidor busca a segurança, a estabilidade do retorno de juros sobre o capital que ele investe. O especulador procura por um lucro rápido.

O manipulador necessariamente encontra seu mercado principal entre especuladores, que estão dispostos a administrar um risco de negócios maior do que o normal contanto que tenham uma chance razoável de obter um grande retorno sobre seu capital. Eu mesmo nunca acreditei em jogar às cegas. Posso especular ou posso comprar cem ações. Mas, em ambos os casos, devo ter uma razão para o que faço.

Lembro-me como se fosse ontem de como entrei no jogo da manipulação, isto é, na comercialização de ações para terceiros. Rememorar isso me dá prazer, porque mostra lindamente a atitude profissional de Wall Street em relação às operações do mercado de ações. Aconteceu após eu ter "voltado", isto é, depois que negociar ações da Bethlehem Steel em 1915 me colocou no caminho da recuperação financeira.

Operei de forma bastante constante e tive muita sorte. Nunca procurei publicidade nos jornais, tampouco faço força para me esconder. Ao mesmo tempo, sabe-se que um profissional de Wall Street exagera tanto os sucessos quanto os fracassos de qualquer operador ativo; e, é claro, os jornais ouvem histórias sobre ele e imprimem boatos. Já fui à falência tantas vezes, de acordo com as fofocas, ou ganhei tantos milhões, de acordo com essas mesmas "autoridades", que minha única reação a esses relatos é me perguntar como e onde nascem. E como crescem! Tive amigos corretores, e todos vinham me contar a mesma história, a cada vez ligeiramente modificada, aprimorada, mais circunstancial.

Todo esse preâmbulo é para contar ao leitor como comecei a levar a cabo a manipulação de uma ação para outra pessoa. As histórias que os jornais imprimiam sobre como paguei integralmente os milhões que eu devia foram o pontapé inicial. Minhas arriscadas especulações e meus ganhos foram tão exagerados pelos jornais que virei assunto em Wall Street. Já haviam ficado para trás os dias em que um operador negociando um lote de 200 mil ações poderia dominar o mercado. Mas, como você sabe, o público sempre deseja encontrar sucessores para os antigos líderes. Era a reputação do sr. Keene como um hábil especulador financeiro, um ganhador de milhões por seu próprio mérito, que fazia os promotores de negócios e as instituições bancárias recorrerem a ele pedindo que vendesse volumosos blocos de títulos. Em suma, seus serviços como manipulador eram muito procurados por causa das histórias que Wall Street tinha ouvido sobre seus sucessos anteriores como trader.

Mas Keene se foi — partiu para viver no céu, o mesmo céu onde, certa vez me disse, não aceitaria ficar nem por um momento a menos que encontrasse Sysonby esperando por ele lá.* Dois ou três outros homens que durante alguns meses fizeram história no mercado de ações haviam caído na obscuridade da inatividade prolongada. Refiro-me

---

* Sysonby (1902-6), famoso cavalo de corrida puro-sangue americano. (N. T.)

especialmente a alguns daqueles especuladores do Oeste que vieram para Wall Street em 1901 e depois de ganhar muitos milhões com suas participações na Steel permaneceram aqui. Eram, na realidade, superpromotores de negócios, e não operadores do tipo de Keene. Mas eram peritos e extremamente capazes, extremamente ricos e extremamente bem-sucedidos nas transações com títulos das empresas que eles e seus amigos controlavam. Verdade seja dita, não eram manipuladores excelentes, a exemplo de Keene ou do governador Flower.* Ainda assim, Wall Street via neles muita matéria de fofocas, e certamente tinham um séquito de clientes entre os profissionais e as corretoras mais extravagantes. Depois que eles pararam de negociar ativamente, Wall Street se viu sem manipuladores, ou pelo menos não se lia nada a respeito nos jornais.

O leitor se lembra do grande mercado altista que começou quando a bolsa de valores retomou os negócios em 1915. À medida que o mercado se ampliava e as compras dos Aliados neste país chegavam a bilhões, entramos em uma fase de imensa prosperidade. No que diz respeito à manipulação, não foi necessário que qualquer pessoa levantasse um dos dedos para criar um mercado ilimitado para uma noiva de guerra. Dezenas de homens ganharam milhões de contratos de capitalização ou até mesmo promessas de contratos. Tornaram-se bem-sucedidos promotores de negócios, fosse com a ajuda de banqueiros amigáveis ou lançando suas empresas no mercado da Curb. O público comprava qualquer coisa desde que fosse recomendada.

À medida que a exuberância altista do período de prosperidade foi diminuindo aos poucos, alguns desses promotores de negócios precisaram da ajuda de especialistas em vendas de ações. Quando o público está pendurado a todo tipo de títulos, alguns deles comprados a preços mais elevados, não é uma tarefa fácil se desfazer de ações que ainda não foram colocadas à prova. Depois de uma explosão de otimismo altista, o público tem certeza de que nada vai subir. A questão não é que com-

---

* Roswell Pettibone Flower (1835-99) foi o trigésimo governador do estado de Nova York, de 1892 a 1894. Após deixar o cargo, ganhou a reputação de ser um investidor astuto. (N. T.)

pradores se tornam mais exigentes, mas a compra às cegas acaba. O que muda é o estado de espírito. Os preços nem sequer precisam cair para deixar as pessoas pessimistas. Basta o mercado ficar estagnado e permanecer assim por algum tempo.

Em cada boom, formam-se empresas principalmente para explorar de forma exclusiva ou aproveitar o apetite do público por todo tipo de ações. Também há promoções atrasadas. A razão pela qual os promotores de negócios cometem esse erro é que, sendo humanos, não estão dispostos a ver o fim do boom. Além disso, é um bom negócio arriscar quando os lucros possíveis são suficientemente grandes. O topo nunca está à vista enquanto a visão estiver arruinada pela esperança. O homem comum vê uma ação que ninguém queria a doze dólares ou catorze dólares e de repente a ação avança para trinta, o que certamente é o topo, até subir a cinquenta. Esse é sem dúvida o fim da ascensão. Em seguida ela vai a sessenta, chega a setenta, a 75. Agora tornou-se uma certeza cabal de que essa ação, que algumas semanas atrás era vendida por menos de quinze, não vai conseguir subir mais. Porém, vai para oitenta, e 85. Assim, o homem médio, que nunca pensa em valores, mas em preços, e não é governado em suas ações por condições, mas por medos, pega o caminho mais fácil: deixa de pensar que deve haver um limite para os avanços. É por isso que os outsiders que têm inteligência suficiente para não comprar no topo compensam isso por não realizar lucros. Nos booms, quem ganha primeiro o dinheiro graúdo é sempre o público — no papel. E isso permanece no papel.

22

UM DIA, JIM BARNES, QUE ERA não apenas um dos meus principais corretores, mas também um amigo íntimo, me visitou. Disse que queria que eu lhe fizesse um grande favor. Ele nunca tinha falado nesses termos antes, então lhe pedi que me contasse do que se tratava, na esperança de que fosse algo em que eu pudesse ajudar, pois certamente desejava agradá-lo. Ele me explicou que sua firma estava interessada em determinada ação. Na verdade, tinham sido os principais promotores de negócios da empresa e colocaram à venda a maior parte das ações. Surgiram circunstâncias que tornaram imperativo para eles comercializarem um lote bastante grande. Jim queria que eu me comprometesse a fazer essa comercialização para ele. A ação era a Consolidated Stove.

Eu não queria ter nada a ver com aquilo, por várias razões. Mas Barnes, a quem eu devia algumas obrigações, insistiu no favor pessoal, o único que poderia sobrepujar minhas objeções. Era um bom sujeito, um amigo, e sua empresa, deduzi, tinha forte envolvimento no negócio, então no final consenti em fazer o que pudesse.

Sempre me pareceu que o ponto mais pitoresco de diferença entre o boom da guerra e outros momentos de explosão de prosperidade era o papel interpretado por um tipo novo nos negócios do mercado de ações: o menino banqueiro.

O boom foi estupendo, e suas origens e causas eram claras e estavam ao alcance da compreensão de todos. Ao mesmo tempo, contudo, os maiores bancos e empresas fiduciárias no país certamente fizeram tudo o que podiam para, da noite para o dia, ajudar a tornar milionários todos os tipos e condições de promotores de negócios e fabricantes de munições. A coisa chegou a tal ponto que tudo o que um homem precisava fazer era dizer que tinha um amigo que era amigo de um membro de uma das comissões aliadas, e isso bastaria para que lhe oferecessem todo o capital de que precisasse para cumprir os contratos que ainda não havia assegurado. Eu costumava ouvir histórias inacreditáveis sobre funcionários que se tornavam presidentes de empresas fazendo negócios de milhões de dólares com dinheiro emprestado de empresas fiduciárias confiantes, e sobre contratos que deixavam um rastro de lucros à medida que iam passando de homem para homem. O país estava sendo inundado por um dilúvio de ouro da Europa, e os bancos tinham que encontrar maneiras de estancar o jorro.

A forma como os negócios eram feitos talvez fosse vista com receio pelos antigos, mas não parecia haver tantos deles por ali. A moda de presidentes de banco de cabelos grisalhos combinava bem com tempos tranquilos, mas a juventude era a principal qualificação naqueles tempos árduos. Os bancos certamente tinham lucros enormes.

Jim Barnes e seus sócios, tirando proveito da amizade e confiança do jovem presidente do Marshall National Bank, decidiram consolidar três conhecidas empresas de fogões e vender as ações da nova empresa ao público, que há meses vinha comprando qualquer coisa na forma de certificados de ações impressos.

Um problema estava no fato de que o negócio de fogões andava tão próspero que, pela primeira vez em sua história, as três empresas estavam realmente ganhando dividendos em suas ações ordinárias. Seus principais acionistas não desejavam perder o controle. Havia um bom mercado para suas ações na Curb; eles venderam a quantidade que quiseram e estavam contentes com a situação. Sua capitalização individual era muito pequena para justificar grandes movimentos do mercado, e foi aí que a empresa de Jim Barnes entrou em cena. Ressaltou-se que a empresa consolidada deveria ser grande o suficiente para ganhar registro na bolsa de valores, onde as novas ações poderiam se tornar mais valiosas do que as antigas. É um velho artifício de Wall Street: alterar a cor dos certificados a fim de fazer com que sejam mais valiosos. Digamos que uma ação deixe de ser facilmente vendável pelo valor nominal. Bem, às vezes, quadruplicando o volume, você pode fazer com que a nova ação seja vendida a trinta ou 35. É o equivalente a 120 ou 140 para a antiga ação, número que ela nunca teria alcançado.

Parece que Barnes e seus sócios conseguiram persuadir alguns de seus amigos que tinham, com intenções especulativas, alguns blocos de ações da Gray Stove Company, uma grande empresa, a entrar na consolidação com base em quatro ações da Consolidated para cada ação da Gray. Em seguida, a Midland e a Western seguiram sua irmã mais velha e entraram na base de ação por ação. A ação deles foi cotada na Curb por volta de 25 a trinta, e a Gray, que era mais conhecida e pagava dividendos, por volta de 125.

A fim de levantar o dinheiro para comprar o controle acionário dos acionistas que insistiam na venda por dinheiro vivo e para fornecer capital de giro adicional para melhorias e despesas de promoção, tornou-se necessário arrecadar alguns milhões de dólares. Para tanto, Barnes foi falar com o presidente de seu banco, que gentilmente emprestou à associação 3,5 milhões de dólares. A garantia eram 100 mil ações da recém-organizada corporação. A associação garantiu ao presidente, ou pelo menos foi o que disseram, que o preço não cairia abaixo de cinquenta. Seria um negócio muito lucrativo, pois havia um grande valor ali.

O primeiro erro dos promotores de negócios foi na questão do momento oportuno. O mercado atingira o ponto de saturação para novas emissões de ações, e eles deveriam ter visto isso. Mesmo assim, poderiam ter obtido um lucro considerável se não tivessem tentado duplicar as absurdas fortunas que outros promotores de negócios tinham ganhado no auge do boom.

Ora, você não deve se aferrar à noção de que Jim Barnes e seus sócios eram idiotas ou crianças inexperientes. Eram homens astutos, todos familiarizados com os métodos de negociação de Wall Street, e alguns eram operadores excepcionalmente bem-sucedidos. Só que fizeram mais do que apenas superestimar a capacidade de compra do público. Afinal, essa capacidade era algo que poderiam determinar somente por testes reais. O erro que lhes custou mais caro foi esperar que o mercado altista durasse mais do que de fato durou. Suponho que a razão tenha sido que esses mesmos homens alcançaram um sucesso tão estrondoso e particularmente tão rápido que não duvidaram de que concluiriam o negócio antes que o mercado em alta virasse. Eram todos renomados e tinham um número considerável de adeptos entre os traders profissionais e as corretoras.

O negócio foi extremamente bem divulgado. Sem dúvida os jornais reservaram um espaço generoso a ele. As empresas mais antigas eram identificadas com a indústria de fogões dos Estados Unidos, e seu produto era conhecido em todo o mundo. Era um amálgama patriótico, e os jornais diários publicaram farta literatura sobre as conquistas mundiais. Os mercados da Ásia, África e América do Sul eram praticamente uma barbada.

Todos os diretores da empresa eram homens cujos nomes soavam familiares aos leitores habituais das páginas financeiras. O trabalho de publicidade foi tão bem orquestrado e as promessas de insiders anônimos acerca de como o preço se comportaria foram tão definitivas e convincentes que se criou uma grande demanda pela nova ação. Como resultado, tão logo os livros contábeis foram fechados, verificou-se que a ação oferecida ao público por cinquenta dólares cada foi subscrita com um ágio de 25%.

Pense nisso! A melhor coisa que os promotores de negócios poderiam esperar era uma venda bem-sucedida da nova ação a esse preço, após semanas de trabalho e depois de aumentar o preço para 75 ou mais de modo a obter uma média de cinquenta. Isso significou um avanço de cerca de 100% nos preços antigos das ações das empresas constituintes. Essa foi a crise, e eles não a enfrentaram como deveriam. Isso mostra que cada empresa tem suas próprias necessidades. A sabedoria geral é menos valiosa do que o conhecimento específico. Os promotores de negócios, encantados com o inesperado excesso de subscrições, concluíram que o público estava pronto para pagar qualquer preço por qualquer quantidade dessa ação. E, numa manobra burra, distribuíram a ação aquém do necessário. Depois que os promotores de negócios decidiram ser vorazes, deveriam ter tentado ser vorazes com inteligência.

O que deveriam ter feito, é óbvio, era distribuir as ações na íntegra. Isso os deixaria vendidos a descoberto até o ponto de 25% do valor total oferecido para subscrição ao público, o que, é claro, teria permitido dar apoio à ação quando necessário e sem nenhum custo para eles. Sem nenhum esforço de sua parte, estariam na forte posição estratégica que sempre tento encontrar quando estou manipulando uma ação. Poderiam ter evitado que o preço caísse, inspirando confiança na estabilidade de preços das novas ações e na associação de subscritores por trás dela. Deveriam ter se lembrado de que seu trabalho ainda não havia acabado quando venderam as ações oferecidas ao público. Isso era apenas uma parte do que tinham para comercializar.

Julgavam que tinham tido um tremendo sucesso, porém não demorou muito para que as consequências desses dois graves erros se tornassem evidentes. O público parou de comprar a nova ação, porque todo o mercado desenvolveu tendências de queda. Os insiders se acovardaram e não deram apoio à Consolidated Stove; e se os insiders não compravam suas próprias ações numa recessão, quem compraria? A ausência de apoio interno é geralmente aceita como uma bela dica baixista.

Não há necessidade de entrar em detalhes estatísticos. O preço da Consolidated Stove flutuou com o restante do mercado, mas nunca ultrapassou as cotações iniciais que eram apenas uma fração acima de cinquenta. No fim, Barnes e seus amigos tiveram que vir como compradores para mantê-la acima de quarenta. Não ter dado suporte àquela ação no início de sua carreira no mercado foi lamentável. Mas não ter vendido todas as ações que o público subscreveu foi muito pior.

Em todo caso, a ação foi devidamente listada na Bolsa de Valores de Nova York, e seu preço se manteve em queda constante até se situar em um valor nominal de 37. E lá permaneceu porque Jim Barnes e seus sócios tiveram que mantê-la assim, pois seu banco lhes emprestara 35 dólares por ação em 100 mil ações. Se o banco tentasse liquidar o empréstimo, não havia como dizer até que ponto o preço cairia. O público outrora ansioso para comprá-la a cinquenta agora não dava a mínima para ela a 37, e provavelmente não ia querer saber dela a 27.

Com o passar do tempo, os excessos dos bancos em matéria de prorrogações de crédito fizeram as pessoas pararem para pensar. Os dias dos meninos banqueiros tinham chegado ao fim. O ramo bancário parecia estar no limiar de uma súbita recaída no conservadorismo. Agora todo mundo pedia aos amigos íntimos que pagassem empréstimos, como se nunca tivesse jogado golfe com o presidente.

Não havia necessidade de ameaças por parte do credor, tampouco de súplicas por mais tempo por parte do devedor. A situação era extremamente desconfortável para ambos. Por exemplo, o banco com o qual meu amigo Jim Barnes fazia negócios ainda se comportava com gentileza. Mas isso era um caso de "Pelo amor de Deus, pegue esse empréstimo ou vamos nos meter numa enrascada dos diabos!".

O caráter da enrascada e suas explosivas possibilidades bastaram para fazer Jim Barnes me procurar a fim de pedir que eu vendesse aquelas 100 mil ações por um valor suficiente para pagar os 3,5 milhões de dólares emprestados pelo banco. Agora Jim já não esperava obter lucro com essas ações. Se a associação saísse apenas com um pequeno prejuízo, ficaria mais do que agradecida.

Parecia uma tarefa impossível. O mercado geral não estava ativo nem forte, embora às vezes houvesse ralis, quando todos se animavam e tentavam acreditar que o movimento de alta estava prestes a recomeçar.

A resposta que dei a Barnes foi que examinaria o assunto e o informaria quanto às condições sob as quais realizaria o trabalho. Bem, empreendi minha investigação. Não analisei o último relatório anual da empresa. Meus estudos se limitaram às fases do problema concernentes ao mercado de ações. Eu não exaltaria as ações tentando recomendar um aumento com base em seus ganhos ou suas perspectivas, e sim para descartar esse bloco no mercado aberto. Tudo o que levei em consideração foi o que deveria ou poderia me ajudar ou me atrapalhar na tarefa.

Descobri, em primeiro lugar, que havia muitas ações nas mãos de pouquíssimas pessoas, isto é, em nome de segurança demais e conforto demais. Clifton P. Kane & Co., banqueiros e corretores, membros da Bolsa de Valores de Nova York, estavam carregando 70 mil ações.

Eram amigos íntimos de Barnes e tinham sido influentes na efetivação da consolidação, visto que durante anos se especializaram em ações de fabricantes de fogões. Seus clientes tinham sido levados para o lado bom do negócio. O ex-senador Samuel Gordon, parceiro especial da firma de seus sobrinhos, a Gordon Bros., era proprietário de um segundo bloco de 70 mil ações; e o famoso Joshua Wolff tinha 60 mil ações. Isso perfazia um total de 200 mil ações da Consolidated Stove nas mãos desse punhado de profissionais veteranos de Wall Street. Eles não precisavam que ninguém lhes dissesse quando vender sua ação. Se eu fizesse alguma coisa na linha da manipulação, calculada para acarretar compras por parte do público — isto é, se eu tornasse a ação forte e ativa —, poderia ver Kane, Gordon e Wolff descarregando, e não em doses homeopáticas. A visão de suas 200 mil ações jorrando em torrentes no mercado não era exatamente fascinante. Não se esqueça de que a melhor fase do movimento de alta já tinha passado e de que nenhuma demanda acachapante seria fabricada por minhas operações, por maior que fosse minha perícia em sua execução. Jim Barnes não tinha ilusões com relação ao trabalho de que ele estava modestamente se esquivando para meu benefício. Ele tinha me dado um lote de ações saturadas para vender em um mercado altista prestes a dar o último suspiro. Claro que os jornais não publicaram arrazoados sobre o fim do mercado altista, mas eu sabia disso, e Jim Barnes sabia, e pode apostar que o banco sabia.

Ainda assim, eu tinha dado minha palavra a Jim, então mandei chamar Kane, Gordon e Wolff. Suas 200 mil ações eram a espada de Dâmocles. Pensei em substituir o fio da crina de cavalo por uma corrente de aço. A maneira mais fácil, parecia-me, era por meio de um acordo de reciprocidade. Se me ajudassem passivamente, segurando suas ações enquanto eu vendia as 100 mil ações do banco, eu os ajudaria ativamente tentando criar um mercado no qual todos poderíamos descarregar. No pé em que as coisas estavam, eles não conseguiriam vender um décimo das suas propriedades sem fazer despencar o preço da Consolidated Stove, e sabiam disso tão bem que nunca sequer sonharam em tentar. Tudo o que lhes pedi foi discernimento para escolher o momento propício da venda, e um altruísmo inteligente a fim de não serem egoístas de forma obtusa. Nunca vale a pena ser um cachorro esfomeado nem em Wall Street nem em qualquer outro lugar. Eu desejava convencê-los de que o descarregamento prematuro ou irrefletido impediria a venda completa. O tempo urgia.

Eu esperava que minha proposta fosse atraente para eles, porque eram homens experientes de Wall Street e não tinham ilusões acerca da real demanda pela Consolidated Stove. Clifton P. Kane era o chefe de uma próspera corretora com filiais em onze cidades e clientes às centenas. No passado, sua firma já atuara como gestora para mais de um fundo de investimentos.

O senador Gordon, que tinha 70 mil ações, era um homem podre de rico. Seu nome era tão familiar para os leitores da imprensa metropolitana quanto seria se ele tivesse sido processado por quebra de compromisso por uma manicure de dezesseis anos de idade com um casaco de vison de 5 mil dólares e 132 cartas do réu. Gordon iniciou os sobrinhos no negócio como corretores e era um sócio especial na empresa deles. Fez parte de dezenas de pools. Herdou uma grande participação na Midland Stove Company e por isso adquiriu 100 mil ações da Consolidated Stove. Estava carregando uma quantidade de ações suficiente para desprezar as dicas altistas de Jim Barnes e transformou em dinheiro vivo 30 mil ações antes que o mercado enfraquecesse. Mais tarde, contou a um amigo que teria vendido ainda mais se não tivesse parado de vender por consideração aos outros grandes acionistas, que eram amigos íntimos e antigos e lhe imploraram isso. Além do mais, como afirmei, ele não tinha mercado onde descarregar.

O terceiro homem era Joshua Wolff, provavelmente o mais famoso de todos os traders. Por vinte anos, todo mundo o conhecia como um dos especuladores do pregão. Aumentando os lances das ações para fazer subir seu preço de mercado ou oferecendo ações a preços decrescentes, poucos rivalizavam com Josh, pois, para ele, 10 mil ou 20 mil ações não significavam mais do que duzentos ou trezentos. Antes de eu vir para Nova York, já tinha ouvido falar de sua atuação como especulador. Na ocasião, ele andava com um círculo de esportistas que jogavam sem limites, fosse nas pistas de corrida ou no mercado de ações.

Costumavam acusá-lo de ser um reles apostador, mas ele tinha habilidade genuína e uma aptidão bastante forte para jogos especulativos.

Ao mesmo tempo, sua suposta indiferença a atividades intelectuais fez dele o herói de inúmeras anedotas. Segundo uma das histórias que corriam à boca pequena, Joshua foi convidado para um evento que ele chamou de "jantar grã-fino", e por algum descuido da anfitriã vários dos outros convidados começaram a discutir literatura antes que pudessem ser interrompidos. Uma moça que estava sentada ao lado de Josh e não o viu abrir a boca a noite inteira exceto para fins de mastigação voltou-se para ele e, parecendo ansiosa para ouvir a opinião do grande financista, perguntou: "Ah, sr. Wolff, o que pensa sobre Balzac?".

Educadamente, Josh parou de mastigar, engoliu em seco e respondeu: "Nunca negocio com ações da Curb!".

Esses eram os três maiores acionistas individuais da Consolidated Stove. Quando vieram me ver, eu lhes disse que se criassem uma associação para levantar algum dinheiro e me dessem uma opção de compra um pouco acima do valor de mercado eu faria o que pudesse para formar um mercado. Prontamente me perguntaram quanto dinheiro aquilo exigiria.

Respondi: "Vocês já estão com essa ação há um bocado de tempo e não conseguem fazer nada com ela. Somados, os três têm 200 mil ações, e sabem muito bem que não há a menor chance de se livrarem delas, a menos que criem um mercado. Tem de haver algum mercado para absorver o que vocês têm a oferecer, e em primeiro lugar será sensato ter dinheiro suficiente para pagar por qualquer ação que possa ser necessário comprar. Não adianta começar e depois ter que parar por falta de dinheiro. Sugiro que vocês formem uma associação e levantem 6 milhões em dinheiro vivo. Depois deem à associação uma opção de compra de suas 200 mil ações a quarenta, então coloquem todas as suas ações sob caução.* Se tudo correr bem, vocês vão se livrar de seu animal de estimação morto e a associação ganhará algum dinheiro".

---

* No original, *escrow*, moeda corrente, valores mobiliários ou outro tipo de propriedade ou instrumentos mantidos por terceiros até que as condições de um contrato sejam atendidas. *Escrow funds*, por exemplo, são fundos caucionados, e *escrow agreement* é contrato com caução. (N. T.)

Como eu disse antes, circulava todo tipo de rumor sobre meus ganhos no mercado de ações. Suponho que isso ajudou, pois nada tem efeito tão positivo quanto o sucesso. De qualquer maneira, não tive que dar muitas explicações aos sujeitos. Eles sabiam exatamente até que ponto chegariam se tentassem fazer uma jogada solitária. Acharam que meu plano era bom. Ao se despedir, disseram que formariam a associação imediatamente.

Não tiveram muitos problemas para induzir um punhado de amigos a se juntar a eles. Suponho que falaram com mais segurança do que eu sobre os lucros da associação. Pelo que ouvi, realmente acreditavam em sua dica, que não era inescrupulosa. Em todo caso, um par de dias depois a associação estava formada. Kane, Gordon e Wolff lançaram opções de compra a quarenta e tomei providências para que as ações fossem colocadas em caução, de modo que nenhuma saísse no mercado caso eu tivesse que aumentar o preço. Eu tinha que me proteger. Mais de um acordo promissor já dera com os burros na água porque os membros de uma associação ou de um fundo de investimentos tinham deixado de confiar uns nos outros. Em Wall Street, cobra não tem pudores de engolir cobra. Quando a segunda American Steel and Wire foi emitida, os insiders acusaram uns aos outros de quebra de boa-fé e tentativa de despejar as ações no mercado. Firmou-se um acordo de cavalheiros entre John W. Gates e seus amigos e os Seligman e seus associados do ramo bancário. Bem, ouvi alguém no escritório de uma corretora recitando a seguinte quadrinha, que dizem que foi composta por John W. Gates:

A tarântula subiu nas costas da lacraia no esconderijo
e disse gargalhando, com sinistro regozijo:
"Vou envenenar essa assassina desgraçada.
Caso contrário, eu é que serei envenenada!".

Veja bem, não pretendo, nem por um momento, sugerir que qualquer um dos meus amigos em Wall Street sonharia em me trair numa negociação de ações. Mas, com base em princípios gerais, é bom se precaver contra toda e qualquer contingência. Faz todo o sentido.

Depois que Wolff, Kane e Gordon me disseram que haviam formado sua associação para colocar 6 milhões em dinheiro, não havia nada que eu pudesse fazer a não ser esperar o dinheiro chegar. Insisti no fato de que havia necessidade de pressa. Mesmo assim, o dinheiro veio a conta-gotas. Acho que foram quatro ou cinco prestações. Não sei qual foi o motivo, mas me lembro de que tive que enviar uma mensagem de socorro para Wolff, Kane e Gordon.

Naquela tarde, recebi alguns cheques polpudos, que aumentaram o montante em minha posse para cerca de 4 milhões de dólares, e a promessa de que o resto viria em um ou dois dias. Por fim, começou a parecer que a associação poderia fazer algo antes que o mercado altista chegasse ao fim. Na melhor das hipóteses não seria moleza, e quanto mais cedo eu começasse a trabalhar melhor. O público não tinha ficado especialmente interessado em novos movimentos de mercado em ações inativas. Mas com 4 milhões em dinheiro um homem podia fazer muito para despertar o interesse por qualquer ação. Era o suficiente para absorver todas as prováveis ofertas. Se o tempo urgia, como eu dissera, não havia sentido em esperar pelos outros 2 milhões. Quanto mais cedo a ação subisse para cinquenta, melhor para a associação. Isso era óbvio.

Na manhã seguinte, na abertura, fiquei surpreso ao ver que a Consolidated Stove estava sendo negociada em um volume pesado e incomum. Como eu já disse, a ação passara meses atolada. O preço estava fixado em 37, com Jim Barnes tomando muito cuidado para não deixar cair mais, por causa do considerável empréstimo bancário a 35. Mas, quanto a subir, seria mais fácil ver o rochedo de Gibraltar deslizar através do estreito do que ver a Consolidated Stove galgar alguns degraus na fita impressa de cotações.

Bem, naquela manhã houve uma grande demanda pela ação, e o preço subiu para 39. Na primeira hora de negociação, as transações foram mais pesadas do que em todo o semestre anterior. Foi a sensação do dia e espalhou otimismo por todo o mercado, levando a uma alta geral. Mais tarde, ouvi que nas salas dos clientes das corretoras não se falava em outra coisa.

Eu não sabia o que aquilo significava, mas não feriu meus sentimentos ver a Consolidated Stove se erguer. Via de regra, não preciso fazer perguntas sobre qualquer movimento incomum de qualquer ação, porque meus amigos no pregão — corretores que fazem negócios para mim, bem como amigos pessoais entre os operadores — me mantêm bem informado. Presumem o que eu gostaria de saber e me telefonam para contar qualquer notícia ou fofoca. Nesse dia, a única coisa que ouvi foi que na Consolidated Stove sem dúvida houve compra interna com base em informações privilegiadas. Não ocorreu nenhuma transação fictícia. Era tudo genuíno. Os compradores pegaram todas as ofertas de 37 a 39 e, quando importunados para apresentar seus motivos ou quando lhes imploravam por uma dica, recusaram-se categoricamente a dar qualquer informação. Isso fez com que os traders astutos e vigilantes concluíssem que algo estava sendo engendrado, e algo grande. Quando uma ação sobe por conta de compras de insiders que se recusam a encorajar o mundo como um todo a seguir o exemplo, os sabichões começam a se perguntar em voz alta quando é que o aviso oficial será anunciado.

Não fiz nada sozinho. Observei, refleti e mantive o controle das transações. No dia seguinte, porém, as compras não apenas foram maiores em volume, mas também mais agressivas em caráter. As ordens de venda, que durante meses apareceram nos livros dos especialistas acima do preço fixado e estabilizado em 37, foram absorvidas sem nenhum problema, e não chegavam novas ordens de venda suficientes para conter o aumento. Naturalmente, o preço subiu. Passou de quarenta. Em pouco tempo, bateu em 42.

No momento em que beirou esse valor, senti que tinha justificativa para começar a vender as ações que o banco mantinha como garantia. Claro que calculei que o preço cairia na minha venda, mas, se minha média no lote inteiro fosse de 37, eu não teria falhado. Sabia quanto valia a ação e tinha uma ideia da vendabilidade dos meses de inatividade. Bem, meu senhor, cuidadosamente deixei que comprassem ações até me livrar de 30 mil. E o avanço não foi contido!

Naquela tarde, fui informado do motivo da alta oportuna e misteriosa. Parece que os operadores de pregão receberam a dica — após o fechamento na noite anterior e a abertura na manhã — de que eu estava tremendamente altista na Consolidated Stove e ia puxar o preço quinze ou vinte pontos para cima sem queda, como era meu costume, isto é, meu costume de acordo com pessoas que nunca fizeram a escrituração de meus livros contábeis. O palpiteiro-chefe era ninguém menos que Joshua Wolff. Fora a própria compra interna de Wolff que deflagrara a alta no dia anterior. Seus comparsas entre os operadores de pregão estavam ávidos por seguir sua dica, pois ele sabia demais para dar conselhos errados aos companheiros.

Na verdade, não havia um volume tão grande de ações pressionando o mercado como se temia. Leve em consideração que eu tinha 300 mil ações empatadas e você vai perceber que os velhos temores tinham fundamento. Ora, ficou claro que levar o preço da ação para cima foi menos trabalhoso do que eu esperava. Afinal, o governador Flower estava certo. Sempre que era acusado de manipular as especialidades de sua firma, como Chicago Gas, Federal Steel ou B. R. T., ele dizia: "A única maneira que eu conheço de fazer o preço de uma ação subir é comprá-la". Essa também era a única maneira de agir dos operadores do pregão, e o preço respondera.

No dia seguinte, antes do café da manhã, li nos jornais a notícia que também foi lida por milhares de pessoas e sem dúvida comunicada por telegrama para centenas de filiais e escritórios fora da cidade: Larry Livingston estava prestes a iniciar operações altistas na Consolidated Stove. Os detalhes adicionais divergiam. Uma versão dizia que eu havia formado um pool de insiders e ia punir os que tinham vendido a descoberto. Outra insinuava anúncios de dividendos em um futuro próximo. Outra lembrava o mundo de que o que eu normalmente fazia com uma ação por mim comprada era algo memorável. E outra ainda acusava a empresa de ocultar seus ativos de modo a permitir a acumulação por insiders. Todas concordavam que a alta nem havia começado.

Quando cheguei ao escritório e li minha correspondência antes da abertura do mercado, fui informado de que Wall Street estava inundada com dicas quentes recomendando a compra imediata de ações da Consolidated Stove. Meu telefone não parava de tocar, e naquela manhã o funcionário que atendia as ligações ouviu cem vezes a mesma pergunta, feita de uma forma ou de outra: era verdade que a Consolidated Stove estava subindo? Devo dizer que Joshua Wolff e Kane e Gordon — e possivelmente Jim Barnes — deram conta do recado e fizeram muito do trabalho de espalhar o boato.

Eu não fazia ideia de que tinha tantos adeptos. Ora, naquela manhã chegaram ordens de compra de todo o país para comprar milhares de ações que, três dias antes, ninguém queria a preço nenhum. E não se esqueça de que, na realidade, a única coisa que o público tinha como referência era minha reputação no jornal como um especulador de sucesso, algo pelo qual eu tinha que agradecer a um ou dois repórteres de imaginação fértil.

Bem, naquele terceiro dia de alta vendi Consolidated Stove; no quarto e no quinto, idem; quando vi, tinha vendido para Jim Barnes as 100 mil ações que o Marshall National Bank detinha como garantia pelo empréstimo de 3,5 milhões de dólares que precisava ser pago. Se a mais bem-sucedida manipulação consiste em obter o fim desejado ao menor custo possível para o manipulador, a operação com as ações da Consolidated Stove foi, sem dúvida, a mais bem-sucedida de minha carreira em Wall Street. Ora, em nenhum momento tive que comprar qualquer ação. Não tive que comprar primeiro para vender mais facilmente depois. Não puxei o preço até o ponto mais alto possível para em seguida começar minha venda para valer. Não fiz minha venda principal no caminho de queda, mas no caminho de alta. É como um sonho encontrar um poder de compra adequado e criado para você sem precisar mexer um dedo para isso, principalmente quando se está com pressa. Certa vez ouvi um amigo do governador Flower dizer que em uma das grandes operações altistas para a conta de um pool em B. R. T., o fundo vendeu 50 mil ações com lucro, mas a Flower & Co. obteve comissões em mais de 250 mil ações, e W. P. Hamilton diz que, para distribuir 220 mil ações da Amalgamated Copper, James R. Keene deve ter negociado pelo menos 700 mil ações durante a manipulação necessária. Uma baita comissão! Pense nisso e tenha em mente que a única comissão que tive que pagar foi sobre as 100 mil ações que na verdade vendi para Jim Barnes. Isso é o que chamo de uma economia e tanto.

Tendo vendido o que eu fora incumbido de vender para meu amigo Jim, sem que todo o dinheiro que a associação concordou em levantar tivesse sido utilizado e sem sentir nenhum desejo de comprar de volta qualquer das ações que vendi, acho que dei uma escapada para um curto período de férias. Não lembro exatamente. Mas lembro muito bem que deixei a ação em paz e que não demorou muito para o preço começar a ceder. Um dia, quando todo o mercado estava fraco, alguns touros altistas desapontados quiseram se livrar de suas ações da Consolidated Stove, e com pressa, mas por conta de suas ofertas o preço da ação caiu abaixo do preço de resgate, que era quarenta. Ninguém parecia querer saber dela. Como já disse, por causa da situação geral eu não estava otimista com relação à expectativa de uma alta, e isso me fez sentir uma gratidão maior do que nunca pelo milagre que me permitiu vender as 100 mil ações sem ter que aumentar o preço em vinte ou trinta pontos por semana, como os gentis palpiteiros haviam profetizado.

Sem encontrar apoio, o preço da ação desenvolveu o hábito de diminuir regularmente até que um dia caiu bastante e chegou a 32, o valor mais baixo já registrado para ela, pois, como o leitor deve se lembrar, Jim Barnes e a associação original fixaram esse valor em 37 para não ter suas 100 mil ações despejadas no mercado pelo banco.

Naquele dia eu estava em meu escritório, estudando placidamente a fita de impressão de cotações, quando Joshua Wolff foi anunciado. Eu disse que o atenderia. Ele entrou às pressas. Não é um homem muito alto, mas certamente parecia todo inchado — com raiva, conforme descobri de imediato.

Correu até onde eu estava, junto à máquina impressora de cotações, e perguntou, aos berros: "Ei! Qual é o problema, diabos?".

"Sente-se, sr. Wolff", eu disse, com toda a polidez, e me sentei a fim de encorajá-lo a falar com calma.

"Não quero me sentar! Quero saber o que significa isso!", ele gritou a plenos pulmões.

"O que significa isso o quê?"

"O que diabos está fazendo com ela?"

"O que estou fazendo com ela quem?"

"A ação! A ação!"

"Qual ação?"

Minha pergunta só serviu para deixá-lo vermelho, porque ele vociferou: "Consolidated Stove! O que você está fazendo com ela?".

"Nada! Absolutamente nada. O que há de errado?"

Ele me fuzilou com o olhar durante cinco longos segundos antes de
explodir: "Olhe para o preço! Olhe só!".

Sem dúvida, ele estava furioso. Então me levantei e olhei a fita impressa de cotações.

Eu disse: "O preço agora está em 31,25".

"Sim! E comprei uma tonelada delas."

"Sei que você tem 60 mil ações. E teve durante um bocado de tempo,
porque quando comprou originalmente suas Gray Stove..."

Ele não me deixou terminar e alegou: "Mas comprei muitas mais.
Algumas me custaram até quarenta! E ainda estou com elas!".

Ele me encarava com tamanha hostilidade que eu disse: "Eu não
disse para comprar".

"Você não fez o quê?"

"Eu não disse para você ficar carregado dessa ação."

"Eu não disse que você me disse. Mas você ia empurrar o preço para
cima..."

"Por que eu ia fazer isso?", eu o interrompi.

Ele olhou para mim, mudo de raiva. Quando recuperou a voz, disse:
"Você ia puxar o preço para cima. Tinha dinheiro para comprá-la".

"Sim. Mas não comprei nenhuma ação", declarei.

Foi a gota d'água.

"Você não comprou nenhuma ação e tinha mais de 4 milhões em
dinheiro para comprar? Não comprou nenhuma?"

"Nenhuminha!", repeti.

Ele estava tão furioso agora que não conseguia falar direito. Por fim
indagou: "Como é que você chama esse tipo de jogo?".

Por dentro, ele estava me acusando de todo tipo de crime indescri-
tível. Em seus olhos, pude ver uma longa lista de delitos inomináveis.
O que me fez dizer: "O que você realmente quer me perguntar, Wolff,
é por que não comprei de você acima de cinquenta a ação que você
comprou abaixo de quarenta. Não é isso?".

"Não, não é. Você tinha uma opção de compra de quarenta e 4 milhões em dinheiro para forçar o preço para cima."

"Sim, mas não toquei no dinheiro e a associação não perdeu um centavo por minhas operações."

"Escute aqui, Livingston", ele começou a dizer, mas não deixei.

"Você é que vai me escutar, Wolff. Você sabia que as 200 mil ações que você, Gordon e Kane tinham nas mãos estavam amarradas e que não haveria uma quantidade enorme de ações no free float para entrar no mercado se eu puxasse os preços para cima, como teria que fazer por dois motivos: primeiro, para criar um mercado para as ações; segundo, para lucrar com a opção de compra em quarenta. Mas você não ficou satisfeito em receber quarenta pelas 60 mil ações que vinha arrastando durante meses ou com sua participação nos lucros da associação, se é que houve algum; aí decidiu adquirir um lote abaixo de quarenta para descarregar em cima de mim quando eu puxasse o preço para cima com o dinheiro da associação, como você tinha certeza de que eu pretendia fazer. Você compraria antes de mim e descarregaria antes de mim. Muito provavelmente eu seria o único a descarregar. Desconfio de que você calculou que eu tinha que colocar o preço a sessenta. Foi tão fácil que é provável que tenha comprado 10 mil ações estritamente com o intuito de descarregar, e para ter certeza de que alguém pagaria o pato se eu não ficasse com o abacaxi na mão você deu a dica para todo mundo nos Estados Unidos, no Canadá e no México sem pensar nas minhas dificuldades adicionais. Todos os seus amigos sabiam o que eu tinha que fazer. Entre a compra deles e a minha, você ficaria numa boa. Bem, os amigos íntimos a quem você deu a dica repassaram a informação aos amigos deles depois de terem comprado seus lotes, e o terceiro estrato de seguidores de palpites planejou abastecer o quarto, o quinto e possivelmente o sexto estratos de otários, de modo que, quando eu finalmente fizesse algumas vendas, constataria que alguns milhares de especuladores espertalhões tinham se antecipado a mim. Foi uma ideia muito simpática da sua parte, Wolff. Você não pode imaginar como fiquei surpreso quando a Consolidated Stove começou subir antes mesmo de eu pensar em comprar uma única ação, ou como fiquei grato quando a associação de subscritores vendeu 100 mil ações em torno de quarenta para as pessoas que iam vender essas mesmas ações para mim a cinquenta ou sessenta. Com certeza fui um otário por não usar os

4 milhões para ganhar dinheiro para eles, não é? Eles me forneceram o dinheiro para comprar ações, mas apenas se eu achasse necessário fazer isso. Pois é, não achei."

Joshua estava em Wall Street havia tempo suficiente para não deixar a raiva interferir nos negócios. Ele se acalmou ao me ouvir. Quando terminei de falar, disse em um tom de voz amigável: "Olhe aqui, Larry, meu chapa, o que devemos fazer?".

"Faça o que quiser."

"Ah, seja um bom camarada. O que você faria se estivesse em nosso lugar?"

"Se eu estivesse no seu lugar", eu disse em tom solene, "você sabe o que faria?"

"O quê?"

"Eu venderia!", respondi.

Ele me fitou por um momento, e sem dizer outra palavra deu meia-volta e saiu do meu escritório. Nunca mais voltou.

Não muito depois disso, o senador Gordon veio falar comigo. Estava igualmente irritadíssimo e me culpou por seus problemas. Aí foi a vez de Kane se juntar ao coro da bigorna e me malhar. Eles se esqueceram de que, quando formaram a associação, era impossível vender sua ação em massa. Tudo de que conseguiam lembrar era que eu não vendera suas participações quando estava de posse dos milhões da associação e a ação era negociada a 44, e que agora estava em trinta e mais estagnada do que água da poça. Do ponto de vista deles, eu deveria ter vendido com um polpudo lucro.

É claro que, no devido tempo, eles também refrescaram a cabeça. A associação não teve um centavo de prejuízo, e o problema principal permanecia o mesmo: vender a ação. Um ou dois dias depois, eles voltaram e pediram minha ajuda. Gordon foi o mais insistente. No final eu os fiz colocar sua ação do pool a 25,50. A comissão por meus serviços deveria ser a metade de tudo o que conseguisse acima desse número. A última venda foi de cerca de trinta.

Lá estava eu, com as ações para liquidar. Diante das condições gerais do mercado especificamente do comportamento da Consolidated Stove, havia apenas uma maneira de fazer isso, a saber, vender no caminho de queda e sem tentar jogar o preço para cima. Eu certamente teria resmas de ações no caminho de alta. Mas, no caminho para baixo, eu poderia alcançar os compradores que sempre argumentam que uma ação é barata quando é vendida quinze ou vinte pontos abaixo do topo do movimento, sobretudo quando esse topo é uma questão de história recente. Na opinião deles, prevê-se um rali. Depois de ver a Consolidated Stove ser vendida perto de 44, ela com certeza parecia atraente abaixo dos trinta.

Funcionou, como sempre. Os caçadores de pechinchas compraram em volume suficiente para me permitir liquidar as ações do pool. Mas acha que Gordon, Wolff ou Kane ficaram gratos? Nem um pouco. Até hoje estão magoados comigo, ou pelo menos é o que seus amigos me contam. Volta e meia dizem às pessoas o que fiz com eles. Não conseguem me perdoar por não ter forçado o preço para cima por minha própria conta, como esperavam.

Com efeito, eu nunca teria sido capaz de vender as 100 mil ações do banco se Wolff e os demais não tivessem repassado aquelas quentíssimas dicas altistas. Se eu tivesse trabalhado como costumo fazer, isto é, de forma lógica e natural, seria forçado a aceitar qualquer preço que pudesse conseguir. Eu disse que deparamos com um mercado em declínio. A única maneira de vender nesse mercado era vender não necessariamente de forma imprudente, mas sem levar em consideração o preço. Nenhuma outra maneira era possível, mas acho que não acreditam nisso. Ainda estão enraivecidos. Eu não. Ficar com raiva não leva um homem a lugar nenhum. Mais de uma vez me ocorreu que um especulador que perde a paciência é um caso perdido. Nesse episódio, não houve consequências para os resmungões. Mas vou contar uma coisa curiosa. Um dia a sra. Livingston foi a uma costureira que lhe recomendaram com todo entusiasmo. A mulher era competente e prestativa e tinha uma personalidade muito agradável. Na terceira ou quarta visita, quando a costureira já sentia algum grau de intimidade, disse à sra. Livingston: "Espero que o sr. Livingston jogue logo para cima o preço da Consolidated Stove. Temos algumas ações que compramos porque nos disseram que ele ia empurrá-la para cima e sempre ouvimos dizer que ele é muito bem-sucedido em todos os seus negócios".

306

Digo ao leitor que não é agradável pensar que pessoas inocentes podem ter perdido dinheiro seguindo uma dica desse tipo. Talvez você entenda por que eu mesmo nunca dou dicas. Essa costureira me fez sentir que, em matéria de queixas, eu tinha uma legítima contra Wolff.

23

A ESPECULAÇÃO COM AÇÕES NUNCA vai desaparecer. Não é desejável que isso aconteça. Advertências contra seus perigos não são capazes de refreá-la. Não se pode evitar que as pessoas errem, por mais talentosas ou experientes que sejam. Planos cuidadosamente elaborados resultarão em fracasso porque o inesperado e até o inesperável acontecerão. O desastre pode vir de uma convulsão da natureza ou do clima, da ganância ou vaidade da própria pessoa, do medo ou da esperança descontrolada. Porém, além do que se poderia chamar de inimigos naturais, um especulador em ações tem que lidar com certas práticas ou abusos que são indefensáveis dos pontos de vista moral e comercial.

Ao olhar para trás e refletir sobre quais eram as práticas comuns 25 anos atrás, quando cheguei a Wall Street, tenho de admitir que houve muitas mudanças para melhor. As antiquadas bucket shops se foram, embora casas de "corretagem" ilegal e especulação ainda prosperem às custas de homens e mulheres que insistem em jogar o jogo do enriquecimento rápido. A bolsa de valores está fazendo um excelente trabalho não apenas caçando esses rematados vigaristas, mas insistindo na adesão estrita a suas regras por seus próprios membros. Muitos regulamentos e restrições agora são aplicados de forma rígida, mas ainda há espaço para melhoria. O arraigado conservadorismo de Wall Street, e não a insensibilidade ética, é o culpado pela persistência de certos abusos.

Embora sempre tenha sido difícil, a especulação lucrativa com ações está se tornando ainda mais complicada a cada dia. Não faz muito tempo, um trader autêntico poderia adquirir um bom e proveitoso conhecimento de praticamente todas as ações listadas na bolsa. Em 1901, quando J. P. Morgan emitiu ações da United States Steel Corporation, que era apenas uma consolidação de consolidações menores, a maioria delas com menos de dois anos, a bolsa de valores tinha 275 ações em sua lista e cerca de cem em seu "departamento de ações não registradas", e isso incluía muitas coisas a respeito das quais um sujeito não precisava saber nada, porque eram emissões de pequena monta, ou ações inativas por serem minoritárias ou de garantia e, portanto, desprovidas de atrativos especulativos. Na verdade, uma esmagadora maioria era de ações que não haviam registrado uma única venda em muitos anos. Hoje existem cerca de novecentas ações na lista regular e, em nossos mercados ativos recentes, cerca de seiscentas emissões distintas foram negociadas. Além do mais, os antigos grupos ou classes de ações eram mais fáceis de acompanhar. Não apenas eram menos numerosos, mas a capitalização era menor e as notícias que um trader deveria procurar não abrangiam um campo tão amplo. Hoje, um homem negocia tudo; quase todos os setores de atividade do mundo estão representados. Manter-se informado requer mais tempo e dá mais trabalho; nesse sentido, a especulação com ações se tornou muito mais difícil para quem opera de maneira inteligente.

Existem muitos milhares de pessoas que compram e vendem ações de forma especulativa, mas o número das que especulam e obtêm lucro é pequeno. Como o público sempre está "dentro" do mercado até certo ponto, há perdas por parte dele o tempo todo. Os inimigos mortais do especulador são: ignorância, ganância, medo e esperança. Nem todos os livros de estatuto do mundo e todas as regras de todas as bolsas de valores do planeta são capazes de extirpar do animal humano esses elementos. Acidentes que destroem planos grandiosos concebidos com todo esmero também estão além dos regulamentos formulados por grupos de economistas desalmados ou filantropos bondosos. Resta outra fonte de perda, a saber, a desinformação deliberada, que é diferente das dicas de fonte fidedigna. E, como ela tende a chegar a um operador de ações de forma disfarçada e camuflada, é a mais pérfida e perigosa.

Logicamente, o outsider médio, sem acesso a informações privile-giadas, negocia com base em dicas ou rumores, falados ou impressos, diretos ou implícitos. Contra as dicas comuns não há como se preca-ver. Por exemplo, um amigo de longa data deseja sinceramente que você fique rico, e faz isso instruindo você a fazer o que ele fez, isto é, comprar ou vender determinadas ações. A intenção dele é boa. Se a dica der errado, o que você pode fazer? Também contra o palpiteiro profissional ou desonesto o público está protegido quase da mesma maneira que se defende contra embustes, contos do vigário ou álcool falsificado. Mas contra os típicos rumores de Wall Street o público especulador não tem proteção nem remédio. Miríades de negociantes de títulos no atacado, manipuladores, pools, fundos de investimento e indivíduos recorrem a vários dispositivos para ajudá-los a descartar suas participações excedentes aos melhores preços possíveis. A circu-lação de itens altistas pelos jornais e máquinas de cotações é o mais pernicioso de todos.

Pegue os boletins das agências de notícias financeiras em um dia qualquer e ficará surpreso ao ver quantas declarações de natureza se-mioficial implícita eles publicam. A "autoridade" é um "destacado insi-der" ou "um diretor proeminente" ou "um alto funcionário" ou alguém "abalizado" e "especialista" que supostamente sabe do que está falando. Vejamos as de hoje. Escolhi uma ao acaso. Ouça só: "Um importante banqueiro diz que ainda é muito cedo para esperarmos um mercado em declínio".

Será que um importante banqueiro realmente disse isso e, se disse, por que o fez? Por que não permite que seu nome seja impresso? Está com medo de que as pessoas acreditem nele se revelar seu nome?

Aqui está outra, sobre uma empresa cujas ações tiveram uma sema-na bastante ativa. Desta vez, quem faz a declaração é um "diretor de destaque". Ora, qual dos diretores — em meio à dúzia de diretores da empresa — está falando? É claro que ao manter o anonimato ninguém pode ser responsabilizado por qualquer dano que venha a ser causado pela declaração.

Além do estudo inteligente da especulação em todos os lugares, o operador de ações deve levar em consideração certos fatos em conexão com o jogo em Wall Street. Além de tentar determinar como ganhar dinheiro, é necessário tentar não perder dinheiro. Saber o que não fazer é tão importante quanto saber o que deve ser feito. Portanto, é bom lembrar que há algum tipo de manipulação em praticamente todos os avanços em ações individuais, e que esses avanços são arquitetados por insiders com um único objetivo em vista: vender com o melhor lucro possível. Contudo, o cliente médio do corretor acredita ser um homem de negócios do Missouri se insiste em ser informado das razões pelas quais o preço de determinada ação sobe. Naturalmente, os manipuladores "explicam" o avanço de uma forma calculada para facilitar a distribuição. Tenho a firme convicção de que as perdas do público seriam bastante reduzidas se não houvesse mais permissão para a publicação de declarações anônimas de natureza altista. Refiro-me a declarações calculadas para fazer o público comprar ou manter ações.

A esmagadora maioria dos artigos altistas impressos sob o respaldo da autoridade de diretores ou insiders anônimos transmite impressões enganosas e desonestas ao público, que perde muitos milhões de dólares todos os anos por aceitar essas declarações como semioficiais e, portanto, dignas de confiança.

Digamos, por exemplo, que uma empresa passou por um período de crise financeira em seu ramo específico de atuação. As ações estão inativas. A cotação representa a crença geral e provavelmente exata de seu valor real. Se a ação fosse muito barata nesse nível, alguém saberia e compraria, e ela avançaria. Se fosse cara demais, alguém saberia e venderia, e o preço cairia. Como nada acontece de uma forma ou de outra, ninguém fala sobre ela e ninguém a negocia.

Chega a virada no ramo de negócios em que a empresa está inserida. Quem é o primeiro a saber disso, os insiders ou o público? Pode apostar que não é o público. O que acontece depois? Ora, se a melhoria continuar, o lucro vai aumentar e a empresa estará em posição para retomar o pagamento de dividendos para a ação; ou, se os dividendos não forem descontinuados, de pagar uma taxa mais elevada. Ou seja, o valor da ação vai aumentar.

Digamos que a melhoria continue. A administração torna público esse fato alvissareiro? O presidente conta aos acionistas? Algum caridoso diretor aparece com uma declaração assinada para o benefício daquela porção do público que lê as páginas de finanças dos jornais e os boletins das agências de notícias? Algum modesto insider, dando prosseguimento a sua usual política de anonimato, apresenta uma declaração não assinada no sentido de que o futuro da empresa é absolutamente promissor? Não. Ninguém diz uma palavra sequer, nenhuma declaração aparece impressa nos jornais ou máquinas de cotações.

As informações que geram valor são cuidadosamente escondidas do público, ao passo que os "destacados insiders", agora taciturnos, entram no mercado e compram todas as ações baratas em que conseguem pôr as mãos. Enquanto continuam essas compras bem informadas, mas desprovidas de qualquer ostentação, o preço da ação sobe. Os jornalistas financeiros, sabendo que os insiders devem saber o motivo da alta, fazem perguntas. Os insiders unanimemente anônimos declaram de forma unânime que não têm notícias a dar. Desconhecem qualquer justificativa para o aumento. Vez por outra chegam a afirmar que não estão especialmente preocupados com os caprichos do mercado de ações ou a atuação dos especuladores.

A alta continua, e eis que chega o feliz dia em que aqueles que sabem têm toda a quantidade de ações que quiserem ou puderem carregar. Na mesma hora, Wall Street começa a ouvir todo tipo de rumor altista. As máquinas de cotações, "com a autoridade de uma fonte confiável", dizem aos traders que a empresa saiu do buraco de uma vez por todas e virou a página. Aquele mesmo modesto diretor que não queria usar seu nome quando alegou desconhecer qualquer justificativa para o aumento do preço das ações é citado – claro que não pelo nome —, e a ele se atribui a afirmação de que os acionistas têm todos os motivos para se sentirem animadíssimos com as perspectivas.

Instigado pelo dilúvio de itens de notícias altistas, o público começa a comprar a ação. Essas compras ajudam a elevar ainda mais o preço. No devido tempo, as previsões dos diretores que, de modo uniforme, optam por não se identificar tornam-se realidade, e a empresa retoma o pagamento de dividendos; ou aumenta a taxa, conforme o caso. Com isso, as notícias altistas se multiplicam. Não apenas estão mais numerosas do que nunca, mas muito mais entusiasmadas. Um "importante diretor", instado à queima-roupa a dar uma declaração acerca das condições, informa ao mundo que a melhoria é mais do que se manter no mesmo nível. Um "destacado insider", depois de muita persuasão, é finalmente induzido por uma agência de notícias a confessar que os ganhos são nada menos que fenomenais. Um "reputado banqueiro", que agora tem vínculos comerciais com a empresa, é obrigado a dizer que a expansão do volume de vendas não tem precedentes na história do mercado. Mesmo se nenhuma outra ordem viesse, a empresa continuaria funcionando noite e dia por sabe Deus quantos meses. Um "membro do comitê de finanças", em um inflamado manifesto, expressa seu espanto diante do espanto do público acerca da alta das ações. A única coisa de fato espantosa é a moderação da linha ascendente. Qualquer pessoa que analisar o próximo relatório anual poderá facilmente constatar o quanto o valor contábil da ação é mais alto do que o preço de mercado. Mas em nenhum caso o nome do comunicativo filantropo é mencionado.

Contanto que os ganhos continuem bons e os insiders não avistem qualquer sinal de enfraquecimento na prosperidade da empresa, permanecem agarrados às ações que compraram a preços baixos. Não há nada que faça o preço cair, então por que deveriam vender? Todavia, no momento em que as coisas dão uma guinada para pior nos negócios da empresa, o que acontece? Eles apresentam declarações, alertas ou o mais tênue dos indícios? Mais ou menos. A tendência agora é de queda. Assim como compraram sem qualquer fanfarra de trombetas quando os negócios da empresa mudaram para melhor, agora vendem em silêncio. Em decorrência dessa venda interna, a ação naturalmente cai. Aí o público começa a receber as conhecidas "explicações". Um "destacado insider" afirma que está tudo bem e que o declínio é apenas o resultado da venda por ursos baixistas que estão tentando afetar o mercado geral. Se, num belo dia, depois que a ação já vinha caindo havia algum tempo, ocorre uma queda acentuada, a demanda por "razões" ou "explicações" se torna clamorosa. A menos que alguém diga algo, o público temerá o pior. Agora os telégrafos das agências de notícias imprimirão algo mais ou menos assim: "Quando pedimos a um importante diretor da empresa que nos explicasse o enfraquecimento da ação, ele respondeu que a única conclusão a que se pode chegar é que o declínio de hoje foi causado por uma manobra baixista, de gente que aposta na queda dos preços. As condições subjacentes permanecem inalteradas. Os negócios da empresa nunca estiveram melhores, e as probabilidades apontam que, a menos que nesse ínterim aconteça algo totalmente imprevisto, na próxima reunião será definido um aumento na taxa de dividendos. A porção baixista do mercado tornou-se agressiva, e a fraqueza na ação foi claramente um raid com a intenção de desalojar ações mantidas de forma precária". Os boletins de notícias, desejando dar uma boa medida das coisas, provavelmente continuarão a afirmar que têm "informações de fonte confiável" de que a maioria das ações compradas no dia do declínio foi adquirida por interesses internos, e de que os baixistas descobrirão que se venderam para cair numa armadilha. Haverá um dia de acerto de contas.

Além das perdas que as pessoas sofrem por acreditarem em declarações altistas e comprarem ações, há as perdas acarretadas quando elas são dissuadidas de vender. A segunda melhor opção para levar as pessoas a comprarem as ações que o "proeminente insider" deseja vender é evitar que vendam a mesma ação quando ele não deseja dar apoio a ela tampouco acumulá-la. Em que as pessoas devem acreditar depois de ler a declaração do "importante diretor"? O que o outsider médio pode pensar? Que a ação nunca deveria ter caído, que foi empurrada na marra para baixo pelas vendas baixistas e que assim que os ursos pararem os insiders criarão um avanço punitivo durante o qual os vendidos a descoberto serão obrigados a encerrar suas posições a preços altos. O público acredita nisso, e com razão, porque é exatamente o que aconteceria se o declínio tivesse sido causado por uma venda rápida ou um raid urso.

A ação em questão, a despeito de todas as ameaças ou promessas de um tremendo squeeze sobre as excessivas vendas a descoberto, não se revigora. Continua caindo. É inevitável. Os insiders despejaram ações demais no mercado para serem digeridas.

E essa ação interna que foi vendida pelos "proeminentes diretores" e "destacados insiders" torna-se uma bola entre os traders profissionais. Ela continua em queda. Parece haver um poço sem fundo. Sabedores de que as condições de operação afetarão de maneira adversa os ganhos futuros da empresa, os insiders não se atrevem a dar apoio a essa ação até a próxima virada para melhor nos negócios da empresa. Aí haverá compra interna com base em informações privilegiadas e silêncio interno.

Cumpri meu quinhão na negociação de ações e me mantive em posição bastante boa no mercado por muitos anos; posso dizer que não me lembro de uma única ocasião em que um raid urso fez com que uma ação sofresse uma queda significativa. O que era chamado de "ataque de urso" visando a uma queda nos preços não era nada além de uma operação de venda com base no conhecimento meticuloso das condições reais. Mas seria inaceitável dizer que a ação caiu por conta da venda interna ou da ausência de compra interna com base em informações privilegiadas. Todo mundo se apressaria em vender, e quando todo mundo sai vendendo e ninguém compra é o inferno na terra.

O público deve ter uma compreensão firme deste ponto: o verdadeiro motivo de um declínio prolongado nunca é o raid urso. Quando uma ação continua caindo, pode apostar que há algo de errado com ela, seja com o mercado para a ação ou com a empresa. Se o declínio fosse injustificado, em pouco tempo a ação seria vendida abaixo de seu valor real, e isso atrairia compras que estancariam a queda. A bem da verdade, a única vez em que um urso baixista pode ganhar muito dinheiro vendendo uma ação é quando o preço dessa ação está muito alto. E você pode apostar até o seu último centavo que os insiders não alardearão esse fato para o mundo.

Claro, o exemplo clássico é a New Haven. Hoje todo mundo sabe o que poucos sabiam na época. A ação vendida por 255 em 1902 era o principal investimento ferroviário da Nova Inglaterra. Naquelas bandas do país se mediam a respeitabilidade de um homem e sua posição na comunidade por meio de sua posse dessa ação. Se alguém dissesse que a empresa estava a caminho da insolvência, não teria sido mandado para a prisão: seria jogado em um manicômio com os lunáticos. Quando um novo e agressivo presidente foi colocado no comando pelo sr. Morgan e começou o desastre, de início não ficou claro que as novas diretrizes políticas colocariam a ferrovia no rumo que ela acabou tomando. Porém, à medida que, em sequência, uma fileira de propriedades foi sendo incorporada pela Consolidated Road a preços inflacionados, alguns observadores perspicazes começaram a duvidar da sabedoria das ações de Mellen.* Um sistema de bondes foi comprado por 2 milhões de dólares e vendido para a New Haven por 10 milhões, ao que um ou dois homens imprudentes cometeram crime de lesa-majestade afirmando que a gestão da ferrovia estava agindo de forma imprudente. Insinuar que nem mesmo a New Haven poderia suportar tamanha extravagância era como contestar a solidez do rochedo de Gibraltar.

Obviamente, os primeiros a ver as ondas rebentando no mar de rosas foram os insiders. Tomaram conhecimento da real situação da empresa e reduziram suas participações na posse da ação. Por conta de suas vendas, bem como de sua ausência de apoio, o preço das ações da ferrovia "de qualidade superior" da Nova Inglaterra começou a cair. Perguntas foram feitas e explicações foram exigidas, como de costume; rapidamente vieram à tona as explicações de praxe. "Insiders proeminentes" declararam que, até onde sabiam, nada havia de errado, e que o declínio se devia à imprudente venda baixista. Assim, os "investidores" da Nova Inglaterra mantiveram suas ações da New York, New Haven & Hartford Stock. Por que não deveriam? Os insiders não disseram que não havia nada de errado e que se tratava de rumores de vendas espalhados pelos baixistas? Os dividendos não continuavam a ser declarados e pagos?

Nesse ínterim, o prometido squeeze dos ursos baixistas não veio, mas novos registros de baixa vieram. A venda interna com base em informações privilegiadas se tornou mais urgente e menos disfarçada. Mesmo assim, homens de espírito público em Boston foram denunciados como especuladores da bolsa e demagogos por exigirem uma

---

* Charles Sanger Mellen (1852-1927), ferroviário que chegou à presidência das ferrovias Northern Pacific Railway (1897-1903) e New York, New Haven and Hartford Railroad (1903-13). (N. T.)

EDWIN LEFÈVRE

explicação genuína para o deplorável declínio das ações, que significou terríveis perdas para todos na Nova Inglaterra interessados em um investimento seguro e um pagador de dividendos estável.

Essa queda histórica de 255 para doze dólares por ação nunca foi e nunca poderia ter sido uma manobra de urso baixista. Não foi iniciada, tampouco mantida por operações de especuladores pessimistas. Os insiders venderam o tempo todo, e sempre a preços mais altos do que poderiam ter feito se tivessem contado a verdade ou permitido que se dissesse a verdade. Não importava se o preço era 250 ou duzentos, 150 ou cem, cinquenta ou 25: ainda assim era muito alto para aquela ação, e os insiders sabiam disso, mas o público não. O público poderia levar em consideração, de forma lucrativa, as desvantagens sob as quais trabalha quando tenta ganhar dinheiro comprando e vendendo a ação de uma empresa sobre cujos negócios apenas alguns homens estão em posição de saber toda a verdade.

As ações que tiveram as piores quedas nos últimos vinte anos não enfraqueceram com a venda rápida ou um raid urso. Mas a fácil aceitação dessa explicação foi responsável por prejuízos do público no valor de milhões e milhões de dólares. Impediu as pessoas de venderem — gente que não gostava da maneira como sua ação estava se comportando e que teria liquidado sua posição se não ficasse esperando o preço voltar imediatamente a seu patamar depois de passado o ataque baixista de derrubada dos preços. Nos velhos tempos, Keene costumava levar a culpa. Antes dele, acusavam Charley Woerishoffer ou Addison Cammack.* Mais tarde, eu me tornei a desculpa para as ações.

Lembro-me do caso da Intervale Oil. Um pool empurrou para cima o preço da ação e encontrou alguns compradores no avanço. Os manipuladores jogaram o preço para cinquenta. Lá o pool vendeu e houve uma rápida queda. Seguiu-se a usual demanda por explicações. Por que a Intervale enfraqueceu tanto? Tanta gente fez essa pergunta que

---

*   Charles Frederick Woerishoffer (1843-86), poderosa figura de Wall Street durante a Era Dourada, associada a grandes projetos de construção ferroviária; Addison Cammack (1827-1901), comerciante de algodão que se mudou do Kentucky para expandir sua fortuna em Wall Street. (N. T.)

317

a resposta se tornou uma notícia importante. Uma das agências de notícias financeiras telefonou para os corretores que mais sabiam sobre o avanço da Intervale Oil e que deviam estar igualmente bem informados quanto ao declínio. O que esses corretores — membros do pool dos touros, o grupo organizado para forçar a alta — disseram quando a agência de notícias lhes perguntou sobre uma razão que pudesse ser impressa e enviada para transmissão de uma ponta à outra do país? Ora, que o tal Larry Livingston estava atacando o mercado! E isso não foi suficiente. Acrescentaram que iam "pegá-lo". Mas, claro, o pool da Intervale continuou a vender. A ação se estabilizou apenas por volta de doze dólares; teriam conseguido continuar as vendas por dez ou menos e seu preço médio de venda ainda assim estaria acima do custo.

Foi sensato e adequado por parte dos insiders vender na queda. Contudo, para os outsiders que tinham pagado 35 ou quarenta, a história era diferente. Lendo o que as máquinas de cotações imprimiram, os outsiders se seguraram e esperaram Larry Livingston receber o que estava reservado para ele pelas mãos do indignado pool de insiders.

Em um mercado altista, e sobretudo nos prósperos períodos de boom, no início o público ganha dinheiro, o qual mais tarde acaba perdendo simplesmente por permanecer no mercado altista além do tempo conveniente. Essa conversa de "ataques de ursos baixistas" contribui para que o público fique no mercado mais tempo do que deveria. O público deve tomar cuidado com as explicações que abarcam apenas aquilo em que os insiders anônimos desejam fazer o público acreditar.

24

O PÚBLICO SEMPRE QUER QUE ALGUÉM lhe diga o que fazer. É por essa razão que os hábitos de dar dicas e pedir dicas são práticas universais. É adequado que os corretores ofereçam a seus clientes conselhos de negociações por meio de seus boletins informativos e cartas comerciais, bem como pelo boca a boca. Mas os corretores não devem se fiar muito nas condições reais, porque o curso do mercado está sempre de seis a nove meses à frente das condições reais. Os ganhos de hoje não justificam que os corretores aconselhem seus clientes a comprar ações, a menos que haja alguma garantia de que daqui a seis ou nove meses a perspectiva do negócio assegurará a crença de que a mesma taxa de ganhos será mantida. Se considerando o futuro tão adiante você consegue ver, com razoável clareza, que as condições em desenvolvimento mudarão o efetivo poder presente, o argumento sobre as ações serem baratas hoje perderá efeito. O trader deve olhar muito à frente, mas o corretor está preocupado em ganhar comissões agora — daí a inescapável falácia do boletim informativo de mercado mediano. Os corretores ganham a vida com comissões do público, e ainda assim tentam induzi-lo, por meio de seus boletins informativos de mercado, cartas comerciais ou boca a boca, a comprar as mesmas ações em que receberam ordens de venda de insiders ou manipuladores.

Sempre acontece de um insider dizer ao chefe de uma corretora: "Eu gostaria que você criasse um mercado para vender 50 mil ações da minha carteira".

O corretor pede mais detalhes. Digamos que o preço cotado da ação seja de cinquenta. O insider diz a ele: "Vou te dar opções de compra para 5 mil ações a 45 e 5 mil ações a cada ponto acima até 50 mil ações. Também vou te dar uma opção de venda de 50 mil ações no mercado".

Ora, isso é dinheiro muito fácil para o corretor, se ele tiver uma porção de clientes — e, claro, esse é precisamente o tipo de corretor que o insider procura. Uma corretora que tenha comunicação direta com filiais e conexões em várias partes do país geralmente pode obter um grande número de clientes em um negócio desse tipo. Lembre-se de que, em qualquer caso, o corretor está jogando com absoluta segurança em razão da opção de venda de ações. Se conseguir fazer seu público segui-lo, será capaz de se desfazer de todo o seu lote com grande lucro, além de suas comissões regulares.

Tenho em mente as façanhas de um insider que é bem conhecido em Wall Street.

Ele telefona para o diretor de captação de clientes de uma grande corretora. Vez por outra, vai ainda mais longe e liga para um dos sócios minoritários da firma. Diz mais ou menos assim: "Olá, meu velho, quero mostrar o quanto estou grato por tudo o que vocês fizeram por mim em várias ocasiões. Vou te dar uma chance de ganhar um bom dinheiro. Estamos formando uma nova empresa para absorver os ativos de uma de nossas firmas e vamos encampar essa ação de modo que ela tenha um grande avanço em relação às cotações atuais. Vou enviar a você quinhentas ações da Bantam Shops a 65 dólares. Ela agora está cotada a 72".

O agradecido insider conta a novidade para uma dúzia de gerentes em várias corretoras grandes. Ora, uma vez que esses recebedores da generosidade do insider estão em Wall Street, o que farão quando botarem as mãos na tal ação que já lhes dá lucro? Claro que aconselharão todos os homens e mulheres com quem consigam entrar em contato a comprar essas ações. O gentil doador sabia disso. Eles ajudarão a criar um mercado no qual o generoso insider pode vender a preços elevados para o pobre público.

Existem outros dispositivos de que os promotores de negócios lançam mão para vender ações que deveriam ser banidos. As bolsas não deveriam permitir a negociação de ações listadas que são oferecidas por fora ao público no plano de pagamento parcial. Ter o preço oficialmente cotado dá uma espécie de sanção a qualquer ação. Além do mais, a evidência oficial de um livre mercado — e às vezes a diferença de preços — é todo o incentivo necessário.

Outro artifício de venda bastante comum, que custa ao incauto público muitos milhões de dólares e não manda ninguém para a cadeia, porque é perfeitamente legal, é aumentar o capital social exclusivamente por razão das exigências do mercado. Na verdade, o processo não vai além de mudar a cor dos certificados de ações.

O malabarismo pelo qual dois ou quatro ou até mesmo dez ações novas são dadas em troca de uma antiga geralmente é instigado por um desejo de tornar a mercadoria antiga mais facilmente vendável. Se pelo preço velho de um dólar por ação era difícil de vender, talvez 25 centavos por um quarto da ação melhorem as coisas; ou 27 ou trinta centavos.

Por que razão as pessoas não perguntam qual é o motivo para tamanha facilidade na compra de ações? É o caso do samaritano de Wall Street operando novamente, mas o trader esperto toma cuidado com os gregos que trazem presentes. Aviso melhor não existe. O público não faz caso dele e perde milhões de dólares todo ano.

A lei pune quem origina ou faz circular boatos calculados para afetar de maneira nociva o crédito ou os negócios de indivíduos ou corporações, isto é, que tendem a enfraquecer os valores dos títulos influenciando o público a vender. Originalmente, a intenção principal pode ter sido reduzir o perigo de pânico por meio da punição de qualquer pessoa que duvidasse em voz alta da solvência dos bancos em tempos de crise. Mas serve também para proteger o público contra a venda de ações abaixo de seu valor real. Em outras palavras, a lei da terra pune quem dissemina itens baixistas dessa natureza.

Como o público está protegido contra o perigo da compra de ações acima de seu valor real? Quem pune a pessoa que distribui notícias altistas injustificadas? Ninguém; contudo, o público perde mais dinheiro comprando ações com base em conselhos de insiders anônimos quando elas estão muito altas do que vendendo ações abaixo de seu valor como consequência de conselhos baixistas durante os chamados "raids".

Se fosse aprovada uma lei que punisse os mentirosos altistas como a lei que agora pune os mentirosos baixistas, acredito que o público economizaria milhões.

Naturalmente, promotores de negócios, manipuladores e outros beneficiários de otimismo anônimo dirão que qualquer pessoa que negocie com base em rumores e declarações anônimas só pode culpar a si mesma por suas perdas. Outro argumento possível é o de que qualquer pessoa que seja suficientemente tola para se viciar em drogas não tem direito a receber proteção e tratamento.

A bolsa de valores tem que ajudar. Em essência, está interessada em proteger o público contra práticas desleais. Se um homem em posição de saber das coisas deseja fazer com que o público aceite suas exposições dos fatos ou mesmo suas opiniões, que assine seu nome. Assinar notícias altistas não necessariamente as transformaria em verdades. Mas levaria os "insiders" e "diretores" a serem mais cuidadosos.

O público deve sempre ter em mente os elementos básicos das operações no mercado de ações. Quando uma ação está subindo, não há necessidade de nenhuma explicação intrincada quanto ao motivo. É necessário comprar constantemente para fazer com que uma ação continue subindo. Enquanto ela se comportar assim, com uma ou outra pequena e natural queda ocasional, seguir nessa posição é uma proposta bastante segura. Porém, se depois de uma alta longa e constante a ação dá uma guinada e começa a cair gradualmente, apenas com pequenas recuperações de tempos em tempos, é óbvio que a linha de menor resistência mudou de ascendente para descendente. Sendo esse o caso, por que alguém deveria pedir explicações? Provavelmente há boas razões para ela cair, mas essas razões são conhecidas somente por um punhado de pessoas que as guardam para si, ou na verdade dizem ao público que a ação está barata. De acordo com a natureza do jogo como tal, o público deve perceber que a verdade não pode ser dita pelos poucos que a conhecem.

Muitas das supostas declarações atribuídas a "insiders" ou a "autoridades" não têm base real. Por vezes, os insiders nem sequer são convidados a dar uma declaração, anônima ou assinada. Essas histórias são inventadas por algum fulano ou beltrano com um grande interesse no mercado. Em determinado estágio de uma alta no preço de mercado de um título, os grandes insiders não são contrários a obter a ajuda do elemento profissional para negociar essa ação. Mas, enquanto o insider pode dizer ao grande especulador qual é a hora certa de comprar, o leitor pode apostar que ele nunca vai dizer qual é a hora de vender. Isso coloca o grande profissional na mesma posição que o público, com a diferença de que ele tem que ter um mercado grande o suficiente para poder cair fora. É nesse momento que se obtém a maior quantidade de "informações" enganosas. Claro, existem certos insiders em quem não se pode confiar em nenhuma fase do jogo. Via de regra os homens que estão à frente de grandes corporações podem atuar no mercado com base em seu conhecimento interno e em suas informações privilegiadas, mas na verdade não contam mentiras. Simplesmente não dizem nada, pois descobriram que há momentos em que o silêncio vale ouro.

Já afirmei muitas vezes e não me canso de repetir que a experiência de anos como especulador financeiro me convenceu de que nenhum homem é capaz de vencer o mercado de ações de forma consistente e contínua, embora possa ganhar dinheiro com ações individuais em certas ocasiões. Por mais experiente que seja um trader, a possibilidade de fazer jogadas perdedoras está sempre presente, porque não existe especulação 100% infalível. Os profissionais de Wall Street sabem que agir de acordo com dicas e informações "privilegiadas" levará um homem à falência mais rapidamente do que fome, pestes, safras devastadas, reorganizações de regimes políticos ou qualquer outra coisa que possa ser chamada de acidente normal. Seja em Wall Street ou qualquer outro lugar, a estrada que leva ao sucesso não é um bulevar largo, asfaltado e florido, mas uma pista esburacada. Então por que ainda por cima obstruir o tráfego?

TIPOLOGIA Miller e Akzidenz
DIAGRAMAÇÃO acomte
PAPEL Pólen Soft, Suzano S.A.
IMPRESSÃO Gráfica Santa Marta, fevereiro de 2022

A marca FSC® é a garantia de que a madeira utilizada
na fabricação do papel deste livro provém de florestas
que foram gerenciadas de maneira ambientalmente
correta, socialmente justa e economicamente viável,
além de outras fontes de origem controlada.